中華民国の権力構造における帰国留学生の位置づけ

──南京政府（1928-1949年）を中心として

王 元 著

白帝社

まえがき

　本書は、近代中国における帰国留学生の南京国民政府への参加情況に焦点を当て、とりわけ彼らの政治意識と政治傾向を解明しようとする政治学的研究の成果をまとめたものである。

　日清戦争後、中国から多数の留学生が海外へ渡った。留学生たちは近代文明を受容し、世界の大勢を理解し、帰国後も政治的・文化的にさまざまな活動を展開して、中国社会に大きな影響を与えることになった。しかし、これまでの研究は、主に中国人留学生の留学中の状況を中心とした研究であり、彼らの帰国後の状況に関しては、中国近代史の中で他の研究方向に分散されて扱われてきたため、当時の中国の歴史的・社会的文脈の中で全体像を把握しようとする視点が欠如していたように思われる。総合的な分析としては、いわゆる「留学生研究」のレベルにとどまっていたのだ。そこで本研究では、帰国留学生に対する研究の重要性に着眼し、その研究分野の盲点を埋めるべく、「帰国留学生研究」という位置づけをもって、留学生たちの帰国後の活動状況や政治傾向、影響力などについて総合的な研究を行った。

　本研究の要としては、上述した留学生研究の中から、帰国後の活動に関する分析をいかにして分離させるか、また分離したものと散乱している帰国後の留学生に関する研究とを、いかにうまく合致させるかということである。分析の重点は、あくまでも留学生の帰国後の活動であるため、散乱している国内での研究を一つの枠（政治傾向）にまとめて分析し、その上でさらに、研究範囲を留学段階の歴史研究から脱却させ、「帰国留学生研究」を一つのジャンルとして提起するのである。

　そのためにはいくつかの方法があるであろうが、筆者は主に

次の二つの視点から、分析を進めた。(1) 南京国民政府について三種類の統計分析を行った。それは第一に、各国からの帰国留学生を含め、政府成員の各出身集団に対して行った政府各期における勢力変化の統計分析である。第二に、各集団の政府組織の上・中・下三層における分布に対して行った統計分析である。そして第三に、各集団の政府各職能部門における分布に対して行った統計分析である。(2) 上記の分析結果を検証する形で、帰国留学生が各社会的領域に関与する状況について分析した。軍隊、国共両党および民主諸党派の指導者、大学学長、中央研究院院士等の学歴についての分析を行い、帰国留学生の当時の国家権力構造内における志向や地位、位置づけを説明した。

　本書の構成については、以下のとおりとなっている。
　第1章「本研究の課題と意義」では、主に本研究における研究方法を説明し、「留学」や「権力構造」、「政治傾向」といった概念に対して定義づけを行い、歴史時期の区分をした。また、先行研究を紹介し、さらには、帰国留学生研究を一つの独立した研究領域として設定することを提起している。
　第2章「近代における中国人の留学」では、主に近代中国における留学についての概観を行っている。それは、近代留学の必要性や目的、方式、主に向かった国および地域、留学が旺盛であった時期、留学生が学んだ専門領域、国外における生活や学習、活動、卒業と帰国、等々である。また、他の研究との違いとして、本研究では、「準留学生」、即ち教会大学および清華など中国国内の外国系の高等教育機関の卒業生についても、分析を行っている。これは、本研究の分析に不可欠な部分である。
　第3章「南京国民政府内部における帰国留学生」は、本研究の最も重要な部分である。主に、留学生の南京国民政府における状況を深く掘り下げて分析した。分析は大きく三つに分けて

行った。一つ目は歴代政府内における分布、二つ目は異なるレベルの政府組織における分布、三つ目は異なる職能部門における分布についてである。そして、この三つの大きな分析を依拠として、異なる留学生集団の南京国民政府権力構造における地位や位置づけ、役割に対して概括を行い、さらに留学生の政治傾向に対して推定を行った。

第4章「帰国留学生の中国社会各領域への進出」では、第3章の分析を、南京政府以外の、中国社会において政治との関係が比較的深い一部の領域にまで拡大した。それは、軍、党、政府、教育や科学研究である。また、第3章において政府内部から分析を行ったものとは一部異なり、この章では外部から政府に対して分析を行った。この章の分析は、もっと大きな範囲内での第3章の分析に対する検証であると言えよう。そして、この二つの章の分析を通して、基本的に留学生集団の国民政府権力構造における地位と留学生の政治傾向の特徴を明確にした。

第5章は「帰国留学生の政治傾向の形成」である。第3・4章では主に、留学生の国民政府権力構造における地位から留学生の政治傾向の特徴を示したのだが、ここでは反対に、留学生の政治傾向を彼らの権力構造における地位と役割に影響を与える重要な要素と見なし、さらにこれを基礎として、マクロとミクロの二つの面から留学生の政治傾向に影響を与える要素に対して分析を行った。

第6章は「結論と今後の課題」である。結論として、本書は、帰国留学生が「軍隊－政党－政府－教育－学術研究」の順に活動の場を持っていることに対して、「日・ソ・独・仏・英・米」それぞれに国別の形がある点を明らかにした。つまり、「中国統一の基礎」を築いた留日学生は、軍や党など国家の権威的な組織における比率が高く、教育と科学研究など社会的自治的組織における比率が低くなっている。その一方で、留米学生は、留

日学生と全く逆になっている。本書では、政治権威や権力に対する傾向性が、留日と留米を両極として形成されていることを統計的に解釈した。

　本書は、2006年9月に早稲田大学大学院太平洋研究科に提出した学位申請論文『中華民国の権力構造における帰国留学生』を基にまとめたものである。刊行にあたっては、2009年度日本学術振興会科学研究費補助金（研究成果公開促進費）の交付を受けた。

　　　2009年12月

王　　元

もくじ

まえがき …………………………………………………… iii

第1章　本研究の課題と意義 ……………………… 1

第1節　問題提起 ……………………………………… 1
第2節　研究の枠組みと研究方法 ………………… 3
　1. 主な分析内容　3
　2. 研究方法　3
　　(1) 史実の整理　3
　　(2) 帰国留学生が各領域に関与した状況についての統計　4
　　(3) 分析領域の選択に関する問題　5
　　(4) 「経済界」を考察対象から除外することに関する問題　6
　　(5) マクロ的政治分析　10
　3. 時代区分　11
　　(1) 近代における留学の開始　11
　　(2) 近代史と現代史の区分の問題　11
　　(3) 西洋への留学の中断　12
　　(4) 中国における近代化のプロセス　13
　4. 分析の中心的対象：南京国民政府（1928－1949年）　14
　　(1) 南京国民政府を分析の中心的対象とする必要性　14
　　(2) 分析の中心的対象の選定基準　15
　　(3) 南京国民政府を分析の中心的対象とする問題点　16
　5. 「留学」と「留学生」：概念と定義　18
　6. 「政治傾向」　20
　7. 限界　23
第3節　先行研究 ……………………………………… 24
　1. 留学生、留学史に関する研究　25

2. 文化と教育の交流史からのアプローチ　27
　　3. 中国近代史における留学生の帰国後　28
　　4. 新しい研究領域へ　29
　　5. 諸研究の評価：本研究との関係を中心に　30
　第4節　資料と史料 …………………………………………… 33
　　1. 帰国留学生データベース　34
　　2. 雑誌、回想録や人名辞典と年鑑、統計図表など　36
　　3. 主な図書館　36
　　　（1）日本の図書館　36
　　　（2）中国大陸、台湾の図書館　37
　第5節　結　論 ……………………………………………… 38

第2章　近代における中国人の留学 …………… 43

　第1節　留学の環境的背景 ………………………………… 43
　　1. 留学の目的と派遣方式、費用　43
　　2. 中国と諸外国の文化的地位の変化　46
　　3. 日中間の文化的地位の逆転　46
　第2節　日本留学 …………………………………………… 48
　　1. 初期の日本留学　48
　　2. 1896年以後の「留日ブーム」　49
　　3. 科挙制度の廃止が「留日ブーム」に与えた影響　50
　　4. 日本留学の秩序の喪失と退潮　51
　　5. 留日学生の総数と卒業率　53
　第3節　米国留学 …………………………………………… 55
　　1. 中国国内の欧米系大学　56
　　　（1）教会大学（ミッション系大学）　56
　　　（2）清華学堂、清華大学　60

2. 米国留学の開始　62
        3. 庚款留米（義和団賠償金による米国留学）　62
        4. 戦後の米国留学　64
        5. 留米学生の総数と卒業率および研究内容　65
    第4節　欧州・ソ連留学 …………………………………… 67
        1. フランス留学　67
        2. ソ連留学　68
        3. 英・独・ベルギー・スイス留学　70
    第5節　4度のブームと1度の中断 ………………………… 71
        1. 清末民初の留日　71
        2. 五四運動期の留仏　71
        3. 1920年代の留ソ　72
        4. 1940年代の留米　72
    第6節　留学についての各国の態度 ……………………… 73
        1. 中国　73
        2. 各国間の競争　76
    第7節　結　　論 …………………………………………… 79

第3章　南京国民政府における帰国留学生 …… 85

    第1節　南京国民政府以前の国民政府 …………………… 86
        1. 民国期政府の変遷の概要　86
        2. 国民党政権（1927年以前）政府メンバーの学歴についての分析　89
    第2節　南京国民政府内外の権力関係 …………………… 91
        1. 国民党政権の権力の所在　91
        2. 法理、制度から見る「南京政府」の外部権力関係　94
        3. 権力関係から見る南京国民政府と政権のその他の部分との関係　97
            （1）黄埔系　99
            （2）ＣＣ系　100

もくじ　ix

(3) 政学系　100
　4.「南京政府」を分析の中心とする理由　101
　5. 南京政府内部の権力関係　103
第3節　統計方法に関する説明 …………………………… 108
第4節　帰国留学生の歴代政府における勢力の変遷 …………… 112
　1. 留日　112
　2. 留米、英　113
　3. 留仏、独、露・ソ　114
　4. 教会系・米国系大学　115
　5. 国内の大学　116
　6. 国内の軍校（軍事学校）　118
　7. その他　119
第5節　南京国民政府メンバーの学歴についての総括と分析 … 120
　1. 国民政府内の留学生　120
　2. 人材源の集中　121
　3. 国民政府の正規化への進展　122
　4. 留学生の減少傾向　123
　5. 留日と留米の比較　125
　6. 教会大学の特殊性　126
　7. 北京大学、清華と北洋大学出身者の比較　126
第6節　留学生の国民政府組織の上・中・下層への分布 …… 127
　1. 国民政府組織における上・中・下層の画定　129
　2. 各集団メンバーの国民政府組織の異なる階層への分布　130
　3. 各種要素の対照　134
　　(1) 留日と留米　134
　　(2) 北大と清華　135
　　(3) 技術系と人文系　136
　4. 国民政府における職位の兼任　137

第7節　帰国留学生の南京政府各部への分布 ……………… 139
　　1. 統計表の説明　139
　　2. 各主要集団の権力集中率を中心とした分布順序　143
　　3. 「極化」と「分散化」の現象　145
　　4. 五院を加える理由とその意外な結果　146
　　5. 外交部と教育部の最下層についての分析　148
　第8節　結　　論 ………………………………………………… 151

第4章　帰国留学生の中国社会各領域への進出 …… 157

　第1節　帰国留学生の軍への関与 ……………………………… 158
　　1. 清末民初の中国の軍隊の正規化と近代化　159
　　　(1) 日本に学ぶ　159
　　　(2) 新軍と近代軍校の設立における留学生　161
　　　(3) 新軍の編制と訓練　162
　　　(4) 北洋新軍　164
　　　(5) 各地方の新軍　165
　　2. 軍事留学　167
　　　(1) 軍事留日の始まり　167
　　　(2) 日本側の対応　168
　　　(3) 欧米への軍事留学　169
　　　(4) 軍事留日学生の帰国　170
　　　(5) 軍事教育と将校の資質についての評価　170
　　3. 国民党軍における留学生　171
　　　(1) 「中央軍」と「地方軍」　171
　　　(2) 民国期の軍職（上将）授与　172
　　　(3) 上将の授与状況から見る留学生の近代中国軍隊における地位　175
　　　(4) 小結　178
　　4. 台湾移転後の国民党軍と共産党軍　178

(1) 台湾国民党軍　178
         (2) 中国共産党軍　179
      5. 軍事面で日本に学んだ成果についての評価　181
  第2節　留学生の政党など政治団体への関与 …………………… 182
      1. 近代帰国留日学生と中国革命　182
      2. 留日学生により成立した中国国民党　186
      3. 留日・留仏学生と中国共産党　191
      4. 留米学生に主導された民主諸党派　197
         (1) 民主諸党派の成り立ち　198
         (2) 分析対象の選定：民主同盟と農工民主党　199
         (3) 民主同盟の指導者についての分析　202
         (4) 農工民主党の指導者についての分析　205
         (5) 民主諸党派指導者の職歴と学歴についての分析　206
      5. まとめ　209
  第3節　帰国留学生の文化教育と学術研究の分野における状況 …… 210
      1. 帰国留学生の教育・科学分野における概況　211
      2. 中華民国期の大学学長の学歴についての分析　212
      3. 国立中央研究院院士の学歴についての分析　216
         (1) 中央研究院　216
         (2) 第1回中央研究院院士の学歴についての分析　219
         (3) 第1回国立中央研究院院士の政治傾向　220
      4. 帰国留学生の中国における科学技術の近代化に対する影響　220
         (1) 著名な科学者　220
         (2) 留学経験のない科学者　222
         (3) 中国科学院学部委員　223
  第4節　結　　論 ……………………………………………………… 224
      1. 帰国留学生と近代中国の軍隊　225
      2. 留学生と中国革命　225
      3. 留学生と近代中国の政党　226

4. 留学生と中国の高等教育、科学研究　　227
　　5. 第3章と第4章の総合統計　　227

第5章　帰国留学生の政治傾向の形成 …………237

　第1節　マクロ的要素とミクロ的要素 ………………237
　第2節　ミクロ的分析 ……………………………239
　　1. 留学の経歴と海外で受けた教育　　239
　　2. 留学の目標（出発点）と形式　　245
　　3. 留学生の帰国後における留学先との関係　　246
　　4. 政治観と発展観の違い　　248
　第3節　マクロ的分析 ……………………………249
　　1. 国民党と共産党の争い　　251
　　2. 時代的要因：留学生の年齢と帰国時期　　253
　　3. 帰国後の生活方式の違い　　257
　第4節　留日・留米学生の帰国後の関係 ………………258
　第5節　結　　論 …………………………………263

第6章　結論と今後の課題 …………………267

　第1節　結　　論 …………………………………267
　　1. 研究方法　　267
　　2. 帰国留学生の中国近代化に対する貢献　　268
　　3. 南京国民政府内の帰国留学生についての三次元の立体分析　　268
　　4. 各留学生集団の政治傾向と国家権力構造内での地位　　269
　　5. 本研究の分析結果の適用性の問題　　270
　第2節　今後の課題 ………………………………271
　　1. 研究手段としての統計の限界　　271
　　2. 留学生の留学期間　　272

3. 権力構造と政治傾向の関係　272
　第3節　おわりに……………………………………273

附　　録……………………………………275

　1. 支那海外留学生帰朝後の現状　275
　2. 反日排日の黒幕要人　279
　3. 貴重な原型　284
　　（1）天児慧の「三つの原型」　284
　　（2）思想、主義との出会い　284
　　（3）留日型と留米型の比較　287
　4. 1957年の知識人右派：「時代に取り残された者」留米学生　291
　5. 反右派闘争期における留米学生の野党意識と「真の政党」を作る企図　293
　6. 1920年代の中国の教育モデルの変化：日本式から米国式へ　296

南京国民政府成員学歴総表………………298

参考文献……………………………………319

　（一）一次資料、文献………………………………319
　　1. 近代教育史、制度、統計、年鑑　319
　　2. 近代教育史（日本語）　320
　　3. 個々の大学校史　320
　　4. その他　324
　（二）回想録、年譜、伝記（個人）、日記………………324
　（三）人名録、人名辞書、人物伝記（多人数）…………325
　（四）論文、研究書…………………………………327
　　1. 近代中国留学史、帰国留学生（一般）　327

  2. 近代中国留学史（留日）　　327
  3. 近代中国留学史（留米）　　328
  4. 近代中国留学史（留欧・ソ、その他）　　329
  5. 文化交流、中国人の日本観　　329
  6. 教育政策、教育制度　　330
 （五）その他 …………………………………………………… 331

図・表一覧 ……………………………………………………… 335
索　　引 ………………………………………………………… 337
あとがき ………………………………………………………… 347

第1章
本研究の課題と意義

第1節　問題提起

　本研究は、中国近代の帰国留学生に関する研究の一環として、諸外国から帰国した留学生の政府組織や中国社会各領域、分野での活躍情況に基づき、帰国留学生の南京国民政府での参加情況に焦点を当て、とりわけ彼らの政治意識と政治傾向などに関して政治学的に分析しようとするものである。

　本研究で留学生が帰国した後の情況を研究対象として限定したのは、中国近代の留学が、中国の近代史に大きな影響を与えたと考えられるためである。事実、帰国留学生は、中国が外国の文化を認識、理解、吸収するための外部世界との間の「懸橋」的な役割を演じていたのである。帰国留学生は、形の上では単なる近代的人材にすぎなかったが、近代化を遂行する上で実質的な指導的役割を果たすことになった。

　日清戦争後、中国から多数の留学生が日本へ渡り、1905 - 06年のピーク時には約1万人に上ったと言われている。留学生たちは、日本において近代文明を受容し、世界の大勢を理解し、政治的、文化的に様々な活動を展開して、中国近代化の歴史上で大きな役割を演じ、帰国後も大きな影響を与えた。また同様に、欧米諸国への留学も、中国にとって、各方面（特に科学技術面）での大変貴重な人材を育成した。留学生たちはそれぞれ別の面から、互いに補い合って、中国の近代化に偉大な貢献をなしたのであり、この留学生の活躍を抜きにしては、中国の近代史を語ることはできない。

　近代において、中国人留学生の総数は約15万人前後であった（留日学生11万人、留米学生2万人、西欧への留学生1万人、ソ連への留学生数千人）。数量的に言えば、15万人というのは中国の人口から見れば少数であるが、そ

の歴史的意義は遥かに大きなものであった。これは、中国の近代的学校の歴史が非常に浅く（20世紀の初頭になって科挙制が廃止され、近代的学校制度が導入された）、1930年代後半までに、中国国内の高等教育機関で養成された学生の数も多いとは言えなかったためである。これら比較的遅い時期に国内の学校を卒業した者の職位や影響力は、それ以前に海外で学んだ留学生には到底及ばないものだったのである。

　長期的に見ると、留学生は以下の3点において中国近代化の推進力となっている。第1に、留学生（主に留日学生）が近代中国革命の火つけ役となったことにより、彼らは、「革命」に特徴づけられる中国近代史と不可分の関係になったことである。第2に、留学生は、中国が近代化を推進するに当たって不可欠であった科学技術面における人材や先進的な現代知識、思想を提供した。第3に、留学生の多くが帰国後、重要な地位に就いて中国の近代化過程で圧倒的な優位を占め、その影響力は、政治、軍事、経済、文化、教育など各領域に及んだ。つまり、帰国留学生は、いわば社会ヒエラルキーの上層部を形成していたのであり、その影響力は巨大であったということである。

　しかしその一方で、留学生の活動は、当時の歴史的文化と現実の条件の下で制約を受けていたことも見過ごすことはできない。彼らは、国外で学んだ新しい知識や思想、文化を自国に持ち帰った。これは、中国社会に大きな刺激を与えたが、その反面、彼らは中国の一般社会の中で「異端児」となり、その学問や知識は、伝統的な思考や習慣との間で摩擦や矛盾を生じさせた。また、留学生の間にも様々な原因による相違があり、彼らが中国の近代化過程の中で果たした役割はそれぞれ異なっており、相互に競争や対立もあった。本研究は、こうした点について分析を試みるものである。

第2節　研究の枠組みと研究方法

1. 主な分析内容

　本研究の分析は、留学生が帰国した後の情況と、彼らが中国の近代化に及ぼした影響と役割を主な研究対象とするものである。分析は主に以下の2点から行いたい。1つ目は、帰国留学生が中国国内の各領域に関与した状況である。このような状況が明らかにならなければ、帰国留学生が中国の近代化に対して及ぼした影響の程度、範囲、性質についての分析は不可能であると言えよう。2つ目は、本研究で最も重要な分析事項にしたいと考えているが、帰国留学生の持つ「政治傾向（または政治態度 political attitude）」である。中国では前近代的国家から近代国家への移行過程においては、国家組織の再構築（新しい政治理念の下での組織化、制度化など）、その中でもその「政治傾向」が、彼らの人的流れとその社会的な配置、いわゆる「人脈」の方向性を決める上で極めて重要な意味を持っていた。そこで、留学先別の各留学生グループの政治傾向をも重点的に分析していきたい。
　この2つの目標を達成するためには、最終的に、帰国留学生が関った重要な領域についてあまねく分析する必要があるが、本研究ではその中からいくつかを選んで着手することとする。これら領域の選定については、できる限り「政治傾向」への分析に寄与できるように設定したい。

2. 研究方法

(1) 史実の整理
　これは主に、基本的な事実関係を整理するのであり、今後の分析と比較の準備のためである。本研究では、近代中国における留学の歴史、特に19世紀末－1950年代末の時期における中国の留日、留米、留欧学生の基本情況について述べる。この点に関しては、主に第2章で述べるのだが、軍事留学に関しては、その性質が一般の留学とは異なるために、第4章の中で詳しく

述べることとする。また、帰国留学生が社会の各領域に関与した状況については、主に第4章で述べる。

　史実の叙述とは盲目的に行うものではなく、事実関係に基づいて、様々な留学生（集団として）の出身、出世、職業など政治傾向にかかわる代表的な性質をまとめるために行うものである。これには、各種回想録や記念文集などが、かなり具体的な証拠を提示してくれるが、さらに信頼性の高いものとして、統計、すなわち該当する集団について説明した内容の統計が挙げられる。本研究では、単なる史実の紹介や羅列に終わらないように、史実の考証に関しては可能な限り複数の統計を照合し、様々な証拠などによって客観性を持たせている。

　一方、個人というものは千差万別であるため、本研究では、各留学先における留学生の性格に分析を加える場合、基本的に個人レベルでは深く踏み込まず、個人に対しての具体的な記述を避けることとする。

(2) 帰国留学生が各領域に関与した状況についての統計

　主な分析内容は、いくつかの大きな項目に分類される。そして、帰国留学生が中国社会の各分野で極めて重要な役割を果たすことができた事実を、特に軍（隊）、（政）党、政（府）、教育および科学研究など主要な領域の情況に関する数値化を通して実証的に考察する。

　この「軍隊、政党、政府、教育、科学研究」という順序は、留学生の「個人と国家組織との相互関係」という分析の枠組みの下で、組織の個人に対する拘束の程度が強い順序である。この順序に対する異なる反応により、留学生各グループの国家組織との関係を明らかにすることができる。さらに、これらの領域の選定も、「政治傾向」への分析に寄与するためのものである。

　また、留学生を日本、米国、仏国、ソ連（帝政ロシアを含む）、英国、独国、ベルギー、カナダ、スイスなどに分けて分析する。留学生の状況についての分析を行う場合には、比較のために国内学校の出身者の状況もリストの中に加えることとする。国内の大学を、北京大学、ミッション系大学、その他の大学の3つに分け、それから、他の国内の高等教育機関（専門学校など）

の出身者と旧科挙の出身者に分けて分析する。この「日本、米国、仏国、ソ連、英国、独国、ベルギー、カナダ、スイス」という順番は、留学生数の多い順に並べたものである。

　ここで、ミッション系大学を一つの項目とするのは、これらの大学から数多くの学生が欧米に留学しただけでなく、ミッション系大学の出身者が西洋式教育を受けており、国内でもすでに、知識・思想面から「準留学生」と見られていたためである（第2章第3節参照）。

　また、資料の中で学歴状況の記録がない場合には「不詳」とし、資料的な制限により、その人物の資料が入手できなかった場合には「無資料」とする。しかし、「無資料」の人物の人数が極めて少ない場合には、分析結果に大きな影響を与えない限り、「不詳」とする。最後の項目は総計であり、場合によっては百分率も提示する。

　帰国留学生が各領域に関与した状況についての統計は、主に第4章の各節で示した。また、教育と科学研究の2つの分野については、密接な関係を持っているため、一つの節にまとめた。さらに、統計の表記の簡略化のため、各項目に略語を用いた。例えば、ミッション系大学を「教会」、清華学校・清華大学を「清華」、北京大学を「北大」、北洋大学を「北洋」、専門学校は「専門」と表示し、ミッション系大学と北京大学を除いた国内の大学は「他大」とし、各国の留学生については、その留学先の国名を記した。また、分析の際には、ミッション系大学を「教会系大学」か「教会大学」という中国的な表示方法を採用した。

(3) 分析領域の選択に関する問題
　帰国留学生が各領域に関与した状況について、南京国民政府以外にも、いくつかの領域について分析する。本来、帰国留学生が国内の各領域に関与した状況については、分析領域の選択はあまり必要ではないが、帰国留学生の政治傾向を分析するために、基本的には広義で言うところの「国家的組織」を分析領域としたい。ここで言う「国家的組織」は、「国家組織」や「国家の組織」ではなく、「国家規模の組織」、つまり、「国家」と考えられる巨大な社

会メカニズムの中での基幹部分という意味である。これらは以下の基準に基づいて選定されている。

①比較的高い独立性があり、他の分野と簡単に区分できること。

②組織内部に等級による階層区分があること。例えば、職級、職責などにおける上下等級関係。

③社会性と公共性があること。ある程度の規模を持ち、社会的に比較的広範な代表性と社会性があること。

④資料が豊富にあり、収集が容易であること。資料が不足していたり、収集が困難であったりすると、統計が難しくなり、精確度や信憑性が落ちる恐れがある。

⑤当面、最重要な分野に集中するために、最低限必要な領域に限定する。

以上の基準に基づいて、本稿では、「軍隊、政党・政府、教育、科学研究」という4つの分野を分析対象とする。その代わりに、経済界や会党、秘密結社などを含む宗教界などの領域を考察対象から除外した。

(4)「経済界」を考察対象から除外することに関する問題

経済界における帰国留学生の状況は、自然と注目が集まる分野であるが、問題はそれほど簡単なものではない。これはまず、いわゆる「経済界」が近代中国において非常に不明確な概念であるという点が挙げられる。また、「経済組織」そのものにも概念の問題があり、これは例えば、日本の経団連のような、政策や自己主張を持ち、積極的に政治に参加する存在のことである。しかし、近代中国では、これと類似した組織は発達しなかった。近代中国でいわゆる「経済組織」と言えば、政府内部で国家経済の推進を管理する官僚機構の一部にすぎなかった。また、経団連のような「財界」も、近代中国には存在しておらず、私的な性質のものとしては、一応、財閥（例えば、経済的に蒋介石をサポートしていた江浙財閥）のようなものはあったが、不確定な要素が多く、それほど強力な公共性も普遍性もなかったために、大きな意味づけとしては、個人的、あるいは家族集団の活動のためと理解されてきた

のである。

　また、これ以外に、経営者の親睦会のようなクラブは存在した。しかし、近代中国の経済界においては、著名な人物や家族を列挙することはできても、これに相応する経済組織（政府内部の経済組織を除く）を挙げることは難しい。この種の組織が存在しないということは、つまり、例えばどこにでもいるような「総経理」や「社長」を列挙して、「経済界」または「財界」として分析することはできないということなのである。さらに同様に、有名な容氏一族と宋氏一族などにおいても、本稿で述べているような「組織的連携」が欠けていたと言える。

　筆者は以前、党、政府、軍隊などの分野と同様の方法を用いて、経済界の帰国留学生の資料収集を試みたことがある。しかし、図書館に出向いて資料収集したものの、最後には徒労に終わってしまった。振り返ってその原因を考えてみると、現在「民族資本家」と呼ばれる人たちが（その中で留学経験者は少なくない）、前述した例と同様に、一個人と組織（経済界）としての内部的成層を明確にしていなかったという点が挙げられ、これこそが、近代中国経済界が自身の政治的足跡をしっかりと留めてこられなかった原因でもあると考えられる。本研究では、どの人物を統計に加えるかという点を確定することができなかった。例えば何を基準とし、その経営企業の規模をどのように規定するのか、また、個人あるいは家族の経済収入、その納税額、もしくは彼らの持つ財力の抑制力、支配力を基準とするのかなど、確定し難い要素が多かったのである。

　また、地方経済界（農村地域）の資料の収集の難しさも痛感させられた。例えば「民国地主人名辞典」のような資料も見つからず、農村地域においては紳士録のような資料を見つける可能性もあったが、こうした資料の収集過程は果てしないものであり、本研究の力の及ぶところではない。

　ある意味では、上述のいわゆる「経済界」において、政治的「投資」がなされていたとしても、この種の投資は往々にして直接的な貸借性を持つ利益行為にすぎず、せいぜい高利の利息を得るのが関の山であった。またこの種の行為は、一般的に「天下皆兄弟」のような伝統的な人間関係の上に成り立っ

て、個人的経済支援をする。成功したらなんらかの「うまみ」を望むという類のものであった。その「うまみ」というお返しは、往々にして非常に直接的な経済利益であり、社会的かつ政策的なお返しではない。言い換えれば、支持者と被支持者の二者関係は、政治的な利益共同体ではなく、被支持者の成功により利益を得るためのものでもなく、被支持者の政治と政策上の成功は、長期的に見て決して得ばかりで損がないというものでもなかった。この意味から考えれば、これらの行為は、政治意識を持った政治過程への参加ではなく、非正式的な個人関係によるものであった。もし分析するなら、賄賂の範囲まで分析すべきことになってしまうのである。

　政党、政府、軍隊などに類する、非常に政治性の強い組織とは限らない社会メカニズムの中核（主幹）部分は、組織性と公共性を持つものである。この種の組織には、政治学で言うところの「参加」と「行動」があるが、ここでの「参加」と「行動」というのは、「実体性」があって、「関係性」に乏しいものである。それが持つ財力は支配性のある政治資源ではなく、利益の分配、再分配が行われることはない。また、一種の社会性がある組織として、その内部では、ある意味での権力関係は存在するが、上述のような制度化された等級構造は存在しない。社会的な面から見れば、それらは紛れもなく「組織」であり、しかも自発的な組織と言える。しかし、これらの組織の参加者は、こうした組織内部に生存せず、彼らの存在もこれら組織の存在に頼っているのではない。同時に、散漫過ぎると、一定の政治権力の圧力行為が存在しながらも、根本的には政治参加の必然性に欠けてしまうのである。まとめて言えば、行使、権威、指導、支配と服従、決定過程、義務、権利などのそれぞれの意味から見ると、本研究で用いているような意味での「組織」には属していないということになるのである。

　こうして見ると、「経済界」に対するある種の分析を行う必要性はあるが、この分野は政治傾向に関して言うと非常に散漫であるために、現時点でこれを分析するのにふさわしい方法や手段が見当たらない。つまり、その中から本研究で言うところの「国家的組織」を抽出することは困難であると判明したため、考察範囲から除外したのである。もし可能なら、今後、このような

分析も試みていきたい。だが、その際には、「国家的組織」をそこから抽出する方法を考えなければならないだろう。また、省レベルの地方誌には、通常この方面に関する記述が少ないため、県か、郷・鎮クラスの地方史でこの方面の資料に当たり、分析を加えることは有意義ではあるだろうが、その工程は広範囲にわたり、年数も非常にかかるために、一大研究となるであろう。

本章第3節の「先行研究」で述べるように、先行研究の中で本研究の方向性と一致しているのは、靳明全の研究である。彼は、自身の著書の中でこう述べている。

　私は、大量の正確で詳細な資料を収集した上で、以下の四部の専門著作（計100万字余り）を著して述べるつもりである。それは、
　A.『攻玉論──關於20世紀初期中國文人赴日留學的研究』[1]
　B.『攻玉論──關於20世紀初期中國政界留日生的研究』[2]
　C.『攻玉論──關於20世紀初期中國軍界留日生的研究』[3]
　D.『攻玉論──關於20世紀初期中國經濟界留日生的研究』[4]
である。

靳明全の上記の「四部の専門著作」の中で、A、B、Cの3つの著作はすでに出版されている。A－Cは2年に1冊のスピードで出版されているが、C出版後、すでに4年が経過している2008年現在、Dはまだ出版されていない。そこでこれは、靳明全が本稿と同じような難題にぶつかったものと推測する。それは、経済界の留学生に関する資料を集めることが困難であったということである。しかし同時、靳明全がこの問題を解決することは可能であり、少し多くの時間が必要か、あるいは著作の分量が少なくなる（靳明全のBとCの2つの著作はともに370頁を超える大作である）のではないかと予想している。

本研究に戻るが、問題は恐らく解決不可能なものであり、本研究の資料に対する要求は、靳教授の『攻玉論』よりもずっと高く、資料が一定レベルに達しなければ、基本的に統計分析を行うことができないと考える。

(5) マクロ的政治分析

　本研究の分析は、中国近代帰国留学生に関する研究の第1段階と位置づけ、総合的な分析にしようとするものである。この段階で個々の狭い領域に埋没するよりも、広い視野を持って、帰国留学生の全体像を描くことがより効果的であるとの考えから、新しい史料の発掘を最重要視しないこととする。その代わりに、現存の研究成果の最大限の有効利用を主眼とする。マクロ的政治分析を主要な分析手段として採用し、個々の史実を確認するのではなく、すでに明らかになった事実から史実の関係要素を抽出し、帰国留学生の全体像を描くこととする。その中でも、特に民国の権力構造における帰国留学生の政治意識や政治傾向などについては克明に分析することとする。

　以上のような考えに基づいて、本研究では、異なる帰国留学生の集団の中国近代史に対する影響と役割が相違している要因について、2つの側面に分けて分析する。1つ目は、ミクロ的要因として、留学生の個人的素質、つまり彼らが留学生として有した思想、知識などの人的要素である。2つ目は、マクロ的要因として、留学生がその影響力や役割を発揮する際に関係してくる客観的、歴史的な環境要素である。例えば、同じように、留学したにもかかわらず、（19世紀70年代までの）最初の留学生は、なぜ、そのほとんどが影響力を持たなかったのか。後に行ったものが、なぜ名を成すことができたのか。これは単に時代背景の相違だけではなく、彼らが帰国後、大きな影響力を持つ強力な集団を形成することができたかどうかという部分とも関係するのである。すなわち、歴史的社会的構造条件と政治過程の両方を見る必要があるということである。言うまでもなく、ミクロ的要因とマクロ的要因ははっきりと区別できるものではなく、根本的に対立しているわけでもない。両者は「留学生」という歴史的現象において一体化し、バランスを保ち、相互に不可分のものなのである。上述した分類は、ただ分析の便宜上において用いるだけである。

　また、帰国留学生の政治傾向についての分析は、主に留学生の中で最も代表的である留日学生と留米学生を中心に行いたい。

3. 時代区分

本研究の分析は、19世紀末－1950年代後半の時期を対象とし、その中でも特に南京国民政府（1928－49年）を中心とする。これは以下のような考慮によるものである。

(1) 近代における留学の開始
　近代中国の留学活動は、阿片戦争後の1840年代に始まる[5]。最初は、何人かの青少年が個別に西洋の宣教師に連れられて国外に出た。その中では、例えば容閎（1846年から米国へ）が有名である。続いて、一定規模で欧州（1876年、40人）、米国（1872年、30人）、日本（1885年、15人）などに留学生として派遣された。しかし、近代中国の留学活動が始まったのは時期的には早かったものの、日清戦争以前は規模も小さく、その影響や範囲は限定的なものであった。特に当時の留学活動は、比較的小規模かつ緩慢に展開されたために、20世紀の「激動期」の留学とは、その形式や内容の面で大きな相違がある。例えば、当時の清朝高官の中でも比較的早くから日本の急速な近代化とその潜在的脅威に気付いていた李鴻章は、1885年に、一時的に日本語習得のために留学生[6]を日本に派遣しているが、彼の目的は、主に洋務を行うためであり、その後10年間、留学生は送られていない。総じて言うと、この時期の留学は、1896年以後の「政治留学」とは性格的にかなり異質であるが、それは基本的に、阿片戦争直後の留欧学生と同じ範疇に属するものであった。また1896年は、清朝政府が公式に留学生を派遣するようになった年であるために（第2章第2節参照）、本研究では、この時点を分析の上限とする。

(2) 近代史と現代史の区分の問題
　中国では、近代と現代の境界を巡る歴史的な論争について、主に以下の3つの主張がある。
　①1911年の辛亥革命と中華民国の成立をその境とし、1840－1911年を近代、以後を現代とする。

②1919年の五四運動を境とし、1840－1919年を近代、以後を現代とする[7]。1970年代以前は、こうした観点を持つ人が多かった。
③1949年の「中華人民共和国」成立を境とし、それ以前を近代、以後を現代とするものである。

現在では、この③の主張が一般的となっており、多くの中国の研究機関でも、こうした区分を前提として研究活動を行っている。例えば、北京の中国社会科学院の近代史研究所は、1949年の人民共和国成立までの時期を当研究所の研究（中国近代史）の対象としている。また、1979年に創刊され、上記の研究所に設けられた編集部（近代史研究雑誌社）が出した、中国近代史に関する論説を掲載した代表的な学術誌、『近代史研究』では、主に中国近代史、すなわち阿片戦争から人民共和国の成立前後の時期に関する研究成果を掲載している[8]。

(3) 西洋への留学の中断

1949年の中華人民共和国成立後、西洋諸国への中国大陸からの留学は、次々と中断された。1949年には、まず米国への留学が中断された。また、ソ連への留学は1951年に始まるが、1957年以後はその数が大幅に減少してしまい、1955年の2,093人と1956年の2,401人から、わずか529人にまで減少したのである[9]。1960年代に入ると、留学活動だけでなく民主諸党派を代表とする帰国留学生の政治活動さえも次第に「消滅」した[10]。以後、1977年まで、留学生の派遣は年間650人以下に滞っており、特に1966－71年の時期には、派遣活動そのものが完全に中断されたのである。しかし、それでも1949－57年までの時期は、留学生の活動が「近代」時期からの一定の継続性を保っていたと言える。また、留学生が帰国して一定の役割を果たすまでには、留学後2－3年の期間が必要であることを考慮して（留日学生は1－4年間、留米学生は平均5年間当地に滞在）、多少の時間差を持たせる必要があるだろう。

(4) 中国における近代化のプロセス

　最後に、前述したように、本研究では、留学生が中国の近代化過程において果たした影響と役割の分析を重視している。これは、彼らの帰国後の活動だけしか重視しないという意味ではない[11]。

　1970年代末当時の留学生の内で、かなりの人数がまだ生存しており、何人かの人々は、中国共産党の「改革・開放」政策において大きな貢献を果たしている。しかし総じて、この時期の留学生の歴史的使命は、およそ1957年の反右派闘争の時点で終結したと言え、今日までの中国における近代化のプロセスから見れば、留学生が比較的大きな役割を果たしたのは、20世紀の1910－50年代の時期に限定されると言うべきである。

　民国期の留学生には多くの共通点があり、それを相互に比較分析することが可能である。それは、中国国内の政治的不安定や戦乱、国際的な列強の支配、民族的危機が深刻化する時期であり、こうした状況の中で「留学ブーム」が形成されていったのである。多くの中国青年が学問のために外国に渡り、帰国後、様々なグループを作り、組織的活動を展開したのである。これに対して1896年以前には、一定規模の留学生が3回程度、公的に派遣されているが、彼らの中で名を成したものは多くない。彼らは帰国後、中国社会には大きな影響を与えることができなかったのである。留米少年（幼童）の中でも詹天佑や唐紹儀などは比較的よく知られているが、初期の留欧学生には海軍軍人が多かったために、歴史的に重要な人物としては、厳復などだけである。また、留日学生15人の中では、1人も名を上げたものはなく、そのため長い間にわたり、このような最初の留日学生グループが存在していたことは一般的に知られずにきたのである[12]。この面から見ると、1896年以後の留学生たちは、群をなして出国し、中国の近代史上において、その都度大きな役割を果たした。彼らの歴史的役割と影響力は、前任者たちとは比較にならないほど大きなものであったのである。

　本研究では、上記の事情を受けて、1890年代後半－1957年、特に南京国民政府（1928－49年）を中心に、分析の対象期間とする。

第2節　研究の枠組みと研究方法　13

4. 分析の中心的対象：南京国民政府（1928 － 1949 年）

(1) 南京国民政府を分析の中心的対象とする必要性

　民国研究の中で、研究対象として「南京国民政府」よりも多く用いられているのは、「南京国民党政権」であり、類似したものではさらに、「蔣介石政権」や「蔣家王朝」などがある。この、「蔣家王朝」というのは範囲が狭過ぎるようだが、これは1980年代以前の中国共産党当局による観点の中で多く見られたものである。「南京国民政府」も同様に比較的狭い範囲の概念であり、「南京国民党政権」は、より明確で、歴史本来の様相に合っている。しかい、本研究では、「南京国民党政権」ではなく、「南京国民政府（1928 － 49年）」に焦点を当てて分析する。南京国民政府を主な分析対象として選定するに当たり、主に以下の4点を考慮した。

　第1に、中国近代留学の歴史的スパンは比較的長期にわたっており（19世紀末－20世紀中期）、約半世紀にも及んでいる（1840年からは一世紀以上）。また、中国近現代史で言うところの「民国期」は、国内が非常に不安定で統一されていない時期であった。この時期において中国社会の変化は激しく、政治体制も何度か改編が繰り返され、それぞれの政治体制の間には関連性が欠けていた。南京国民政府やそれ以前の北京国民政府（北洋政府）と、1949年以後に台湾に存在した「中華」国民政府は、政治理念、文化、および政治制度、組織の面すべてにおいて、大きな隔たりがある。ある意味で、これら政府の違いは、異なる2つの国家の政治体制の隔たりにも劣らないものであると言える。

　第2に、上述の情況に対応して、留学生の派遣時期、方法、帰国後の採用と昇進ルート、また、その与えた影響や役割など様々な面で、かなり大きな変化が見られる。現段階でこれらを一つの枠組みで分析することは、非常に難しい試みである。そこで、これらの部分を採り上げるよりは、代表的な一時期を選び、集中して分析を行うほうが適当であると考えられる。

　第3に、地域分布の面から言えば、同様の違いが、汪兆銘時期の「南京偽政府」、東北の満洲国や同時期に存在したその他の地方政権にも存在してい

た。さらには言うまでもなく、中国共産党統治下の「紅い中国」には共産党政権が存在していた。これらの時間的、地域的に大きな違いを持つ政治体制の全体像を、一括して「民国」として分析を加えることは極めて困難である。

第4に、本研究では、そのテーマにおいて「南京国民政府を中心として」という副題が加えられているが、これは主に、分析範囲を限定するためである。特に、統計を主要な分析手段として使用する際に、統計範囲を厳密に定める必要がある状況下では、「南京国民党政権」と言うのは、疑いなく「南京国民政権」よりもその要素がずっと複雑で、難度が高過ぎるのである。本研究は、南京国民政府のメンバー構成状況を中心として、この側面から「南京国民党政権」と民国全時期の状況を扱い分析を試みるものである。

しかしこのようにすることで、本研究における結果の有効範囲も同時に大きく狭められ、「一つの側面」からだけになってしまう可能性がある。この側面が、どの程度、歴史を反映しうるのかという点については、今後さらなる明確化が必要であろう。また、筆者も今後、この面についての研究を継続していくつもりである。

(2) 分析の中心的対象の選定基準

全体的な「近代留学」に分析を加えることは必要であり、可能なことでもあるが、本研究では、まだあまり手のついていないところを選び、その分析についても、科学性や合理性よりは利便性や効率性を考慮した。周知のとおり、民国期に正確な意味で統一された中央政府は成立していない。本研究では、その前後に存在したいくつかの「中央政権」の中から、比較的代表的なものを選出して分析を加えており、その際に、以下の点において比較的該当していることをその依拠としている。それは、①国内統一の程度や国土への有効的支配、②国際的な認知、③政治体制の維持期間の長さ、④政治体制の内部の統一性（組織の均質化）、⑤完成度（制度と法令の完備）などである。

こうした点から考えれば、中国国内においても国際的にも、広範囲で公認されうる政治体制として、北洋（北京）国民政府と南京政府が挙げられよう。その他の政権、広州、武漢、汪兆銘など各時期の国民政府や満州国、張勲復

辟などの時期の「中央政府」は、上述の5つの点で比較すれば、その代表性は劣っている。もちろん、これらに対する分析も必要ではあるものの、分析の優先順位からすれば、もっと後ろの位置に置くべきであろう。

　北京（北洋）国民政府と南京国民政府というこの2つの政治体制は、ともに国際的にも広く認知されており、同時に中国の主要部分の国土において有効的な支配を行っていた。この二者について、政治体制の有効な支配をこれらの地域や民衆に対して行った時間的長さから言えば、南京国民政府がより長く、内部の統一性という面でもより高いレベルにあった。こうしてこれら5つの点で比較を行い、最終的に、南京国民政府が他のいくつかの「中央政府」に比べて、より代表性を持っていると認識するに至ったのである。

(3) 南京国民政府を分析の中心的対象とする問題点

　第1に、南京国民政府とその他の政治体制との関係の問題である。これは、南京国民政府を各種関係から分離することとも関連しており、これに対して行った測定や分析の問題もある。その中でも、特に武漢国民政府との関係（寧漢合作）、戦火を避けるために行った重慶（陪都）西遷や汪兆銘などが成立させた南京偽国民政府との関係などは、本研究から行う処理に際して、その難度は非常に高い。

　こうした問題に対して、本研究では、中国近代史の研究界における慣行に従い、具体的な問題に具体的な分析を加えるという原則に沿って処理する。なお、中国近代史の研究界の慣行では、基本的に満州国も汪兆銘の南京政府についても触れない。例えば、阿片戦争からを範囲とする今井駿らの『中国現代史』[13]、小島晋治、丸山松幸の『中国近現代史』[14]、横山宏章の『中華民国史』[15]、辛亥革命から改革開放までを範囲とする中島嶺雄の『中国現代史』[16]などでは、満州国についても汪兆銘の南京政府についてもほとんど触れていない。その代わりに、満州国も汪兆銘の南京政府も独立した研究分野として扱う傾向がある。

　第2に、様々な地方政権との関係をどのように処理したかという問題である。南京国民政府と当時の中国各地の地方政権との関係は、かなり複雑で

あった。多くの地方では、表面的には南京政府を承認しているように見せかけながら、実際には独立王国という状況だった。南京国民政府は、こうした地方政権に対して主権という名目を持ちながらも、実際には制御する実力を持たなかった。こうした地方政権と南京国民政府を同一の政治体制と見なしてもよいものであるかどうかという点については、時に的確な判断が難しい局面がある。しかし、これは民国期の時代的な特徴とも言えよう。本研究では、法的、政治組織的に互いが中央と地方政府であると認め合っていたことから、それらを一般的な政治体制の枠組みで処理し、一つの政治体制として考察を加えた。

第3に、別の面から言えば、南京国民政府（1928－49年）に焦点を当てて分析したとしても、この範囲においても問題が山積している。だが、分析の範囲をさらに細かく、例えば1927－28年、1928－38年、1939－45年、1946－49年というように区切るのは、細分化し過ぎであろう。長い間、学術界では、基本的に南京国民政府を比較的完成された政治体制として見なしてきた。この時期の前後において、また、地域的に存在したその他の民国時代の政治体制とも比較して、「南京国民政府（1928－49年）」は、紛れもなく「民国期」全体で最も代表的かつ広範な広がりを持つ政治体制と言える。この一時代に帰国した留学生の状況を明らかにすることは、民国期全体の帰国留学生の情況を知る一助となるであろう。このような優先順位の考察に基づいて、本稿の分析では、「南京国民政府（1928－49年）」を中心とした。言わば、分析の便宜上である。

第4に、上述のように、「南京国民政府（1928－49年）」が決して単独の孤立した存在ではなかったという点は、充分に認識している。南京国民政府と同じ時代・地域に分布していたその他の民国期の政治体制とは密接な関係が持たれていたが、このような大きな背景を考慮することで、「南京国民政府（1928－49年）」の持つ多くの特徴を的確に捉えることができるだろう。言い換えれば、「南京国民政府（1928－49年）」の持つ多くの性格についても、これらの政治体制との関係を考慮する中でこそ、初めて正確な分析を加えることができるということを意味している。これらの政治体制をどのように取

捨選択し、どのように分析するのかについては、第4章での具体的な問題分析に譲ることにし、必要があれば、適当と考えられるところまで分析の範囲を広げたいと思う。

5.「留学」と「留学生」：概念と定義

「留学」という単語は、元々、日本語の造語である。初代遣唐使は、外交使節であって学習の目的ではなく、中国での滞在時間も短期間であったが、第2回目から日本政府は、遣唐使と同時に「留学生」と「還学生」を派遣したのである。「還学生」は基本的には遣唐使と同行し、滞在時間も短期であったが、その任務は主に学習であった。また「留学生」は、中国に長期に留まって、様々な知識を学習するための学生であった。以来、中国でも「留学生」という言葉が定着したのである。

日本語と同様に中国語の「留学」も、「居住国以外あるいは海外で勉強すること」を意味する[17]。よって留学生は、「外国人留学生」とか、「海外から来た学生」とも呼ばれる。日中の文化交流の歴史においては、古くから留学活動が行われてきており、隋唐時代の「遣隋使」や「遣唐使」も一種の留学活動であった。また、中国においても留学の伝統は、かなり昔にまでさかのぼることができ、玄奘和尚の「天竺紀行」は、大体において一種の留学活動と見なすことができよう。なぜなら、彼の「紀行」は、天竺（インド）において仏教経典と理論を学ぶ行為であったためである。

しかし実際には、すべての「居住国以外あるいは海外で勉強すること」を留学と見なすわけにはいかない。それには、居住時間の長さも一つの判断基準として加える必要があるであろう。現代の日本には、「就学生」という別の概念があるが、その法的身分は「留学生」とは異なる[18]。就学生の「就」という字は、ある種の過渡性や不安定性といった印象を与えるものであり、実際にもそのとおりである。それは、正式な課程に入学する前の環境適応段階における形態を示しており、歴史的事実を参照すれば、「就学生」や「研究生」というのも「留学生」の範疇における区分にすぎない。この他さらに、

「外国人研究生」という用語もあるが、実際には彼らが保有しているのは留学生ビザであり、その法的な身分は留学生と同等である。現在の基準から見ると、当時の中国人留学生は、いわゆる「就学生」の部類に入る者が少なくなかったであろう。

また逆に、あらゆる「留学」活動が、「国外に行って学ぶ」ことを要するというわけではない。例えば、チベットには「内地留学」というやや微妙な言い方がある。「内地」というのは同一国家の中心寄りの地区を指し（チベットにとっては「漢民族居住区」）、「留学」とは、すなわち外国で学ぶことである。この２つの要素を並列させるのは文法的には不適切な点もあるが、その意味するところは十分伝わるであろう。

この他、清末期には「遊学生」、「遊洋生」、「遊歴生」、「洋学生」などの用語も使用されていた[19]。清朝政府は、米国政府から返還された義和団事件の賠償金の一部を使って米国への留学生派遣を行うために、1909年に「遊米学務処」という専門機関を設立している。1909－11年の３度にわたる留学生派遣の事務は、この機関によって推進された。この「遊学」という言葉には伝統的な意味もあって、本来は、学者たちが各地を回って学問を講義したり交流したりすることを意味しており、例えば孔子のような大学者について使われていた。この流れで、近代の留学活動について「遊学」という表現が用いられた場合には、明らかにその当初から、一般的な留学とは含意の上で区別されていた。これは、大体において当時の留学生は比較的年齢が高く、すでに知識を持つ学者であったものも多く、その「留学」には「視察」の意味が込められており、期間的にもあまり長期にわたるものではなかったことが一因となっている。

さらに、研究者の間では、「留学（生）」という言葉は各国で統一されていない。例えば米国では、正規の教育機関（ほとんどは四年制大学）を卒業や中退した者を指すが、日本、フランス、ソ連の場合は、正規に認められている教育機関に短期間でも在籍したことがある学生も「留学生」と見なされる。本研究で言うところの「留学生」というのは、伝統的な用語によるものであり、知識を学習する目的で出国し、外国の正規の学校に入学した学生は、す

べて留学生と見なしている。しかし、上記に挙げた国々との均等を保つために、本稿の第3－6章における統計では基準を少し厳しくし、1年半未満の場合は統計から除外した。従って、本研究の統計では、留米学生については他の研究者の統計とほとんど一致しているものの、留日学生などに対しての統計数は、やや少なめであるという奇妙な現象が起きている。

　留学生であるかどうかの判断基準の設定は、本研究にとっても難点の一つであった。本来、専門学校を卒業可能な学習期間である2年という期間に設定したいのだが、その2年間を満たす者は非常に限られる。学術分析の厳格さを維持するためには、このような設定にしてもよいのだが、実際、今日存在する資料の多くには、単に「留日」という一言しか記載されておらず、期間についての記載がないものがほとんどである。その場合、基準を厳しくすると、期間が不明な者に対しては「留日」と呼ぶことになり、状況のある程度分かっている者、つまり2年未満の者にとっては不公平な状況が発生しうる。資料に「留日」のみ記載されている者の中には、実際に2年以下の者が多く含まれているためである。

　そこで、本研究では、留学生であることの判断基準を、留学期間が「1年半」以上あることとした。しかし、これはあくまで本研究の分析で使用する判断基準であり、その人の留日経験を否定するわけではない。また、この基準で留日学生の総人数を数え直す必要もないのである。

　また、国内で新形式の教育、特にミッション系大学（いわゆる教会大学）で西洋式教育を受けた学生を含め、香港と上海などの旧租界での学習や外国系の学校で勉強することや、外国式の教育を受けたことを「準留学生」という筆者の造語で処理していくことにした。こうした人々は、人数的には「留学生」よりもはるかに多く、留学生とともに、20世紀前半の40年間における中国の近代化過程で、多かれ少なかれその役割を果たしているためである。

6.「政治傾向」

　本研究で言うところの「政治傾向」とは、政治社会学や政治心理学で言う

ところの「政治意識」（political consciousness）とほぼ同義に用いられる言葉である。政治意識は一般に、人々が政治的事象や政治的問題に対して抱く関心や評価、意見、態度などの総体を指す。政治意識は、幼少期から、家庭、仲間集団、学校、地域、職場集団などを通して、他者との相互作用、マスメディア、政治的教化により形成される[20]。

例えばH・J・アイセンク（H.J. Eysenck）など、「政治意識」と政治態度（political attitude）や政治感情（political emotion）を区別する学者は、感情のほうが態度よりも持続的でいっそう高度に組織化されており、態度の対象は、通常、感情のそれよりも抽象的であると主張していた[21]。この場合に、「政治態度」や「政治感情」は、「政治意識」の中において、より上位に扱われる。本稿では、基本的にこの2つの概念（「政治態度」や「政治感情」）を一つにまとめ、「政治傾向」と呼ぶこととする。つまり「政治傾向」とは、「政治態度」や「政治感情」の両面を持つ、「政治意識」の中におけるより上位概念ということである。また、帰国留学生の年齢を考えれば、漠然とした下位概念である「政治意識」よりも「政治傾向」のほうが、彼らの政治的指向性を明確に示すことができる。なお、日本政治学界においては、「態度」と「感情」を区別せずに「政治態度」として使うのがほとんどで、この場合、本研究で言うところの「政治傾向」は、「政治態度」と同義で用いられることになる。

このような「政治傾向」は、以下のいくつかの特徴を持つ。

(1) 政治意識の成分と同様に、認知、感情、行動の成分を持っている。認知成分とは、政治知識などによって、どの程度政治状況や事実を知っているのかということである。感情成分とは、政治的関心などによる満足感や不満感、有効感、無力感、好き嫌いなどであり、その中でも自分自身の政治行動の有効性について抱いている感情は、その政治的意味が大きい。さらに行動成分とは、政治参加や準拠集団帰属度などによって捉えられるものである[22]。

(2) 一見、非政治的な傾向性であっても、それが政治の世界において大きな意味を持つ場合には、これも含めて政治傾向と考える。また、非政治的な領域の傾向性が、実際には政治傾向と強い関連を持っている場

合が多い。
(3) 政治傾向は比較的持続的なものではあるが、決して「不変」のものではない。人間は社会の中で、様々なコミュニケーションを通して、政治態度や価値、イメージ、行動様式などを学習し、獲得していく。種々の要素が政治傾向の形成を左右するが、その中にもより重要度の高い要素が存在する。
(4) 政治傾向の形成過程において、集団メンバーの家族、学校、仲間集団、職場集団[23]といった、要素になるものの類似性が高くなればなるほど、集団メンバーの政治傾向が一致することになる。集団メンバーの政治傾向の一致性が一定程度まで高くなると、その集団の共通の政治傾向が形成されやすくなる。
(5) 一定の基準の下で、集団メンバーの政治傾向から、その集団の政治傾向を帰納することができる。この場合、政治傾向は、この集団の政治文化の中核となるものである。また集団の政治文化は、この集団のメンバーに影響を与えて、その政治傾向の要素の一つとなる。

　政治傾向は、様々な角度から分析することが可能である。例えば、L・L・サーストン（L.L. Thurstone）の「保守主義・急進主義、ナショナリズム・反ナショナリズム」やアイセンクの「保守主義・急進主義、優しい性質・頑固な性質」などは、それぞれ政治傾向の基本次元として分析されている。アイセンクの「優しい性質・頑固な性質」は、パーソナリティに関する次元であり、こうした個人のパーソナリティによって政治傾向に違いが見られるという現象については、T・W・アドルノ（T.W. Adorno）の「権威主義的人格」やM・ロキーチ（M. Rokeach）の「教条主義傾向」などに関する研究もある[24]。
　本研究では、帰国留学生の政党支持傾向や保守主義・急進主義的傾向、政治無関心（一見、非政治的に見えるが、それでいて政治的機能を持つもの）、そして権威に対する態度、国家に対する態度、集団参加についての態度などを中心に分析したい。

7. 限　界

　本研究には、以下のような限界があることを明確にする必要がある。これらの限界は、そのまま今後の研究課題とするところでもある。
（1）北京政府（北洋政府）を分析範囲から外すことは、これらについての研究の意義を否定することではなく、単に分析範囲を限定するためである。つまり当面、分析の順位から、蔣介石を中心とした南京国民（党）政府を最優先にする必要があるということである。同じように、満州国と汪兆銘南京偽政府も分析範囲から外すこととする。
（2）本研究は、体裁的制約から、その資料の多くは人名辞典などに依拠し、研究の視点が二次資料に偏っている。今後は、一次資料も含めて総合的に捉え直す必要がある。
（3）第1歩として、必要最低限の分析を行うために、留日と留米の比較分析に集中する必要がある。しかし、他の国々からの帰国留学生も全面的な視野に入れた総合的な研究が不可欠である。
（4）本研究は、主に、帰国留学生の南京国民政府内での参加情況から、つまり、職業としての政治参加から、彼らの政治意識、傾向の一側面を見いだすものである。しかし、職業、職位から政治意識、傾向のすべてを観ることはできない。それは、二者の間が完全な対等的関係ではないためである。そこで、どのように政治意識、傾向から職業の要因を除去するのかが、今後の重要な研究課題であると考えられる。
（5）本研究は、帰国留学生の南京国民政府内での参加情況に基づき、統計的に分析することを中心としたもので、果した役割そのものの位置づけについての分析までには言及していない。つまり、本研究は、帰国留学生が近現代史に大きな影響を与えたその歴史的役割を位置づけることをテーマとしたが、それが近代史の中でどのように位置づけられるのかについては、今後の重要な研究課題であると考えられる。
（6）統計分析が、どの程度真実の歴史を反映しうるかという点に至っては、各人の見方は異なるものであろう。統計分析は一種の帰納分析であり、

18世紀にD・ヒューム（D. Hume）は、限られた実験では、十分な観察を提供して将来のある日に出現するであろうすべての「例外」を排除することは不可能であると指摘している。よって、帰納法そのものに分析法としての限界があることを認識すべきである。

第3節　先行研究

　中国近代の帰国留学生に関する先行研究は、大きく3つに分類することができる。1つ目は、留学生の留学時代を中心としたものであり、いわゆる「留学生、留学史研究」である。これは本研究の分析とはその主眼が違うが、それぞれの留学生の帰国後における状況をも少なからず反映したものが多く、これらの先行研究が本研究の分析を進める上でも参考となった。また2つ目は、留学生の帰国後の活動に基づいたものである。これについては大量の研究成果が（副次的に）中国近代史研究の全領域で散在しているが、これらの研究成果を参考とするためには、分類・分離作業が必要である。3つ目としては、帰国留学生に関する総合的、比較的分析である。これはまだ、完全に整理された形になっているものは少ないが、最近になって、研究が活発化している。なお、上述した分類は、先行研究を概括するための便宜上の分類であり、留学生の海外での中国国内向け活動、例えば翻訳出版や政治結社などは、上記の3つの領域にまたがる可能性もある。

　また、第2節「研究の枠組みと研究方法」においてすでに述べたように、本研究では、帰国留学生の政治参加を中心に国内各領域に関与した状況を最重要分析事項としている。これは、留学生たちの帰国後の活動を主な研究対象とするという意味である。確かに、留学生たちが中国の革命や近代化のために行った活動は、留学先で行われたものとも関係していることが多いが、国外で行われた活動を留学期間中の部分と帰国後の部分に分けるとすれば、本研究では帰国後の部分を重視するのである。

　本研究は、伝統的な意味で言うところの留学活動を中心とした「留学生研

究」ではなく、単なる留学生の帰国後におけるある分野での活動についての分析でもない。この意味では、本研究における研究の方向性と完全に一致するような先行研究は存在していない。しかし、伝統的な意味で言う「留学生研究」と一部重なる部分もありうるし、留学生の帰国後におけるある分野での活動についての分析も、本研究にとってはたいへん参考価値が高いために、以下において、本研究の研究方向に沿って、この3種類の研究を概略していくこととする。

1. 留学生、留学史に関する研究

　中国における留学生に関する研究は、留学活動の開始後、程なくして始められているが、留学生の政治的、社会的影響力が顕著になった20世紀の1920－30年代に、最初のピークを迎えた。中国における留学生研究の先駆けは、舒新城である。舒新城は1927年に『近代中国留学史』[25]をまとめ、これが中国人による留学史研究の草分けとなっている。しかしその後は、中国社会において動乱や戦乱が長く続いたために、研究は停滞してしまい、1960年代後半に至って台湾で研究活動が再開され、1970年代末になってようやく大陸での研究が再開されるまでは、関連する論文の類は、ほとんど見受けられなかった。

　また、海外から帰国した多くの留学生は、国民党政府といっしょに台湾へと移り、一貫して台湾で活動していたために、この方面についての研究は比較的重視されてきたのは台湾である。特に、1970年代後半になって、多くの留米学生が帰台したことで、留学生研究が活発化し、多くの研究成果が発表された。研究者として、例えば、瞿立鶴[25]、黄福慶[27]、林子岡[28]などがその代表として挙げられる。その一方で、大陸における研究は、1980年代前半の段階ではまだ旧態依然としており、その多くは大雑把な内容で、「物語」の域を出ていなかった。多くの研究が舒新城『近代中国留学史』においてカバーされている範囲を出ておらず、その中で注目に値するのは、ベテランの学者汪向栄[29)30]や頴之[31]くらいであろう。しかしそれでも、1980年代以後

第3節　先行研究　25

は、改革開放政策と「留学ブーム」の影響で、この方面の研究は注目される分野となった。1990年代からは、数多くの新たな著作が発表されており、その中で注目されるものには、黄新憲[32]、王奇生[33]、留学生叢書編委会[34]、李喜所[35]などのものがある。またほかにも、劉志強、鐘叔河、許瓏、黄美真なども論文を発表しており、さらに雑誌では、『神州学人』がこの方面に関連する論文を数多く掲載し、同時に『留学生叢書』（全5巻）が編集された。

　次に、日本における研究は、第2次世界大戦前、戦後、1970年代以後という3つの時期に大きく区分することができる。実藤恵秀は、1939年に『中国人日本留学史稿』（日華学会）を著し、この研究成果は1960年に、『中国人日本留学史』[36]（以下『留学史』と略称）に集大成され、留日学生史研究における「古典」とも言うべきものになっている[37]。戦後、実藤に次いで留日学生史の研究に従事したのは、永井算巳[38]である。さらに、日本の研究機関では阿部洋が率いる国立教育研究所のアジア研究室が多方面の研究を行い、多くの成果を収め、1970年代以後、日本における中国留学生研究の中心的存在となっている。

　また、米国の中国人留学生に関する研究は、一般に広い視野が持たれ、理論的枠組みを重視し、資料の整理収集についても力を尽くしている。これら研究成果の多くは、1960－70年代に出版されているが、1930年代以来、ほぼ途切れることなく、あらゆる成果が発表されているのである。

　留米学生の絶対数は多くはなく、有名大学に入学していて、登記資料もしっかりと残されているために、留日学生に関する資料のあいまいさと比べれば、事情は比較的明白である。華美協進会（China Institute in America）が1953年に中国人の米国留学100周年を記念して行った事業の一つが、中国人の米国留学に関する大規模な調査"A Survey of Chinese Students in American Universities and Colleges in the Past One Hundred Years, 1954."であった。この調査は、これまでに行われた留学生に関する調査の中で、最も正確性のあるものと言われている。この調査に基づいて、米国の学者は過去の研究に対して一定の修正を加え、大体1970年代までには、この方面に関する研究は一段落したと言える。本研究で引用している留米学生の数などは、主にこ

の調査に依拠している。

以上のように、中国人留学生、留学史に関する研究の中で、留学生の帰国後の活動についての分析は数多く行われており、本研究にとって、参考価値が高いものもある。例えば、実藤恵秀の『中国人日本留学史』には、留日学生の帰国後の活動についての分析、特に翻訳、出版、新聞、印刷産業、政治（革命）に関する特別な章（第5章「留日学生の翻訳活動」、第6章「中国出版界への貢献」、第7章「留日学生の革命活動」）がある。

2. 文化と教育の交流史からのアプローチ

1970年代に入ると、阿部洋は、文化と教育の交流史からアプローチをしており、彼による『中国の近代教育と明治日本』[39]は、日中教育文化交流の概要をまとめたものである。また、もう一つの大作である『中国の近代学校研究史』[40]は、中国と日本の文化交流関係や中国と米国の文化交流関係という二方面に対しても、周到な論述を加えている。

1990年代以後、何人かの中国人留学生もこの分野に次第に参入するようになり、例えば、熊達雲（中日文化交流史）や汪婉（近代中国人渡日考察史）などは、注目に値する研究を行っている。またそのほかに、ここ20年間、多くの中国人留学生が日本に押し寄せてきたため、留日学生の実状が盛んに研究されるようになった。主に田中宏、遠藤誉、岡益己、莫邦富、段躍中、深田博己、荻田セキ子、阿部精二らは、1980年代以後の留日学生や新華僑についての研究を行ったが、この方面についての研究は、今後、ますます盛んになっていくであろう。

また、阿部洋が率いる国立教育研究所（2001年から国立教育政策研究所）国際研究、協力部のアジア教育研究室では、留学生教育を文化摩擦の一環として捉える研究や、戦前の日本の中国大陸における文化教育事業の研究などが、蔭山雅博等を中心として進められている。このほかに、二見剛史や佐藤尚子などが、阿部の指導の下で一連の共同研究を行っており、例えば、阿部洋編として『アジアにおける教育交流—アジア人日本留学の歴史と現状—』

[41]、『日中関係と文化摩擦』[42]、『日中教育文化交流と摩擦』[43]、『米中教育交流の軌跡』[44]などが出版されている。これらの研究は、ある意味で実藤や永井の視点の枠を越えたものと言えよう。

マリウス・ジャンセン（Marius Jansen）[45]は、米国における留日学生についての主要な研究者の一人である。彼は、中国の国民革命と日本、留日学生の深い関係を明らかにし、さらに1970年代の研究[46]では、近代を通じての日中関係の歴史的背景における留日学生の役割を考察しており、彼の研究が、現在ではこの方面におけるいわゆる「古典」の一つとなっている。また、エルネスト・ヤング（Ernest Young）[47]やマウリス・メイスナー（Maurice Meisner）[48]なども重要な研究を行っており、さらに中国系の研究者の成果も非常に多く、例えば、メリーランド大学の薛君度（Hsuch Chun-tu、主な研究は留学生と辛亥革命の関係）、ウィスコンシン大学の周策縦（Chow Tse-tsung）、コロンビア大学の唐徳剛、ケンタッキー州立大の胡昌度（Hu Chang-tu）などが重要な学者として挙げられる。さらには、鄭洗秀蘭（Cheng Shelly Hsien）や張灝（Chang Hao）[49]などもいる。最近においては、1980年代以後の留米学生が、新しい研究者として加わり、その成果が続々と出されてきている。

米国には、前述した米中教育文化交流の促進を目的として、1926年に義和団賠償金に基づいてニューヨークに設立された「米華協進会」や「米中教育交流協会」（US-China Education Clearinghouse）といった半官半民の組織があり、伝統的な米中教育交流組織の流れをくむこうした組織の助力の下で、中国人留学についての研究が行われてきた。

3. 中国近代史における留学生の帰国後

台湾では、張玉法と黄福慶の研究が、本研究にとって特に重要である。黄福慶の研究範囲は広く、日本の中国における文化社会事業についても専門的な著作がある。本研究の方法論にとって大きな啓発的意味を持っているのは、張玉法の研究である。張玉法の大作『民国初年の政党』[50]では、（宋教仁時期

の)国民党本部と交通部や、支部の重要なメンバー100名の名簿（姓名、号、本籍、年齢、学歴、経歴、党内での職位）を列挙し、そのうちの半数以上が留日学生であると指摘している。こうしたやり方は、本稿の第3－4章の中で採り入れたものと基本的に同じである。

　日本の他分野の専門的研究の中で留日学生にまで言及しているものも少なくない。その一つの例としては、小島淑男の『留日学生の辛亥革命』[51]があり、辛亥革命前後の留日学生に関して詳述されている。それから、永井算巳、大塚豊、小林正明らによる研究は、主に留日学生の政治運動史に集中している。

　中国では1990年代以後の大学の「尋根（ルーツ探し）」により、ミッション系大学の歴史の研究[52]が熱を帯び、さらに「庚款留米」（義和団賠償金による米国留学）やロックフェラー財団（Rockefeller Foundation）の中国における活動、協和医院に関する研究など、外国（特に米国）の中国における活動についての研究が過熱状態にある。

　また、米国における研究も、特徴と伝統的な領域を持っている。例えば、容閎など初期留米少年（幼童）についての研究、デューイの中国訪問、五四運動と胡適、「庚款留米」（義和団賠償金による米国留学）、清華学校、ミッション系大学など米国人の中国における教育事業[53]についての研究は代表的である。ジョン・K・フェアバンク（John K. Fairbank）が主編した The Missionary Enterprise in China and America [54]は、その集大成とも言える著作であり、ほかにも、ロックフェラー財団の中国における活動や協和医院についての研究[55]などがある。また同時に、マイケル・ガスター（Michael Gasster）などは、中国の知識人と民主諸党派の歴史についての研究を行っており、彼が1969年に刊行したChinese Intellectuals and the Revolution of 1911: the Birth of Modern Chinese Radicalism[56]は、本研究にとっての重要性が高い。

4．新しい研究領域へ

　中国の近代帰国留学生に関する研究では、今までの視点の枠を越え、別の

角度からの研究が行われるようになっている。二見剛史は、辛亥革命後の留学生教育に関する制度研究のほかに、日本留学と帰国後の意識調査、日本留学と米国留学との比較など、新たな視点による研究を行っている。これは本稿にとって、啓発的な意義を持つものである。

中国国内では、靳明全が『20世紀初期中国政界留日学生研究』[57]を著し、清末民初における中国政界帰国留日学生の概要をまとめている。これは、帰国後の留学生を中心とした留学生研究の一つの到達点を示すものである。また、前述したように、靳明全は、帰国留日学生の軍事、経済、科学などの分野における活動を分析する計画を立てている。

前にも述べたが、先行研究の中で本研究の方向性と一致しているのは、靳明全の研究である。靳明全の研究における方向性と一致していると言うのは、第1に、靳明全以前には、研究領域として、「留学生研究」だけが存在し、「帰国留学生研究」はなかったという点が挙げられる。留学生の帰国後の状況については、一般的な意味での近現代史の中で研究と分析が行われているが、そこでまるで、留学生が外にいる時だけ留学生で、帰国後はもう留学生ではないかのような扱いである。次に、靳明全以前には、研究者は専ら自身の分析対象の小さな領域に注目し、彼のように、全面的に、各領域における帰国留日学生の資料を集める人がいなかったのである。もちろんこれは、それまで帰国留学生に対してなんら研究がなされなかったと言っているのでは決してなく、このような研究が靳明全以前には、その他の研究分野に従属したものであり、比較的独立した研究領域を形成していなかったということである。

5. 諸研究の評価：本研究との関係を中心に

筆者が留学生の帰国後の情況に焦点を当てた動機は、これまでの研究が留学史などに基づいて詳細な事実史的研究を行い、留学生に関する史料的に実証された研究としては評価されているものの、留学生の帰国後の情況や留学生の近代化史上における役割についての総合的な研究や比較分析にまでは至らなかったためである。その主な要因は、留学史の研究と近代史の研究の間

に有機的な結合がなされていなかったためであろうが、それには、留学生の帰国後の情況を調査・分析する必要があったのである。また、留学史の研究と留学生の帰国後の情況についての調査、分析は、別々に検討されるべきである。留学生を研究するには留学史だけでは不十分であり、留学生の帰国後の情況の調査、分析や、留学生の中国近代化史上における役割について究明することを主要な方向とすべきであろう。こうした点は、これまでの先行研究では、不十分であったと言えるのではないだろうか。

　最近、この分野の研究にとって有意義な進展も3点ほど見られる。1つは、留学生に関する資料の収集が大きく進歩してきたことである。例えば、いくつかの留学生大辞典のような出版物は、統計分析を重視する本研究にとっても大きな助けとなっている。またもう1つは、研究面においてであり、その方向性として、徐々に中国国内で、留学生が帰国した後の活動に目が向けられるようになってきた（靳明全等）。3つ目に、日本留学と米国留学の比較など、マクロ的視点からの研究がなされていることである（二見剛史等）。

　しかし、概して言えばやはり、これらの研究では、留学生の帰国後の情況に目を向けたものは少なく、留学史と留学生のもたらした近代史上の各事件との関係という2点に研究が集中している。すなわち、本研究で言うところの、(1)帰国留学生と、中国社会および中国の近代化のプロセスとの関係、(2)留学先別の留学生グループ間の関係、(3)各グループの留学生たちが中国の近代化のプロセスに及ぼした影響と役割の相違、(4)さらにこれらに関する比較研究は、多少進歩は見られるものの、全体的に見るとまだ不十分であったと言える。

　また、分析方法について言えば、先行研究のすべてにわたって、若干、物足りない感じがあることを否定できない。例えば、靳明全の研究は分析に長けているのではなく、基本的に分析を行っていないということが彼のBとC両論から分かる。靳明全の作業は、本稿の第2章と第4章における帰国留学生の状況に関する整理作業と類似しているが、彼がなぜ、分析を行わなかったのかが不明であるのは残念である。

　たとえ単に資料収集に依拠して論じたとしても、靳明全のBとC両論は明

らかに不十分なものである。このBとC両論が集めている資料は、例えばいわゆる「政界」では、「20世紀初期」に限られているのである。靳明全はB論の「前言」で、この「20世紀初期」を「20世紀初期－1931年」[58]と限定したが、内容的に1900－20年代初期までしか収められていない。これは、本稿の主要な分析対象である南京国民政府（1928－49年）とは、時期的なずれがある。それならば、そこで述べられている「中国国民党」は、宋教仁時期の「国民党」にすぎないのであり、「中国」の二字を削除すべきなのである。C論でも同様に、「20世紀初期」に限られている。こうした意味では、靳明全の研究は、「留学生・留学史研究」からの脱却がまだまだ不十分であったと言える。

　この点は特に、各種帰国留学生の政治傾向、すなわちその政治権力構造内での位置を分析することを目的とした本研究について言えば、研究方向は一致しているが、参考価値はそれほど大きなものではない。本研究は、靳明全のBとC両論を読む前に、すでに資料収集を完了しており、本研究は資料収集に長けてはいないが、靳明全のBとC両論を読んだ後でも、それを参考として工夫を凝らすことはしなかった。

　とはいえ、いくつかの欠点はあるものの、靳明全が近現代史の中に散らばっていた帰国留学生に関する状況を一つに集めたことは、特筆すべき作業であることは認めざるをえない。研究方向から言えば、これは本研究が提起した「帰国留学生研究の新たな領域」を構築する第一歩を歩み出したものと言えよう。

　一方、張玉法の場合は、時期のほかに、統計規模や分析範囲が狭過ぎるという問題がある。国民党は巨大な政治組織であり、全国には数十万の党員、本部職員は千人近くで、各地方の交通部や分支部の人数も少なくない。その中の100人に対して行った統計だけでは、多くの問題を見いだすことができるとは言いがたく、その正確性も保証しがたい。また、彼の中では統計分析が一つの補助的な分析手段にすぎないということもあるが、「国民党本部、交通部、支部」を並列して統計を行うというやり方についても議論の余地があるだろう[59]。

張玉法[60]は著名な学者であり、もし彼が統計分析を用いて中国国民党を研究すれば、天の時、地の利、人の和というすべての優越的条件を備えたものになったであろう。しかし、彼がこのような研究を行わなかったという事実は、恐らくこのような研究の条件がまだ整っていなかったことを意味しているのかもしれない。本研究ではどの面においても不十分であるために、中国国民党を避けざるをえず、分析の重点を南京国民政府に移したのである。これも先行研究から得た貴重な啓示と言えよう。

　筆者は、過去数年間にわたり、一貫して帰国留学生に関連する研究を行ってきた。以下はその主なもので、本稿の基礎をなしている。
  (1)「中華民国期における帰国留学生の科学研究の状況―中央研究院を中心に」『中日文化と政治経済論（依田憙家先生古稀記念論文集）』龍渓書舎　2004年9月
  (2)「民国時期高等教育界帰国留学生概況」『比較教育研究』第17号　中国在日学人教育研究会　2003年
  (3)「帰国留日学生と近代中国の軍隊」『日本女子大学人間社会学部紀要』第13号　2002年
  (4) Comparisons of Students on Study-in-Japan and Study-in-the US—From the Perspective of 1957 Anti-Rightist Movement, in Economic Development and Social Transformation in Asian Countries, Research Series No.39, 1998.1.Institute of Asia-Pacific Studies Waseda Univ. International Conference, "Economic Development and Social Transformation in Asian Countries"

第4節　資料と史料

　本研究では、その内容により、関連する一次資料を全面的にカバーすることを趣旨としていない。帰国留学生の中華民国の権力構造における位置づけから、彼らが中国の近代化に果たした役割を評価するのが本研究の目的であ

り、また、現時点では留日、留米学生に関する研究がまだ十分に発展していないことから、ある程度は資料の発掘と検討を重視せざるをえない。しかし、一般的にマクロ的、総合的な分析や比較分析が少ないため、既存の研究成果を整理し、それらを総合して対照的に分析し、比較考察することを本研究の分析の重点にしたい。また同時に、既存の研究の弱点と不足している部分を明確化することも必要であろう。さらに、留学生たちの帰国後の活動や情況に関する研究も少なく、特に留学生たちと中国社会との関係や留学生の実態についての研究が少ないため、留学生の中の代表的人物一人一人に関する資料の発掘も大事なことである。

留米学生は、人数が比較的少ないものの、人数の割に社会的に「成功」した人物が多く、相対的に資料はそろっている。これに対して、他の国から帰国した留学生については、一部の有名な人物を除き、特に全国各地に散らばっている中、下層の人々に関する資料は豊富であるとは言えない。こうした点については、個別の研究成果から集める以外に、オリジナルの資料の中から発掘していかなければならないのである。

1. 帰国留学生データベース

本稿で利用した資料は、大きく分けて3つに分類される。
(1) 帰国留学生データベース構築のために収集、整理した資料。本研究では、この収集、整理と分析を最も重視している。
(2) 留学生の帰国後の各種活動に関する資料。一般的な状況では、関連する近現代史の研究成果を直接参考にしている。言い換えれば、ここでは一次資料の収集や分析を行わないということである。
(3) 留学期間の資料。特にこの資料では、留学生の帰国後の各種活動、影響、役割について記述した部分を重視している。ここでも同様に、既存の研究成果を中心に使用し、新たに一次資料は収集しない。

ここからも分かるように、(2)と(3)は検証のために用い、帰国留学生の特徴をまとめ、結論づけるためのものであり、本研究の目的とするところ

ではないので、深く掘り下げない。この目的に基づき、本研究では、まずデータベースを構築し、近代帰国留学生に関する様々な個人データをできる限り収集した。

　実際、これは大変な困難を伴う持久戦であったのだが、このデータベース構築に際して、本研究では2つの資料を大きな依拠としている。それはすなわち、『民国人物大辞典』[61]と『中華民国期軍政職官誌』[62]である。これらはともに、現時点で民国時代の人文方面を研究する際に、参考価値が高く、最も全面的にカバーされた大型の索引資料である。まずはこの2つを依拠として、初歩的なデータベースを構築した。その後に、これらを補ってさらに充実させる目的で、(早稲田大学などの)図書館に所蔵されているすべての索引資料を最大限に活用し、網羅した。工夫を凝らし、範囲を広げて収集、整理と分析を行い、最終的に、結果として6000人以上、66万字のデータベースを構築した。これは単純に数字的に見ても、留日学生の20分の1、留欧米学生の10分の1をカバーしている。本研究で、このデータベースが帰国留学生の全貌を反映しているものであると確信できるのは、統計学上の大規模な人材群の特徴に対して、統計的な叙述を行うという要求を満たすことができるためである[63]。これを基礎として、第3章で、本研究で最も重要な、南京国民政府に関しての統計分析を行い、統計分析上可能な深さと精度を尽くした。

　このようないわゆる「集団の共通的特徴」というようなものは、実際に存在するのであろうか。また仮に存在するとして、結局、なんらかの意味でこれらの集団を代表しうるものなのであろうか。さらに、結果としてまとめられたこの種のいわゆる共通的な特徴は、またなんらかの意味を持つのだろうか。どのような意味で、集団が存在しさえすれば、集団の共通的特徴が存在するということが言えるのだろうか。もし何の意味も持たないとすれば、この種の集団の存在(境界)を確定することができないということになってしまう。一般的によく言われるように、例えば「日本人、中国人、米国人」などのような言い方も、人類を一定の基準に照らして集団の区分けや分類ができるということを表している。日本人の中に非常に日本的ではない者がいたとしても、これは「日本人」を一つの民族的、文化的集団として認知するこ

とを脅かすものではない。

2. 雑誌、回想録や人名辞典と年鑑、統計図表など

　様々な雑誌で、留日、留米学生に関する報道がなされた。例えば上海の『教育雑誌』、『中華基督教教育季刊』、『東方雑誌』、『中華教育雑誌』、『教育期刊』、『人民教育』といったものは、その多くが利用価値の高い資料である。また、戦前における日本の『支那』、『支那研究』、『東亜』も帰国留学生の情況を知るのに価値の高い記事が多い。また、このほかに、帰国留学生の回想録と伝記、例えば馬哲民、李大釗、胡適、王造時などのものが、参考にすることができる。現段階で本研究が最も多く利用したのは、各種の人名辞典と年鑑、統計図表であり、最も重視したのは、これらの資料収集であった。それは例えば、『民国軍人志』、『中華留学名人辞典』、『中国民主諸党派名人録』、『歴届中共中央委員会人名辞典1921－1987』[64]、『民国軍政要人』などである。

3. 主な図書館

(1) 日本の図書館

　実藤の統計によれば、1937年までに合計11,966人の中国人留学生が日本の高等教育機関を卒業したが、そのうち、明治大学が1,787人、早稲田大学が1,383人、東京大学が1,121人（東京帝大249人、一高872人）であった[65]。日本の大学には、当時、中国人留学生が比較的多く集まっていたことから、留日学生に関する資料については、むしろ中国国内よりも豊富である。

　また、日本の大学の資料は、帰国後の留日学生についても豊富である。1920—30年代に日本の大学では、日本政府、特に文部省と外務省の援助の下で、毎年数名の教員を中国に派遣し、現地で調査研究を行っている。これらの大学教員は、当時の帰国後の留日学生（特に中、下層）の情況について、多くの資料を収集している（特に満州国を含め東北と華北地区）。これらの資料の多くは、手書きのものとガリ版で印刷されたものとがあり、稀少価値が

ある。しかも、今日までこれらの資料を活用して本格的な研究を行った者はいない。例えば、東京大学の場合、『東京大学百年史』が編纂された際に、関連する資料が集められたが、その後は全く利用された形跡がない。この東京大学の情況から推測すれば、その他の学校（主に国公立大学や有名私立大学）の事情も同じようなものであろう。仮にそうであるとすれば、ほかにも多くの資料が眠っているはずなのである。早稲田大学にも資料が比較的多く保存されており、特に清末時代（1910年代）の留日学生に関する資料が豊富である。また、元早稲田大学教授実藤恵秀氏の蔵書は、東京都立中央図書館に実藤文庫として収められており、留日学生史関係では他に類を見ないほど、よくまとめられている。外務省外交史料館には実藤恵秀などに活用された形跡がない史料が保存されている。

そのほか、東洋文庫には、一般的な資料が比較的そろっており、中国へ行かなくても、基本的な資料を入手することが可能である。

(2) 中国大陸、台湾の図書館

中国国内の大学図書館は、少数の伝統的な収蔵資料以外に、数百万冊の資料を収蔵しているが、実際にはその利用価値はあまり高くない。近年になって、いくつかの大学が各自の檔案館を建設し、そこにその大学における歴史資料を完璧に収蔵しているが、開架がほとんどなされておらず、利用は困難である。

ただ、上海市明園路にある上海宗教図書館は資料が比較的豊富で、中でも、米国の在華教育事業と留米学生に関する資料が非常に豊富にそろっており、中国では稀なケースとなっている。1980年代以後、次第に開架されてサービスも整備され、利用しやすくなってきた。また、上海にあるいくつかの新聞社の資料室には、当時（1949年以前）の「反動的人物」から没収した資料が収蔵されている。例えば、『解放日報』の資料室には、胡適のような元留学生の資料の一部（主に彼らが所蔵していた図書資料で、台湾や香港に逃避した際に持ち出さなかった図書）が収蔵されている。

また台湾の場合、台北新店市北宜路二段406号にある国史館が、自称「掌

纂輯民国史、歴代通史、並儲蔵関於史之一切材料」(民国史、歴代通史を綱羅して編纂している上、歴史に関する一切の資料を保存している)で、価値のある資料が多いものと考えられる。

第5節　結　論

　本研究で言うような研究、つまり、留学生の帰国後の活動を「帰国留学生」という枠組みで分析するという類の研究は、まだ現れてきていない。今までの研究成果は、いわゆる「留学生研究」と呼ばれ、留学生たちが外国に滞在していた時期に関する部分を大半とする研究であり、留学生の帰国後の活動については、国内における他の学歴の者の活動と一律に研究されてきた。つまり、「留学生研究」は、一つのジャンルとして、帰国後の活動については軽視されてきたのであり、さらに中国近代史研究の中には、「帰国留学生研究」というジャンルは存在しない。

　従って、本研究の研究方法から見れば、上述した諸研究は、留学生を国内外2つの部分に分離した状態になっており、これでは帰国留学生の全体的な性格を知るのは困難である。

　しかし、分離した状態であるとはいえ、今までの諸研究は、本研究にとっての参考価値としては高い。例えば、留学期の研究の中に帰国後の活動について分析を加えているものも数多く存在しており、また中国近代史研究の中でも、帰国した後の留学生についての研究も散乱してはいるものの、あるべきものはすでに一応の研究がなされてきた。

　要するに、本研究の研究方法のポイントとしては、上述した留学期の研究の中で、帰国後の活動に関する分析をいかにして留学生研究から分離させるか、また分離したものと散乱している帰国後の留学生に関する研究とを、いかにして上手く合致させるかということなのである。この場合、本研究での分析の重点は、留学生の帰国後の活動であるために、散乱している国内の部

分を一つの枠（政治傾向）にまとめることである。その上でさらに、研究範囲を留学段階の歴史研究から脱却させ、「帰国留学生研究」を一つのジャンルとして提起するのである。

注

1) 靳明全『關於20世紀初期中国文人赴日留学的研究』重慶出版社　1997年
2) 靳明全『關於20世紀初期中国政界留日学生研究』重慶出版社　1999年
3) 靳明全『關於20世紀初期中国軍界留日学生研究』重慶出版社　2001年
4) 靳明全『關於20世紀初期中国文人赴日留学的研究』重慶出版社　1997年　3頁
5) 実藤恵秀『増補版　中国人日本留学史』くろしお出版　1981年　143頁
6) 細野浩二「近代中国留学史の起点とその周辺」『史滴』1991年　第12号
7) 池田誠の論文参照『立命館法学』第173号
8) 並木頼寿「近代史研究（Modern Chinese History Studies）」天児慧、石原享一、朱建栄、辻康吾、菱田雅晴、村田雄二郎編『現代中国事典』岩波書店　1999年　214頁
9) 『中国教育年鑑1949－1958年』中国大百科全書出版社　1982年
10) 王奇生「中国留学史上の五回の熱潮と二回の断裂」留学生叢書編委会編『中国留学史萃』附録「中国近現代留学大事記」中国友誼出版社　1992年　95頁
11) 留学生の中国の近代化における役割の一部は、国外の活動によってもたらされた。
12) 細野浩二「近代中国留学史の起点とその周辺」『史滴』第12号　1991年
13) 今井駿等『中国現代史』山川出版社　1986年
14) 小島晋治、丸山松幸『中国近現代史』岩波書店　1986年
15) 横山宏章『中華民国史』三一出版社　1996年
16) 中島嶺雄『中国現代史』有斐閣　1996年
17) 新村出編『広辞苑』岩波書店　1995年版　1691頁
『辞海』上海辞書出版社　1980年　1677頁
18) 小井土有治編『外国人労働者政策と課題』税務経理協会　1992年改訂版　55頁
19) 李喜所『近代留学生と中外文化』天津人民出版社　1992年　1頁
20) 柳井修「政治意識」小川一夫『改訂新版社会心理学用語辞典』北大路書房　1995年　190頁

21) 曾良中清司「政治態度」森岡清美、塩原勉、本間康平編『新社会学辞典』有斐閣　1993年　849頁
22) 柳井修「政治意識」森岡清美、塩原勉、本間康平編『新社会学辞典』有斐閣　1993年　844頁
23) 伊藤光利『ポリティカル・サイエンス事始め〔新版〕』有斐閣　2003年48頁
24) 西山啓「社会心理学」小川一夫『改訂新版　社会心理学用語辞典』北大路書房　1995年　191頁
25) 中華書局　1927年。上海文化出版社からの複製版（写真製版）1989年がある。
26) 瞿立鶴『清末留学教育』三民書局　1973年
27) 黄福慶『清末留日学生』中央研究院近代史研究所　1975年
28) 林子岡『中国留学教育史』華岡出版　1976年
29) 汪向栄『中国的近代化与日本』湖南人民出版社　1987年
30) 汪向栄『日本教習』三聯書店　1988年。日本語版もある。
31) 穎之『中国的近代留学簡史』上海教育出版社　1980年。日本語版もある。
32) 黄新憲『中国留学教育的歴史反思』四川教育出版社　1990年
33) 王奇生『中国留学的歴史軌跡 ── 1872－1949』湖北教育出版社　1992年
34) 留学生叢書編委会編『中国留学史粋』江蘇人民出版社　1996年
35) 李喜所『中国近代的留学』北京人民出版社　1987年
　　李喜所『近代留学生と中外文化』天津人民出版社　1992年
36) 実藤恵秀『中国人日本留学史』くろしお出版　1960年。1970年に増補版発行。
38) このほか氏の著作には、留学生取締規則反対運動と日本の五四運動に関する基礎史料の翻訳と新聞記事をまとめた『日中非友好の歴史』（朝日新聞社　1973年）、一般向けの読物として『中国留学生史談』（第一書房　1981年）および『日中友好百花』（東方書店　1985年）がある。
38) 永井算巳『中国近代政治史論叢』汲古書院　1983年
39) 福村出版　1990年
40) 福村出版　1993年
41) 『国立教育研究所紀要』第94集　1978年
42) 巌南堂書店　1982年
43) 第一書房　1983年
44) 霞山会　1986年
45) Marius Jansen, The Japanese and Sun Yat-sen, Harvard University Press,1954.
46) Marius Jansen, Japan and China: from War to Peace, 1894－1972. Rand McNally,

1975.
47) Ernest Young, Chen Tien-hua (1875－1905): A Chinese Nationalist, Papers of China, 13(1959).
48) Maurice Meisner, Li Ta-chao and the Origins of Chinese Marxism, Harvard University Press, 1967.
49) Chang, Hao, Chinese Intellectuals in Crisis: Search for Order and Meaning (1890－1911) . Berkeley: University of California Press, 1987.
50) 中央研究院近代史研究所　民国74年版（1985年）。大陸では2004年版　岳麓書社もある。
51) 青木書店　1989年
52) 1990年代以後、何人かの中国人留学生もこの分野に次第に参入するようになり、例えば、譚璐美らがいる。
53) J. W. Dyson, "The Science College", W. B. Nance (ed.) Soochow University, (New York, 1956)
Dwight Edwards, Yenching University, (New York: United Board for Christian Higher Education, 1959)
Charles H. Corbett, Lingnan University (New York: Trustees of Lingnan University, 1963)
Mary Lamberton, St. John's University, 1955.
H. H. Love, The Cornell-Nanking Story (Ithaca: Cornell University Press, 1963).
Mary B. Bullock, An American Transplant: The Rockefeller Foundation and Peking Union Medical College.
54) Harvard Press, 1974.
55) Raymond Fosdick, The Story of the Rockefeller Foundation, (New York: Harper & Brother, 1952).
Laurence A. Schneider, "The Rockefeller Foundation, the China Foundation, and the Development of Modern Science in China", Social Science and Medicine, 16 (1982)
Addresses and Papers, Dedication Ceremonies and Medical Conference, Peking Union Medical College, September 15 － 22.1921 (Concord, N, H.: Rumford Press, 1922).
W. S. Carter, "The First Five Years of the Peking Union Medical College", The China Medical Journal 40 (1926)
Mary E. Ferguson, China Medical Board and Peking Union Medical College (New York: China Medical Board of New York, Inc., 1970).

John Z. Bowers, Western Medicine in a Chinese Palace: Peking Union Medical College, 1917 － 1951 (New York: The Josiah Macy Jr. Foundation, 1972)
56) Michael Gasster, Chinese Intellectuals and the Revolution of 1911: the Birth of Modern Chinese Radicalism. University of Washington Press,1969.
57) 靳明全『20世紀初期中国政界留日学生研究』重慶出版社　1999年
58) 靳明全『20世紀初期中国政界留日学生研究』重慶出版社　1999年　3頁
59) 張玉法『民国初年の政党』中央研究院近代史研究所　民国74年版（1985年）。大陸では岳麓書社　2004年版もある。
60) かつては台湾中央研究院近代史研究所の所長に就き、台湾師範大学歴史研究所教授を兼任し、主に辛亥革命と民国初期の政党研究に従事した。
61) 徐友春編『民国人物大辞典』河北人民出版社　1991年
62) 郭卿友主編『中華民国期軍政職官誌』甘粛人民出版社　1990年
63) 比較のため、2つの例を取り上げよう。『中華留学名人辞典』（東北師範大学出版社　1992年）2025人、1949年まで。周棉主編『中国留学生大辞典』（南京大学出版社　1999年）4000人余り、1978年まで。
64) 『歴届中共中央委員会人名辞典1921 － 1987』中共党史出版社　1992年
65) 実藤恵秀『増補版　中国人日本留学史』くろしお出版　1981年　140頁

第2章
近代における中国人の留学

第1節　留学の環境的背景

1. 留学の目的と派遣方式、費用

　学習というのは、多くの場合に、青年期に国内で行われるものである。ではなぜ、留学というものが始まったのだろうか。特に近代のまだ交通や通信があまり発達していなかった時期に、人々はなぜ、故郷を離れ、遠く海を渡って海外に出たのだろうか。

　現代の世界史上では、留学はすでにかなり一般的な現象となっている。それは国家間の文化交流の一部であり、国家や民族のレベルから言えば、だれもが相互理解を深め、互いの長短を補う必要がある。また個人のレベルから言えば、外国に対するあこがれや、幸福と自由の追求、迫害や圧迫からの避難という目的が、留学の一つの原因や動機ともなっている。様々な情況を見ると、1990年代以後は、中国人の間でも、個人レベルの目標を達成する手段として留学が主流となっている。交通や通信の発達が各国間の距離を大いに縮め、人々の自由な往来が盛んとなり、民族や国家の壁が次第に薄くなってきていたのである。

　それに比べ、中国の近代における大規模な留学活動は、総じて国家的プロジェクトによるものであったと言える。一般には、政府が優秀な子弟を選んで外国に派遣し、先進的な文化思想や科学技術を学ばせ、帰国後、祖国が富国強兵の目的を達成するための一助としたのである。しかし、中国のような自己を最高とする大国の政府が外国に「学ぶ」必要を認めたことが、近代中国人の留学の起点となったが、その前提として、中国の相対的な衰退があっ

たことは明らかである。言い換えれば、国家的プロジェクトとしての中国人の留学活動の主なスタートは、文化大国衰退の時期と重なっていた。また、留学生の目的地を見てもこの点は明らかで、汪向栄はこの点について、「水は低きに流れ、人は高きに向かう」ということわざで要約している[1]。

　もちろん、これは歴史的に特殊な情況であった。特に今日の世界においては、留学によって相互に文化交流を行うというのが主な目的である。しかしそれでも、留学の主な意味は依然として、「他国から知識および経験を学ぶ」ということに変わりはない。

　中国人の留学活動は、1970年代末以後（改革開放後）、再び盛んになった。しかし、それ以降の留学と近代の留学とは、その性質上において非常に大きな違いがある。近代の留学を「政治留学」と位置づけるならば、今日の留学は「経済留学」、つまり自らの出世のために、外国の資格（学位）を取得するためであるとも言える。もちろん、「政治留学」の中にも第2次世界大戦後（1946 − 49年）における米国への留学のように「経済留学」という側面がなかったわけではないが、基本的に移民という色合いを濃くしていくのは、1970年代末以後の私費留学からである。本稿の分析対象期間は1896 − 1957年であるが、主にその時期の留学は、国と政府とが行動の主体となっていた時期なのである。

　移民などのような個人的目的もあったが、それは当時の留学生の主流ではない。その原因について個人レベルから見てみると、いくつかの可能性が考えられる。まず、当時の留学生は、何といってもその人数が少なく、帰国後は好待遇と高い社会的地位が約束されていた。言い換えれば、彼らは外国に在留して、いわゆる「二級公民」（移民）の地位に留まる必要がなかったということである。次に、当時は世界中が移民に対して厳しい姿勢を持っており、移民社会が発達途上にあったことから、外国での生活環境が留学生にとってそれほど大きな魅力を持たなかったということが挙げられよう。つまり、当時の人々は出国には熱心であっても、その眼は内（中国）に向けられていたのである。

　総合すると、少なくとも個人レベルで言えば、当時の留学生の多くは帰国

を目的として外に出て行ったということになるであろう。これは現在で言うところの「海外帰国派」[2]で、社会におけるエリートたちであり、成り上がり層でもあった。ただし、今と当時を同様に扱うことはできない。当時の彼らは「洋翰林」[3]であり、帰国後、大半の者が直接国家の大事に関った。比較すれば、今日の「海外帰国派」には往時のような威風はなく、その主な原因は、国内の高等教育機関の体制がすでに整い、修士や博士などの学位を持つものがちまたでも多くなり、稀少価値が薄れつつあるためであると考えられる。

これは、彼らの帰国率を見ても一目瞭然である。当時、留日組は基本的に全員が帰国しており、留米組も第2次世界大戦後では大半が帰国している。その中の一部は、国家が内戦状態にあったことや、その後も中国共産党の政権下で中米関係が悪化していったことにより、どうしてもすぐに帰国できなかった者もいた[4]。中には中国共産党を敵視していたために帰国を拒んだ者も存在したが、多くの未帰国者は、恐らく戦乱や国際情勢が切迫していたために帰ることができなかったのだと考えられる。なお、共産党の中国に徹底的に絶望していた者たちがいたのは、主に、1953年の「院系調整」を経て以後、特に1957年の反右派闘争以後のことであるが、これらについては、後の章でさらに分析を加えることとしよう。

費用について言えば、国費や公費を獲得することは、留学生にとって比較的良い学習環境を形成するのに役立った。総じて言えば、私費と国公費との差は歴然としており、これが留学生の在外期間に与える影響には多大なものがあった。例えば、これによって、かなりの割合で、留学生の学業的目標の達成（比較的高学位に至るまで）が左右され、さらには、留学生が帰国後に従事する職業や、社会活動への参加、彼らの政治傾向に至るまでも影響を与えるのである。とは言え、留学期間について言えば、帰国後に受ける影響は相対的なもので、党、政治、軍隊の仕事に従事した場合、一度仕事に就いてしまえば、その影響は小さくなるのである。

2. 中国と諸外国の文化的地位の変化

　西洋の科学知識が中国人に与えた衝撃は、それ自体、西洋の優位性を示すものではないにせよ、それが軍事的において西洋人に勝利をもたらしたことは明らかであった[5]。　阿片戦争以後、中国の劣勢は、清朝の西洋列強に対する連戦連敗によって、だれの目にも明らかとなった。しかし、これを契機に、中国人の世界に対する新たな認識の過程が始まった。彼らが西洋から学ぼうとしたのは、阿片戦争以後の度重なる敗北によって、西洋の実力に対する全く新しい認識が生まれたためである。魏源は西洋に学ぶ目的を、「夷の長技をもって夷を制す」と表現した。この精神を継承して、1860年代から洋務運動が始まり、初期の留学生派遣が推進された。しかし全体的には、外的な刺激はまだ十分なものとは言えず、中国人自身の覚醒も不完全なものであった。それは、留学生派遣の姿勢にも表れており、1894-1895年の日清戦争の時期までは、清朝政府の態度は総じて消極的なものであった。

　その後、日中の文化的地位の逆転が大きな要素となった。この変化の過程は、すでに江戸時代後期において萌芽し、明治中期になると、一部の中国人の目にも明らかとなった。1894-95年の日清戦争は、中国に対してこの点を明確に示したものであった。中国人の自己の文化に対する強い執着と頑固さは、西洋の知識と武力を持った日本に敗戦したことによって次第に変化を余儀なくされ、問題の中心が、外国から学ぶ必要の有る無しではなく、何をどのように学ぶかという点に移った。

3. 日中間の文化的地位の逆転

　中国と西洋との接触は、日本と西洋との接触よりも歴史的には早かった。日本が西洋文化を吸収し始めた時、それは漢訳された西洋の書物を通じて行われていたが、これは当時、中国のほうが日本よりも文化的に優位にあり、その中国の書物を日本に輸出していたことを示している。しかし間もなく、日本が直接西洋から文物、知識を導入するようになって、中国の漢訳本の助

けを必要としなくなったことは、両国の相対的な力関係の変化の始まりを意味するものであった。

　中国の凋落の原因は多岐にわたり、東アジア国際体系の中心に居たことで、列強から被る圧力は、日本など周辺諸国よりはるかに大きなものであった。また、中国はあまりにも巨大であり、その分、環境からの刺激に対する反応が鈍い。実際、何度も挽回の機会はあったものの、それを活用するまでには至らなかった。さらに日本と比較すると、中国の西洋文化に対する態度は中途半端なものに留まり、その受容のテンポも遅かった。西洋人が中国にやって来たのは、日本に来たよりも早かったが、中国人は、長い間、この西洋人の到来が持つ文化的意味を理解できなかった。日清戦争から義和団事件までの時期における中国の支配層は、少数の比較的開明的な人々が世界の情勢を認識し、危機に際して改革の要求を提出したこと（戊戌変法）を除けば、圧倒的に保守勢力が優勢で、自身のそれまでの文化的「優位性」に固執し、根本的な改革の必要を認めなかった[6]。　中国にとっての日清戦争の意義は、小国であったはずの日本が、「老大国」である中国に挑戦し、それを完全に打ち破ったという点にある。日本が政治的、軍事的に中国よりも優位に立つようになったことは、中国人にとっては大きな衝撃であった。これについて汪向栄は、以下のように、述べている。

　　彼らも、ようやく、西洋に学ぶことの重要性と自国が直面する問題の深刻さに気付いたのである。日本は、続いて西洋列強の一つであったロシアに勝利したが、これを受けて中国人は、西洋というよりはむしろ日本に学ぶことに大きな関心を持つようになる。中国は、優秀な文化的伝統や、広大な土地、豊富な物資には恵まれているが、近代文化の前では、これらはあまり有効な条件ではなかった。中国は近代化の過程で、自らに先行した日本をまず教師として見なすようになるのである[7]。

　さらに、日中間の文化的地位の変化は、中国人を現実に直面させる効果があった。日本に負けたのは、国家の強弱が絶対的なものではなく、他者の長

第1節　留学の環境的背景　47

所に学ぶ努力をすれば、欠点を克服し、競争相手に追いつくことも可能であると多くの中国人に思わせた。この点は、日本がロシアを打ち破った時に、中国人一般の確信として強化された。総じて言えば、中国人は日本に負けたことにより、かえって将来の希望を持つようになった。この時期に、弱肉強食を主張する社会ダーウィニズムがすこぶる流行したことも、こうした背景によるものである。多くの中国人に、立ち遅れればそれだけ他人からあざけりを受け、痛めつけられることになるのであり、それを避けるためには、奮闘して、ライバルに追いつき追い越さねばならないのだという共通認識が広がった。その答えが、自らの欠点を補うために他者の長所を学ぶ、つまり留学をするということだったのである。

第2節　日本留学

1．初期の日本留学

　中国人の近代における留学活動は、阿片戦争以後の1840年代に始まるが、半世紀の間は、交通や通信の不便や、気風の問題といった各種の客観的要素のために、後に見られたような「ブーム」にはまだほど遠いものだった。中国人の日本への留学は、日清戦争後の1896年からだと言われているが、細野浩二により、1885年に、北洋通商大臣、直隷総督李鴻章によって15名の語学生が日本に派遣され、その中の一人である張文成が3年後に中村敬宇の同人社に入学していた事実が明らかされた[8]。　しかし、1896年6月に、清朝政府が公式に日本に第一陣の留学生を派遣した。これが、一般に中国人の日本留学の始まりとされている。その後、1900年代に入ると、日本留学は一気に盛んになった。

　その原因については、1896年の日清戦争の敗戦によって、中国が日本に明治維新の成功により近代化を先行されたことを認めたことや、中国が近代化に大きく遅れをとったため、大急ぎで追いつく必要があったという点が挙

げられる。中国は、近代文明の本家本元の西洋国家に行って「系統的」なことを学ぶよりも、日本で主に近代化成功の経験と方法を学んだほうがより近道で、有利であると考えた。それは、次のような言葉によく表現されている、「日中両国の風俗習慣には似たところが多く、留学生活に便利だということである」[9]、「両国の距離の近いこともあげられよう。一衣帯水の日本は実に理想的である」[10]、「西洋に比べれば、日本はなんといっても生活費が安い。中国国内の学校に学ぶ費用で留学ができたことすらある」[11]。 日本の生活費が安いことは、1930年代までも変わることがなく、「当時の日本での生活費は上海とそう変わらず、月に二十円で足りたそうだ。日本にはすでに五千人前後の中国人留学生が来ていて、東京だけで二千人ほどいた。」という[12]。

　日本への留学は、留米に比べて30年以上も遅れて始まったことになるが、その主な理由は、日清戦争前には、多くの中国人にとって日本という国家の発展など眼中になかったためである。日清戦争前の日本は、歴史的には東アジアの国際システムの中において、東方の辺境国家にすぎないと思われていた。朝鮮やベトナムのように、中国の属国的地位にあったわけではないが、日本の国際的位置づけは、一貫して中国に重視させるようなものではなかった。日本は開国以来、日進月歩の変化を遂げていたが、中国は、西洋文明に対して「中体西用」の姿勢を崩さなかった。これは、時の大の知日家であった黄遵憲も例外ではなかった。彼は、中国人にとって、単純に西洋文明を移植して、本来の思想体系と文化的基礎を放棄するような日本人の行為は、全くその性分に合わないものであると言い切ってすらいたのである[13]。

2. 1896年以後の「留日ブーム」

　1896年以後の日本留学は、1902年から次第に熱を帯びてきた。これ以前は、わずか300人にすぎなかった留日学生の数が、1905年には激増することとなる[14]。 この1896年以後の「留日ブーム」の背景としては、以下のような2点が指摘できる。

　第1に、日本が8ケ国連合軍の中心となって義和団の乱をあっけなく「鎮

圧」し、「辛丑条約」による多額の賠償金を中国から獲得したことが、日本の近代国家としての成功の証とされたこと。張海鵬は、1902年に、日本に渡る中国人学生の激増について、以下のように、述べている。

　日清戦争は日本の実力を明らかに示したが、義和団事件では、日本は8ケ国連合軍の一国として華北に派兵し、西洋列強とともに行動した。また日本軍人は西洋の軍人と同じように、隊列を組んで紫禁城を通過し、さらに日本は「辛丑条約」によって多額の賠償金を獲得した。このように日本が東洋において雄を唱える実力があることを示したことで、1902年には日本に渡る中国人学生が激増したのである[15]。

　第2に、中国の国家的危機がますます深刻化し、外国の長所を吸収して富国強兵を図ることが、もはや一刻の猶予もならない状況となっていたこと。1905年には、日本が日露戦争に勝利したこともあって、「留日ブーム」は空前のレベルに達する。日本が「西洋列強」の一つであるロシアと「老大国」である清国に勝利したことで、その経験は学ぶに値するものとして中国人に受け入れられるようになった。1905年は、中国人が、日本が国家的近代化において優位を占めたことを認めた年と見なすことができるであろう。この年以来、中国人は近代西洋文明の進歩的意義を真に認識し、これを目標とすることを決心するのである。

3. 科挙制度の廃止が「留日ブーム」に与えた影響

　1905年に留日が「急増」したことは、当時の中国社会で留学を「変相科挙」[16]と見なしたためである。このような科挙制度の廃止が、留日学生の急増に対する最大の原因[17]であるとの見方は、なお検討するに値する課題である。
　1905年9月に、清朝は科挙を廃止することを最終的に決定し、このことが留日学生の急増につながったという解釈があるが、それよりは、日本が日露戦争に勝利したことで中国人が受けた刺激のほうが、むしろ重要であった

だろうと考える。清朝が突然に、科挙の廃止を打ち出したのも、「日本の勝利」が刺激として作用した可能性がある[18]。この点は、以下のような現象からも見ることができる。1906年、中国人の留日学生数は依然として、高水準であるが、約1万2千人で変わらなかった[19]。これは日本の勝利が与えた「刺激」を除けば、科挙の廃止が与えた影響はそれほど明確ではないことを表す。

また1896年以後、中国人留学生数は1902年、さらに1905－06年という二度の「激増」を見せてはいるが、これは中国の青年たちが、日本の近代化先行による東洋における優位を確認した結果であったと考えられる。国内では朝野を問わず、日本の富強の原因を探りたいという機運が高まった。留学生の数が激増すると同時に、清朝は多くの政府要員を日本に派遣したり、日本の政治を研究させたりしたが、これは上述のような認識が反映されたものであった。[20)21)]

1907年になると、留日学生の増加は停止するが、毎年約4千人という一定の数は保たれるようになる。このような状態は、1910年代まで続いた。1910年代後半には、日中間に「緊張」の要素が増え、中国の中でも若い世代の日本に対する感情が悪化し、特に1915年の「対華21ヵ条要求」がその傾向に拍車をかけた。これにより、「留日ブーム」は冷め始め、1919－33年の留日学生は、年間およそ年3,000人以下の水準に留まった[22]。

4. 日本留学の秩序の喪失と退潮

清朝末期に、留学生管理は混乱を見せ始める。中央政府と地方政府の間で留学生派遣について連携がうまく取れなくなった（これにより、この時期の留日学生の資料はあまり残っていない）。北洋政府の統治下になると、留学制度が整備され、留日学生の資質も向上してくるようになる。しかし、北洋政府期の留日活動のもう一つの特徴は、度々大規模な「一斉帰国」運動が起きたことである。これは、当時の日中間の関係が不安定であったことを物語っている。

理論的に言えば、留学生を受け入れる国家の目的は2つある。1つ目は対

象国の将来有望な青年を引き寄せることで、当該国との将来の関係を発展させる人材を育成することである。そのために、彼らの感情を抱き込み、他国の青年に自国の価値観を植え付けようとする。これは、政治的な投資に属する。2つ目は、留学事業において直接的に利益を獲得するもので、多くは民間による個人的な行為となり、経済的な投資に属するものである。当然、この二種類の行為（投資）は常に密接な関係にあり、分けて考えることはできない。こうした目的の下で、留学生は、その留学先の国家において、客人の身分として礼遇されるものであった。しかしその反面、当時帰国した留日学生の多くは、在日期間中に受けた蔑視や非礼な経験による恨みを持つようになった。留日学生には、魯迅と「藤野先生」のような友情は、「周囲の暗さ」と対照的であったと言えよう[23]。これは実藤恵秀も認めざるをえなかったことだが、その原因は一体どこにあるのか。

　清朝末期、政府は混乱しやみくもに急場しのぎの手を打った。清朝政府の政治的権威は地に落ち、社会に対する統治力は大幅に弱体化したのである。こうした意味においては、留学熱もまた、社会混乱の現象の一つであったと言えるであろう。つまり、末期状態にある社会において、人々は非常行為に出てしまったのである。もしそうでないと言うならば、突然このように、大勢の多様な人々が、東へと留学したことについて説明がつくものではない。

　さらにこれは、その後の日中両国において、問題が山積し、多発するであろうことをまさに予告するものであったのかもしれない。突然、多くの学習者が東へと向かったことで、清朝政府だけでなく、日本社会も対応に遅れが出たからである。

　当時の清朝政府には、日本留学の利害について分析している者もあったが、実際これだけでは充分とは言えず、張之洞など漢族実力派の大臣による分析でも、社会を全面的かつ正確には分析していなかった。これは、よどんだ風が東方に吹き、経験を学びに行ったということであったのだろうが、一時のブームが去ると、日本留学熱も次第に冷め始めた。その意味では、留学の奨励も、清朝が社会に向かって革新を標榜した一つの形であったのかもしれないが、この波も一時の渇きを潤したにすぎず、清朝による統治をつなぎ止め

ようとする思惑とは裏腹な結果をもたらすことになったのである。

5. 留日学生の総数と卒業率

　多くの学者は、留日学生の特徴として、その学歴と卒業率の低さを指摘している。M・ジャンセン（M. Jansen）は、その著作において、実藤惠秀の統計数字をそのまま引用して、留日学生の卒業者数を11,966人[24]としており、張海鵬も実藤の統計を元に、大多数の留日学生はその課程を修了する前に帰国してしまったものが多いと結論づけている。この数字に依拠すれば、留日学生の卒業率はわずか10％ということになるが、この調査対象について言えば実際の卒業率は10％にもとどかなかったと思われる[25]。

　本研究で改めて統計を出してみたところ、これまであまり注意されてこなかったが、実藤の統計にある「11,966人」とは、基本的には「大学」の卒業者であり、これ以外の種類の学校を卒業したより多くの人々が含まれていないことに注目した。例えば、1906年10月の「宏文学院一覧」によれば、1906年10月までにこの学校を卒業したのは1,959人に達したが、さらに1,615人が在学中であった[26]。1909年に閉校するまでに、合計3,810人が卒業（入学者は7,192人）している。しかもこの中には、黄興、魯迅、陳独秀といった有名な人物も含まれていた[27]。このほかに、経緯学堂では1910年の閉校までに、1,384人（入学者は2,862人）の卒業者を出しており[28]、法政速成科と普通科は、1908年までに1,070人、専門部は803人、大学部は103人、その他は96人の学生を卒業させている[29]。

　これら数校の中国人留学生の卒業率を計算してみると、平均51.7％が卒業していることになる。もちろん、この数字が全体を反映しているというわけではないが、他の学校についてもわずか10％という低率であった可能性は低いのではないだろうか。この点から見ると、留日学生の学歴が低いのは事実であり、卒業率が低いというのもある程度根拠があるが、言われているほど低いということはなかったと考えられる。

表Ⅱ-1　留日学生の在籍教育機関（1902－39年）

学校の種類	卒業者数	％
帝国大学	243	2.1
官立大学	1,444	12.3
私立大学	1,406	12.0
官立高等専門学校	2,924	24.9
私立専門学校、大学専門部	3,779	32.2
陸海軍・警察関係学校	1,940	16.5
合計	11,736	100

出所：『日本留学中華民国人名調』興亜院　昭和15年刊より作成。（阿部洋編『米中教育交流の軌跡　国際文化協力の歴史的教訓』50頁）
備考：①昭和14年度（1939年）在学生を含む。
　　　②旧満州国、および1932年以前の東三省出身者を除く。

　後の人々にこのような印象を与えたのは、恐らく実藤恵秀の『中国人日本留学史』である。実藤は2つの表をこの著書の巻末に載せているが、それは「留日学生の卒業者数」と題されている。これは読者に対して、留日学生全体の各種学校からの卒業者数を元に計算した数字であるかのような印象を与え、容易に誤解を招くものである。彼は、『中国人日本留学史』の中でこれについてはなんら詳細な説明を行っていないが、『中国人日本留学史』の138－140頁を仔細に検討すれば、「年度別各学校卒業中国人数一覧表」で扱われている学校は、不完全な統計に基づくものであり、その多くが、当時の日本の有名校（主に「大学」）に関する統計に依拠していたことが明らかである[30]。

　また、留日学生が最も多かった年の人数については、現在の各研究者の見解は一致していない。諸説それぞれで、8千－2万名の開きがある。例を挙げると、劉志強の「1万5千名」[31]、張海鵬の「8000名」、実籐の「8千名以上」[32]、汪向栄の「1万2千名」[33]などである。

　近代の中国人留日学生は合計で何万人来たのかという問題は、今日でも確実な数字は出ていない。実籐は10万人までは統計を取っており、その他の専門家の説はそれぞれで差が大きく、11万人や12万人、30万人などの説が

表Ⅱ-2　清朝政府留日試験に合格した学生（専攻分野別、1906－21年）[34]

	政法	文科	商科	農科	医科	理科	工科	合計
人数	812	24	147	76	30	34	128	1,252
%	64.9	1.9	11.7	6.1	2.4	2.7	10.2	100

出所：黄福慶『清末留日学生』中央研究院近代史研究所　1975年　79頁

ある[35]。また中でも、郭沫若の30万人説は、他の諸説とあまりに差が大きく、研究を経た上での結論ではなく、信じるに足りず、恐らく一時的な思い込みであったと思われる。前述したように、実籐を含めていくつかある統計は完全なものではなく、学生数が不明な年もあり、また、一部の学校の留日学生数を実数よりも少なく数えているところもあった[36]。本研究では、実籐の大まかではあるものの確実性が一番高いとし、これを「10万人以上」とする説を採ることとする。

第3節　米国留学

1860年前後の米国は、人口が3千万人で、なお発展途上段階にあった。当時の第1の強国は英国であり、米国の威信や国力は、まだ到底それと肩を並べるような情況ではなかった。また、1865年にようやく南北戦争が終結し、国内の復興に忙しかったため、外国のことに構う余裕はなかった。第1級の大国となって間もなく、その中南米地域への影響力は一段と強まったが、太平洋への進出はようやく始めた段階であり、「太平洋国家」としては新顔であった。このほかに、当時はモンロー主義（Monroe Doctrine）や、汎米主義（Pan-Americanism）を代表とする米国特有の孤立主義が健在であり、米国は（中南米への）「南下政策」と国内問題に忙殺されていた。米中間は、阿片戦争まで直接的なつながりが少なく、互いに知らない状態であったと断言する学者もいる[37]。しかし、それでも多くの米国人が、早くからアジア、特に日中両国に関心を寄せていたこと事実ではある。

1. 中国国内の欧米系大学

　米国留学を考察する場合、当時の中国国内における欧米系大学を分析する必要があろう。いわゆる欧米系大学というのは、大きく2種類に分けることができる。一つは、1870年代から欧米の宣教師（プロテスタント系とカトリック系）により設立された教会大学（ミッション系大学）で、もう一つは、清華大学のような米国が主導した大学である。

(1) 教会大学（ミッション系大学）
　教会学校（ミッションスクール）は、外国人宣教師が自由に経営する特別な学校で、教育内容も自由に決められていた。1914年の中国におけるミッション系学校数は、12,000校余りであり、学生数は35万人[38]で、学校数と学生数はともに全国の学校の約5分の1を占めていた。また、教会学校の中で中心的存在であった教会大学の多くは、他の中国の大学よりも早く設立されていた[39]。当時の教会大学の多くは長い歴史を持ち、超然的な地位を確立していたのである。また、上海の聖約翰大学（St. John's U.）、北京の燕京大学、広州の嶺南大学など、教会大学は当時の中国における一流大学とされており、年若い学者にとってはあこがれの聖地であった。
　聖約翰大学の場合は、1879年に聖約翰書院（St. John's College）として発足し、中国で近代高等教育をいち早く導入した学府[40]の一つである。米国で登録がなされているという理由で、長い間、中国政府に届け出ることを拒んでいた。この大学は、1904年に米国政府に正式な大学として登録され、質の高い教育で「東洋のハーバード大学」と称されたのである。中国政府に届け出たのは、1947年のことであった。このため、中国近代高等教育のモデル校として名は成したものの、「奴隷化教育」や、「法外大学」という悪名も高い[41]。
　聖約翰大学側は、自ら「中国にある西点軍校（米陸軍士官学校）」と称し、教育は「目標を実現するための手段だけではなく、目標そのものでもある」とした。当時、宗教教育に対する批判もあったが、学内にあった神学院は、

表Ⅱ-3　ミッション系大学と中国の高等教育（1923年）

	学校数			学生数			
	男	女	計	男	女	計	％
国・省・私立	105	1	106	30,903	665	31,568	87.7
教会・外人立	19	2	21	4,119	229	4,418	12.3
合計	124	3	127	35,022	964	35,986	100

出所：中華民国教育概況一覧表第二編 I、VII『満鉄月報特刊』12号　1926年
　　（阿部洋編『米中教育交流の軌跡　国際文化協力の歴史的教訓』254頁）

1896年に改組され、最初に設立された大学部の中の3学科（文理、医、神）の一つであった。実際、1952年の「院系調整」で事実上、解散させられるまでに、卒業生はわずか60人で、全卒業生の1％足らずであった。

当時、上海滬江大学外籍教員であったハーバート・D・ラムソン（Herbert. D. Lamson）は、『密勒氏評論報』の1933年版英文『中国名人録』[42]について統計を行い、掲載された960人のうち、非教会大学の卒業生は419人（67.5％）、教会大学の卒業生は201人（32.5％）であるという結果を得ている。大学別で見ると、聖約翰大学が61人、清華大学が44人で、他の大学を圧倒している。この統計結果が状況を完全に表しているかは疑問の余地が残るものの、公正で、ある程度当時の状況を反映しているものと考えられる[43]。この統計結果を前面に出して、聖約翰大学当局は次のように自認した。「第1に、聖約翰大学は他の全ての大学より50％以上多く指導者となる人材を社会に輩出して貢献した。第2に、中国の指導者の約10％が聖約翰大学の卒業生である。第3に、この比率は教会大学が社会に貢献した指導者人材の3分の1に当たること。」[44]

また、中国における最初のいくつかの私立大学は、なんらかの教会大学との関係が見られ、例えば、1905年に震旦大学から分離した復旦大学などがそれである[45]。

医学、外交、法律、社会学、経済、新聞、出版なども、これら伝統ある教会系の名門校の勢力範囲であったという。しかも、そのほとんどが都市の中

心部に位置し、反洋教運動の際にもあまり攻撃を受けなかった。1920－30年代には、中国の一部の地域で経済が発展したが、それもこれらの大学の規模拡大と直接的な関係があったと思われる。また、数々の内戦や日中戦争時代においても、宗教との関係で、他の大学より被害が少なかった[46]。

1916年には、数ある宣教会が連合して教会大学をさらに規模拡張し、内

表Ⅱ-4　欧米系大学の在籍者数

	1931年	1947年
金陵大学	537	1,084
燕京大学	549	901
輔仁大学	548	2,385
嶺南大学	284	1,056
東呉大学	401	1,626
滬江大学	545	1,064
聖約翰大学	未登録	1,865
武昌華中大学	74	537
華西協合大学	未登録	1,784
斉魯大学	325	442
福建協和大学	174	587
震旦大学	199	1,241
津沽大学	未登録	761
北平協和医学院	101	69
銘賢学院	―	247
金陵女子文理学院	192	440
之江文理学院	221	889
華南女子文理学院	未登録	222
求精商学院	―	123
文華図書館学専科学校	12	88

出所：『第1次中国教育年鑑』（丁編教育統計）34－39頁，『第2次中国教育年鑑』650－792頁より作成。（阿部洋編『米中教育交流の軌跡　国際文化協力の歴史的教訓』287頁）

容も充実させるために、合併して大規模な教会系大学を創ることになった。1918年までに、中国国内の国立大学4校、私立大学8校に対して、教会系大学は14校となった。また、1920年代からは、中国の国立・私立大学が多く設立され、数的には教会系大学を上回ったが、1930年代まで、質的には教会系大学のほうが優位を誇っていた。また1906年に、米国で聖約翰大学が登録されてから、米国の大学が次々と聖約翰大学の学歴を認めていき、中でも、イェール大学など米国の名門校は、聖約翰大学の卒業生に対して、入学試験免除で大学院への進学ができるという優遇を与えた[47]。そうした理由で、聖約翰大学の卒業生が米国へ留学する事例が非常に多く、1948年に聖約翰大学の卒業生が米国の名門大学へ留学した数は、400名以上に上った[48]。

1930年代中期から、中国でも高等教育体制が整備され、国内の他の大学が大きく進歩したことにより、教会大学の優位性が徐々に失われていった。1949年には教会大学の在校生は、中国全大学在校生の1割強にまでその比率を下げた[49]。ただし、財政の安定や、校舎の整備、教学の管理などの面、つまり近代高等教育機関としての標準化においての優位性は、1940年代末まで依然として、維持された。

留学について言えば、これら全てのミッション系大学の学生が、その「宗主国」への留学ブームを引き起こしたわけではなかった。これは留学熱という観点から見るよりは、別の角度から分析を加えることが必要であろう。例えば、米国政府の態度、特に庚款が米国へ留学したことによって及ぼされた米国留学熱への影響は、計り知れないものがあった。第1次世界大戦後、米国が急速に国際的な地位を上げてきたことも、無視できない要因の一つであろう。また、清朝が科挙試験を廃止したことにより、科挙を目指していた多くの学生と学者たちがその行き場を失ってしまったことも原因の一つであると考えられる。

聖約翰大学の卒業生は、清朝政府が科挙制度を廃止(1905年)してから、各分野で頭角を現した。当時、他の大学の卒業生によるライバルが少なく、外交、商業、医療、メディアなどの領域において、一大勢力にまで発展した。戦争で言うところの「要害の高地」を制したことで、後の発展にも有利となっ

た。聖約翰大学は当時、中国東南沿海部と海外の華僑社会の裕福な家庭にとっては、非常に魅力的であった。また、学生は上海出身者が最も多く、約4割を占めており、卒業後も上海で就職する者がほとんどであった。

こうして聖約翰大学は、長い間、中国政府への登録を拒んだにもかかわらず、当時の国民党と南京政府の要人（例えば、孔祥熙、孫科、呉鉄城等）も、依然として自らの子弟をこの大学へ入学させることを希望した[50]。しかし、1920年代以後は、このことが、聖約翰大学卒業生の政界進出における足かせとなったことは否めない[51]。

中国政府への登録を拒んだことにより、政府からの資金援助を受けられず、聖約翰大学の財政は、基本的に学生からの学費に委ねる以外にはなかった[52]。大学当局による1935年の概算によれば、学生の一年間の費用は、最低でも600ドル、平均で750ドルにも達していた[53]。これは当時の中流家庭の年収よりもはるかに高い金額である。聖約翰大学の学生は、そのほとんどが裕福な家庭の子弟で、週末になると、迎えの車が大学の入り口の前で長い列を作り、その光景が当時の一大風物となった。大学当局でさえ、1939－1940年の年度報告で、「我が大学は中国で学費が最も高い大学と言われ、裕福な家庭しか入学することができないということは、我々の宣教の理想に背くことだ」[54]と述べている。

「中国ではナンバー1、米国の大学にも負けない」[55]というのは、聖約翰大学当局の口癖であった。大学は全面的に米国化され、授業や教師の会議、学生生活における使用言語まで、すべてが英語であった。

(2) 清華学堂、清華大学

1909年に、米国が、義和団賠償金の一部を返還し、その資金で最初の中国人留米予備校「遊米肄業館」が設立された。1910年に「遊米肄業館」は「清華学堂」と改称され、1911年4月に正式に開校し、500名の学生が入学したが、「清華学堂」の教職員は半数以上が米国人で、残りの中国人教師も、圧倒的多数が米国留学出身者であった[56]。また、学校の制度と内容は、当時の中国の学校とは全く異なり、米国の学校をモデルに運営され、卒業後は、

学生がそのまま米国の大学3年生に編入することを前提としてカリキュラム構成されていた。授業内容では英語が最も重視された一方で、中国語や中国史は軽視され、中国語の授業以外は英語だけが使われた[57]。

特に初期の清華（1912年「清華学校」と改称された）は、教会系大学とのつながりが非常に強かった。清華学校の場合は公費による留米なので、それが教会系大学卒業生の大きな魅力となった。卒業生の多くが清華学校へ行き、その意味で、教会大学は留米学生の「予備校のための予備校」と言われるほどであった。また、その中でも特に聖約翰大学は、清華学校に大量の学生を送り出しただけでなく、4人の学長[58]を含む多くの教職員をも提供した。このため、清華学校は、聖約翰大学の卒業生たちから、「植民地」、「全般的な雰囲気は我が聖約翰と全く同じだ」[59]と揶揄された。

1928年に、清華大学は名目上、中国の国立大学になった。しかし、その後も教育方針と内容はほとんど米国側にその決定権がゆだねられていた。米国式教育制度を取り入れた、現地経営の「国立」大学である清華大学が主導した中国人の留米学生（自費も含めて）は、終始同じ形式で政府に選ばれていた。

清華大学は、少なくとも以下の2つの面から教会大学とは異なる。1つ目は、上記のように、1928年以後に中国の国立大学になったということである。清華大学は米国に主導されていたとはいえ、大学の運営には中国政府もその一員に加わっていた。教会大学の場合は、一種のいわば欧米系の私立大学であり、中でも、聖約翰大学は、上海にある米国の大学というほうがより真実に近いと言えるであろう。2つ目は、両者の学生の供給源が違った。清華大学の学生の一部は貧困層の出身であった。

清華大学は留米予備校の段階から教会大学に近い存在であり、両者は本研究の分析にかかわる面、例えば、米国との関係や近代的教育を提供するといった面で特に近い存在であった。

2. 米国留学の開始

　中国人の米国留学は、その初期段階においては、主に、米国人宣教師が個人的に中国の少年を選んで米国に送り出していた。ペリーの艦隊が浦賀沖に現れて、日本に開国を要求したのは1853年だが、その10年前に、ある宣教師が中国人の青年一人を連れて米国に「留学」させている[60]。結局、この初期段階における留米学生は、帰国しなかったり、あるいは大きな成果もあがらなかったりしたこともあり、世人の注目を集めることはなかった[61]。しかし、その中の一人の容閎[62]という人物が、1854年にイェール大学を卒業し、帰国後、清朝政府に対して米国への留学派遣を推進することとなった。第1回目の留米少年（幼童）たちは、1872年夏に渡米した。30人中24人は広東の出身者であった。

　この最初の公費留米幼童は、1881年に、清朝内部の保守勢力が米国留学に対して異議を申し立てたため、呼び戻された。その後、しばらくの間、清朝政府が米国留学派遣を停止させたため、米国留学は、一部の私費で渡米する留学生にとどまった。華美協進社（China Institute in America）が作成した統計資料によれば、1900－05年の留米学生は、わずか51人であった[63]。なお、この時期の留学形態は、米国人の宣教師などが個人的に経済的援助をしたケースが多い。結果として、中国の米国留学の開始は早かったが、その進展は遅く、しかも曲折が多かったことになる。

3. 庚款留米（義和団賠償金による米国留学）

　米国留学が公式に再開するのは、20世紀に入ってからであるが、その背景は基本的に日本留学の場合と同様で、日清戦争以後の政治的変化であった。しかし米国留学の場合は、「客観的」な条件のためにその発展が遅れ、1940年代後半に至るまで、1900年代の留日ブームのような現象は起こらなかった。1911年に出版された『教育雑誌』第6期によると、1911年の時点で米国に留学した中国人はわずか650人しかいなかったが[64]、日本留学した人

表Ⅱ-5　米国留学の推移（1850－1953年）

年度	高等教育機関入学者数
1850－99	54
1900－04	51
1905－09	302
1910－14	604
1915－19	1,057
1920－24	1,994
1925－29	1,638
1930－34	977
1935－39	1,054
1940－44	1,064
1945－49	4,675
1950－53	2,036
不詳	5,132
合計	18,549

出所：China Institute in America, Survey of Chinese Students in American Universities and Colleges in the Past One Hundred Years 1954, pp.26－27より作成。（阿部洋編『米中教育交流の軌跡――国際文化協力の歴史的教訓』47頁より抜粋。

備考：1850－99年と1950－53年の入学者数は梅貽琦と程其保の『百年来中国留米学生調査録（1854－1953年）』から補足した。陳学恂、田正平編、『中国近代教育史資料編』、第六巻「留学教育」686－689頁に参照、上海教育出版社、1991年）

は、すでに12,000人（1906年）にも達していた[65]。

　1912年から国民政府は、清華学校経由の留米とは別に、教育部の政策として米国に留学生を派遣するようになる。1918年に教育部は、各大学と専門学校の教師を選んで米国に留学させ、それが政府派遣による知識人留学の先例となった。またこの時期に、国家による留米事務のほか、地方レベルでも米国に留学生を送る準備が始まった。例えば、1912年に河南に留学の予備学校が設立された。しかし、留学活動の進展は緩慢なもので、1917年に

ようやく20人を米国に送っただけであった[66]。このように、1914－17年の公費留米は977人[67]にすぎず、1918－21年に私費留学した者は、213人であった。

　1910年代以後の変化の背景としては、客観的には交通手段の発達があり、中国人の西洋諸国、特に米国に対する理解が深まっていったことが指摘される。米中間の関係が緊密化するのに反して、日中間では「緊張」の要素が強まった。こうして1910年代には、米国への留学が熱を帯びてきた。1910年代後半－20年代に、最初のピークがあった。これは、「庚款留米」の急速な発展により、多くの中国青年が米国留学に向かうこととなったという要因が大きい。米国側も十分な準備を整え、多数の留米学生が全米の一流大学に入学することができた。厳しい試験と選抜を経てきた中国の青年たちは、非常に努力して優秀な成績をあげたため、大学卒業後は大学院に残って研究を続ける者が多かった。こうして中国は、「米国博士号の最大の顧客」[68]ともなった。1920年代後半になると、中国国内の政治情況が不安定で、南北間そして国共間の対立が深まったことから、国費留米事務が停滞したが、それでも、留米事務全体は比較的高い水準を維持していた。この流れは、第2次大戦期まで持続するが、大戦開始後は、すべての留学活動が突然停止してしまい、国外にいる留学生の多くも帰国してしまった。

　1920年代後半は、国民党政府の支配下で教育事業の整頓が始まった時期でもあるが、内戦や教育経費の不足のため、多くの留学生を送ることができず、このため、政府は留学生の選抜権を地方に与えざるをえなくなった。こうして、1910年代の、留学が公費生中心であった時期とは異なり、1920年代後半－30年代前半の留学は、少数を除いて私費生が中心を占めることとなった。例えば、1929－35年では、在外留学生が総計で6,000人いたが、そのうち5,000人は私費留学生であった[69]。

4. 戦後の米国留学

　1945年夏に戦争が終結すると、中国から欧米諸国へ向かう留学生の数は

急増した。1946年7月には、教育部によって公費留学試験が実施され、フランス政府交換留学生としてフランスへ赴く40人を筆頭に、米国33人、英国33人を含めて計148人が選ばれた。この時には、私費留学試験も同時に実施され、1934人[70]が私費留学生となる資格を与えられた。公費留学生に比べて、私費留学のほうが、留学希望国がより直接的に表れるものと考えられるが、これら1,934人のうちで、実際に出国した1,163人の留学生の内訳は、米国が1,018人（87.5％）と圧倒的優位を誇っていた。1945－49年の留米ブームでは、約5,000人[71]が渡米し（全留米学生の約4分の1を占める）、そのうちの2,000人が1950年までに帰国、750人が1960年代初期までに徐々に帰国したが、その他の2,000人余りは帰国しなかった[72]。

5. 留米学生の総数と卒業率および研究内容

　留日学生とは違い、留米学生の総数については、専門家の意見が比較的一致している。留米学生は約2万人と見られ、それは、華美協進社の作成した統計資料に基づくものである。この統計資料によれば、1854－1953年に米国の各大学が受け入れた中国人留学生は20,906人であった。特に、1905－50年において、中国人で米国高等教育機関に在籍していた者は、18,493人を数えるという[73]。

　また、留米学生の卒業率については、華美協進社の統計資料によると、13,797人が学位を取得し、留米学生全体の65％を占めた。そのうち、修士号や博士号を取得した者は8,981人であり、これは学位を取得した留米学生全体の65.1％を占めている[74]。

　また、留日学生と大きく異なるのは、留米学生の研究内容であり、留米学生は理、工、医、農の各種学問を学んだという点である。上述の統計資料によれば、留米学生の中で、政治学、社会学、芸術や教育学などの文系学生は、合わせても、経営学や経済学の12.8％に並ぶ12.7％のみである[75]。しかし、清華留米学生について言えば、文学、歴史学、哲学などの文系学生は比較的多く31.7％であり、その他は理工系であった[76]。帰国した留米学生の多く

表Ⅱ-6　米国高等教育機関に在籍する中国人留学生
（専攻分野別、1854－1953年）

	％
工学	15.0
農学	2.0
医学	1.8
化学	4.1
経営学、経済学	12.8
教育学	4.5
芸術	3.6
社会学	2.1
政治学	2.9
その他、不明	51.2
合計	100（20,906人）

出所：China Institute in America, Survey of Chinese Students in American Universities and Colleges in the Past One Hundred Years 1954, pp.34－35より作成。（阿部洋編『米中教育交流の軌跡――国際文化協力の歴史的教訓』49頁）

表Ⅱ-7　留米学生の学位取得状況（1854－1953年）

取得資格	実数	％
学士号	4,590	33.3
修士号	7,221	52.3
博士号	1,760	12.8
ディプロマ	104	0.8
その他	122	0.9
合計	13,797	100

出所：China Institute in America, Survey of Chinese Students in American Universities and Colleges in the Past One Hundred Years 1954, pp.40－49より作成。（阿部洋編『米中教育交流の軌跡――国際文化協力の歴史的教訓』49頁）

表Ⅱ-8 清華留学帰国者の社会的活動（1925年）

	実数	％
官僚	38	6.5
外交官	13	2.2
大学教授、教育家	201	34.4
初・中等教員	20	3.4
実業家	81	13.9
技術者	104	17.8
医者	10	1.7
ジャーナリスト	5	0.9
宗教家	3	0.5
その他、不明	107	18.3
合計	584	100

出所：China Institute in America, Survey of Chinese Students in American Universities and Colleges in the Past One Hundred Years 1954, pp.40-49より作成。（阿部洋編『米中教育交流の軌跡——国際文化協力の歴史的教訓』171頁）

は、大学や研究機関の学者になった[77]。

　留米学生の総数についてのもう一つの資料を挙げておくと、梅貽琦と程其保の『百年来中国留米学生調査録（1854-1953）』によれば、留米学生（1899-1953）は20,636人程度となっている[78]。

第4節　欧州・ソ連留学

1. フランス留学

　清末の留日が政府の提唱によって始まったのに対して、留仏運動は民間人である蔡元培とアナキストである李石曾、呉稚暉などの提唱によって始まっ

た教育運動である。留日ブームが留仏ブームに転化したのは、第1次世界大戦の勃発後である。まず留日が退潮に向かい、留仏が注目を集めるようになったのは、当時の国内における「工読主義」思潮の深い影響があった。多くの青年たちは、フランス的「自由、平等、博愛」という共和国の空気にあこがれを抱いていた。工と学を結びつける方式を通して、頭脳と肉体労働の差別を解消することを希望した。五四運動のために留仏運動は一度中断するのであるが、この運動によって留仏はより政治的色彩が強いものとなった。反日運動に参加した五四青年たちにとって、再び日本に留学するというのは不本意なことであり、一部の留日学生も留仏に転じた[79]。知識レベルから言えば、本科生のほかに、専門学校や師範学校の学生も多かった。

　留日学生と同様に、中国の留仏学生たちは、他国からの留学生には見られない自発的な政治的特性を持っていた。1921年末（1922年7月[80]という説もある）に、留仏学生が最初に「旅欧中国少年共産党」を結成し、1923年2月に、旅欧中国少年共産党は「旅欧中国共産主義青年団」となり、人数は当初の50人余りから300人以上にまで発展した。1924年になるとさらに500人に達し、その後中国共産党旅欧総支部が成立して、フランス、ドイツ、ベルギー支部を統括し、留欧共産主義運動が次第に発展していった[81]。日本の中国人共産主義者と比較すると、留日者の多くが「理論型」であったのに対して、留仏学生は「実践型」の傾向が強かった。また、さまざまな原因で、前者は早期に共産主義運動から離れてしまった者が少なくなかった（陳独秀、李大釗など）のに対して、後者の多くは中国共産党の幹部となった（周恩来、蔡和森、李立三、鄧小平、陳雲、李先念など）。

　こうして、1919－21年の間に約1,100名の青年たちが苦学生として渡仏しているが[82]、梅貽琦と程其保の『百年来中国留米学生調査録（1854－1953）』によれば、欧州全体の留学生は2万人であったという[83]。

2. ソ連留学

　清末民初期、中国人の帝政ロシアへの留学はわずかであり、人数は不詳と

される[84]。これは、「二月革命」による帝政崩壊まで、皇帝専制という後進性のために留学に適した国とは見なされていなかったこともあるだろうが、日本のように、急速な近代化が進んでいなかったことがその主因と考えられる。十月革命後、1920年8月に陳独秀が上海で社会主義青年団を結成し、それに次いで外国語学社を設立して、初めて革命青年をロシアに留学させる計画が開始された。彼らの多くは、東方労働者共産主義大学(以後「東大」と略称する)で学んでいるが、「東大」は、主に東洋の共産主義者を養成するために設立されたもので、中には中国人クラス「中国班」も設置された。

　中国人青年が大挙してソ連に留学したのは、1925年にモスクワ中山大学が設立された後である。中山大学の設立は、中国における革命運動の高まりを反映したものであった。孫文は、「ソヴェトロシアを師とする」という方針を決定して、国民党を改組し、国共合作を進めた、ソ連も当時、中国革命を援助するために顧問団を派遣したが、それは一時的なものであった。そこでソ連政府の提案により、当時死去したばかりの孫文の名を記念して、モスクワに「中山大学」を設立し、中国人の革命幹部を育成することにした。1925－27年の国共合作段階では、中山大学は二期にわたって学生を受け入れ、その数は800人に達し[85]、国共両方の人材が含まれていた。しかし、1927年に蒋介石が反共クーデターを起こすと、国民党はソ連への留学生派遣を中止し、同党の留学生をすべて帰国させた。中国共産党はこれとは逆に革命の失敗の後、人材の保護と温存を図るために、かなりの数の共産党員と共青団員をソ連に留学させている。さらに、従来の党の中堅幹部の多くが知識人層であったことをかんがみて、労農分子の増加を目指し、1927年以後は、主に労働者や農民出身者を選んで派遣するようになった。その数は700－800人に達したが、こうした人々のほとんどは短期訓練を受けるためにソ連へ行っており、彼らを留学生と呼ぶべきかについては、疑問視するものである。中国共産党は、革命の失敗の後、武装闘争の重要性を認識するようになり、特に軍幹部の訓練に精力を傾けた。このため一部の学生は、ソ連の軍事学校に送られた。また、「東大」にも「軍事速成班」が設置されており、1928年5月には、「東大」中国班と軍事速成班が中山大学に合併され、「中国労働者共

産主義大学」となった。1930年に閉校するまで、総勢、1,300人に対して訓練が行われた[86]。

また、1950年代のソ連とその周辺国への留学生の状況を見てみると、1950年に、新中国は、初めてポーランド、チェコスロバキア、ルーマニア、ブルガリア、ハンガリーの5ケ国に留学生を派遣しており、その翌年に、400人近くの留学生をソ連に派遣している。1950－66年の間には、上の6ケ国を除いて、中国から東ドイツ、ユーゴスラビア、北朝鮮、ベトナム、モンゴルなど23ケ国に留学生が送られ、その数は1万人以上に達した[87]。彼らは、主に国費により、政府の統一的政策の下で派遣された。

3. 英・独・ベルギー・スイス留学

民国期における留学先の中には、「ブーム」が起こらなかった国もある。その国名としては、英国、独国、ベルギー、スイスなどが挙げられる。英国は、近代以来、中国の伝統的な留学先であったし、洋務運動期においては、主な留学先ともなっていた。英国が、中国における重要な海軍の人材を育て、こうした留英学生たちが、北洋海軍を「東洋第一」にまで発展させたのである。しかし、日清戦争で中国は日本に敗北してしまい、海軍を重要視しなくなったために、軍事留英学生も減少していった。また、20世紀以後についても、留日や留米のようなブームが起こらなかったため、留英学生は研究者の間ではあまり重視されていない。留英学生は留米学生と学習内容の面で共通点を持っており、留米、留英、留カナダの学生は、米・英・カナダ間で流動的に動いていたために、「英語国家留学」という枠組みの中で研究が行われているのである。

同様に、フランス、独国、ソ連への留学生も仏・独・ソ連間で流動的に動いていたが、留学生の学習内容や派遣方式は、国によって異なっていた。留独学生は人数が比較的少なく、派遣方式にも多様性が見られて一貫性に乏しく、その学習内容も様々であった。自然科学や軍事学を学んだ留学生が比較的多く、特に軍事留学生は、留日学生の次に中国の近代史上で大きな役割を

果たした。また、公費により派遣されたものと勤工倹学期の私費留仏学生とは性質的に大きく異なっており、公費生のほうが高位の学位を修得した者が多かったものの、人数が一定しなかった。フランスから流れて来た勤工倹学者は、学業目的を達成したものが少なく、その人数も確認されていない。さらに、中には後にソ連にまで転学する者もいた。

ベルギー、スイス方面への留学生は、公費による人数は少ないが、科学と政治分野における重要な人材が輩出されている。

第5節　4度のブームと1度の中断

国別留学状況は、上述したとおりであるが、留学の流れ全体から見ると、中国の近代留学史においては、4度のブームと1度の中断が起こっている。4度のブームというのは、清末民初の留日、五四運動期の留仏、1920年代の留ソ、1940年代の留米を指す。1度の中断というのは、日中戦争期の8年間である。また、1950年代の留ソ[88]と1980年代以後の留学ブームは、中国留学史上における第5次、第6次ブームと見なすこともできよう。さらに、文革期の10年間は、2度目の中断と見なすこともできる。

1. 清末民初の留日

留日ブームは1903年前後から始まり、1905－07年にピークに達した。その時期には、1－2万人が留学している。辛亥革命が勃発すると、中国政治の将来に関心を持つ留日学生の多くが、相次いで帰国した。しかし、間もなく「第2次革命」の失敗によって孫文が日本に逃れたことから、多くの亡命政治家と留学生もこれに従った。こうして中国の向学青年も次々と海を渡り、留日ブームが再来したのである。

2. 五四運動期の留仏

1920年代末までに、約1,600人の中国学生が、フランスで学びながら労

表Ⅱ-9　各国・地域への留学の概況（-1940年代末）

	日本	米国 （-1953年）	西欧	フランス	ソ連
在籍	10-12万人	20,906人	2万人	ピーク時 1,500人以上	2,000人 以上
卒業	1.8万人以上	13,797人（うち修 士号以上8,981人）	不詳	不詳	不詳

出所：表1-7を統合し作成。留日学生の卒業人数は本研究の再計算による。

働するという生活を送っていた。また、留日ブームの場合と同じく、「勤工倹学」の留仏生の出身も多岐にわたっていた。

3. 1920年代の留ソ

　1925年以後になると、情況は急変し、中国青年は大挙してソ連に留学するようになった。わずか5年の間に、留ソ学生の数は2,000人近くにまで達し、中国留学史上の第3次ブームを形成した。当時のソ連留学は、国民政府によって秘密裏に選抜、派遣されていたもので、その多くは国民党員、共産党員か共青団員であった。また、1927年以後は、主に労働者や農民で占められることになった。

4. 1940年代の留米

　抗日戦の勝利によって、8年にわたって抑圧されていた留学熱が一気に解放された。また、当時は米国のみが、戦後における唯一の理想の留学先であり、蒋介石と米国の密接な関係や国民党政府による再建事業の目的のために、多くの留学生が米国に送られた。このほか、米国で講義する客員教授、政治軍事方面の高級官僚、多様な名目による視察人員が派遣されている。1850-1949年の1世紀の間に、中国人の留米学生は合計で約18,400人いたが、そのうち5,000人は、1945-1949年の時期に留学した者たちである。

第6節　留学についての各国の態度

1. 中　国

　中国を見てみれば、最初、清朝政府は不思議なほど、いたって保守的な態度をとっていた。外国に留学生を派遣するのは、その国に恩恵を施すためであって、留学生を呼び戻すということは、処罰することであるとも考えていた[89]。しかし、実際、中国社会では、長期にわたって欧米こそが近代化の先導者、近代精神の故郷であると認識されていたため、「学」の正統に達するには、やはり欧米に留学しなければならないという考えも根強かった。この点は、日米両国が中国国内で行った、教育・文化・衛生活動の比較から明らかであるし、清朝政府の政策を通じても証明される。留米学生として派遣されたのは、多くの場合、平民であったが、それに加え貴族の子弟を優遇した。

　欧米への留学と日本への留学を比べると、全体的に見れば、心情と日本に対する心情には、多少の違いがあった。日本留学は、ある程度、中国人自身の決断と選択によるものであった。その原因の一つには、中国人の深層心理における終始変わらない文化的優越感との関係がある。政府の主動によって日本留学のキャンペーンや日本人教師の招聘が行われたことが、これを反映しており、かなりの部分において、日本留学は中国人自身の意志によるものであったのである。

　また、留日学生は、先進的な知識や科学技術を学ぶだけではなく、日本の成功の秘密（いかに西洋から学ぶかも含めて）についても学ぶ必要があった。後者については、日本だけが提供できる独特の経験であり、これを学ぼうとすることは多かれ少なかれ、中国人の矛盾した心理を表している。即ち、変化を通じて富強に達しようとすれば、自己の面目が変化してしまう危険性がある。もし中国が中国でなくなってしまったら、それは自己の喪失を意味するのではないだろうか、という懸念である。洋務運動の後期には、すでにこの点が問題となっていた。単に西洋の兵器を導入したり、西洋の科学技術を学んだりするだけでは、真に西洋の経験を学びとることはできないのではな

図Ⅱ-1 民国初期の風刺画

欧米から帰国した留学生　　　　日本で速製される中国人留学生

出所：阿部洋『中国の近代教育と明治日本』福村出版　1990年　238頁

いだろうかと考えたのである。ここで洋務派は、「制器の器」という概念を提出した。しかし皮肉なことに、この第2の方面における日本の成功の秘密についての「学習」が、清朝を最終的に葬り去ってしまうことになった。それは、留学生たちが学びとった結論が、徹底的な革命であったからである。

　1920年頃の中国においては、米国留学の日本留学に対する優位性が次第に確立しつつあった。上に掲載する民国初期の風刺画は、米国留学出身者が羽振りをきかせ、その一方で日本留学を「速製」、「低質」とする見方が、当時すでに社会的に定着しつつあったことを表す[90]。

　また、中国社会における留学に対する見方もたいへん複雑であった。羨望による嫉妬ももちろんあったであろうが、留学自体が最高の学歴とされ、帰国者が外国で何を学んだか、どこの学校に行ったか、どれくらい学びえたの

かは不問にするのが普通であった。特に政権成立後、(孫文の言う)「革命」が第2段階に入り、建設が始まったと同時に帰国留学生は権力の側に立つ者と批判されるようにもなってしまったのである。当時は、成功し名を上げた留日学生でさえも、留日学生を批判し始めるようになった。例えば、国民党の元老で留日学生でもある呉稚暉(敬恒)は、「中国という国家の発展が進まないのは、(政治、社会革命が得意である)留日組が多く、(文化、経済建設が苦手な)留米組が少ないこと」[91]に帰結すると言い始めた。これは主に社会の要請によるところが大きい。革命の成功の後、武力はお蔵入りとなり、革命家を輩出してきた留日組もお払い箱になっていった。彼らでは科学技術などの実用的な知識が明らかに不足していたのである。それにより、一部では時勢に対する不満も出始め、これが留日組に対する不満となっていった。高い地位に就いていた留日学生たちも、日を追うごとに排斥の的となっていった。しかし、これと同時に、中国の社会から留米学生の持つ思想、観念やライフスタイルが完全に同意を得ていったわけではない。その複雑な感情は、特に1957年のような状況において、理性を超えたところで(留米学生へ)爆発を見せるのである。

では、中国人はなぜ、初期段階(1920年代まで)において、米国留学に対してあまり「熱意」を示さなかったのだろうか。この背景には4つの側面がある。

第1に、客観的な条件であり、要するに、距離が遠くて費用が高いということである。このため、当時は大量の学生を米国に留学させることはできなかった。早期には、米国留学を主張していた容閎と日本留学を主張していた張之洞がいるが、張之洞は後になって、基本的に欧米志向になった。実際、学識の面では、当初から張之洞は欧米留学の必要性を否定してはいなかった。社会全体に欧米留学が王道であり、日本留学は亜流であると考える傾向があったためで、どちらにも長所と短所が存在していた。

第2に、当時の中国人にとって、救国の面では、「真の教師」はだれかという問題である。中国が最も必要としているものをどの国から学びとり、それを中国に適用することができるかどうかを考慮して、中国人は、自らが必要

としているものを最もよく提供できるのが日本だということをしっかりと理解していた。

第3に、主観的原因として、米国に対する疎遠さということがある。それでは、日本に対しては疎遠ではないのかと言えば、当時の多くの中国人にとって、日本は依然、「同文同種」の国と見なされ、米国のような「外国」であるという認識は薄かった。

第4に、米国の発展が平和的、漸進的であったことから、刺激が乏しかったということもあるかもしれない。当時の中国が求めていたものは、急速な発展の秘密を知ることであって、戦争よりも経済的拡大を通じて発展を遂げてきた米国のモデルは「遠回り」である、と感じられたということが言える。

留学という学歴は、有利に働くが、海外留学者が、中国国内においてすべて順調に事を運べるという保証はない。留学という学歴の有利さは、国内の大学院出身の知識階層（彼らは結局大多数である）の反感を買い、社会における彼らの印象も、決してプラス面ばかりではなかった。しかし実際、人の行動は認識段階だけにとどまるものではない。欧米留学の不便さと日本留学の利便性が形成する巨大な落差も、思惑とおりにはならなかった大きな原因であろう。

また、日中関係がその後また悪化し、結局、戦争への道をたどってしまったことと、日本留学の破綻とは関係がないとは言えないだろう。日本留学熱は、1919年以後、急激に冷え込み、政府間によるいくつかの長期交流プロジェクト以外の形式での日本留学活動は、基本的に一瞬のうちになくなってしまった。この意味から言えば、中国人の近代日本留学は、一種の特殊な留学活動であり、一般的な意味で言うところの留学とは、一線を画するものと言えよう。

2. 各国間の競争

当時の米国留学は、一貫して米国側が計画的、主導的に進めたものであった。これは当時の特徴であっただけでなく、後の中国人の留米活動全体にも

深い影響を与えている。米国は、米中間の文化交流、特に中国人の留米事務において、一貫して主動的立場をとっていた。もちろん、中国にも一部熱心な人々がいたが、その基盤や影響力は、社会的に限られたものであった。一つの証拠は、米国の中国国内における文化教育活動である（例えば、清華学校および清華大学の設立）。しかし、様々な客観的要因（距離的理由による交通や通信の不便など）や中国の支配層の頑迷な態度、社会的な気風のため、留米活動には制限が多く、その潜在的可能性を十分に開拓することができなかった。

　日本留学はどうかと言えば、もちろん、当時の日本にも多くの非常に熱心な人々はいたが[92]、十分な経済的後ろ盾がなかったということもあり、日本の留学（受け入れ）に対する行動は、米国の場合と比較して、その組織性と持続性を欠いていた。欧米諸国には「中国を変革させる」という目標があったが、総じて言えば、日本の起ち上がりは遅れをとり、西洋列強のように、大きな成果はあげられなかった。日本は、中国における教育活動においてもあまり積極的ではなかった。西洋諸国が中国国内で多くのミッション系大学を設立したこと、特に米国のような「熱心さ」と比較すれば、日本の成果は微々たるもので、言及に値するのは、「東亜同文書院」（1939年以後は「東亜同文書院大学」となり、学生はほとんど日本人であった）くらいであろう[93]。

　こうして見ると、上記の「目標」について言えば、欧米が先行し、日本が追随していたと言わねばなるまい。日本が起ち上がる前に、欧米の様々な宗教組織がすでにその教育事業に乗り出していた。後発となった日本は、その分け前に預かろうと思わないわけでもなかったが、早期に欧米と並び立つ資格や余裕を持たなかったため、追撃するには時間を必要とした。

　では、各国は当時、何のためにこのように、争っていたのだろうか。当時は、日中間の経済格差が現在のように、大きく開いておらず、一般的な中国の小地主家庭や富農の家庭までもが、その子弟を日本留学させることができた。これは、日本の民間業者が留学生を金の成る木と見なすという現象を作り出し、日本の民間では、中国人留学生のために、別科、予科、予備校など

の教育機関が組織された。これらは、今日の日本語学校で見られるような問題とも類似している。

ただし全体的に見ると、政府にとっては、経済的な実利が主たる目的ではなかった。少なくとも、各国の政府が重視していたのは、この点にはない。こうした状況について、日本社会の有識者(例えば早稲田大学教授青柳篤恒)は、民間がなすことについて、活発に意見を述べた。つまり、「大事なことが破壊される」ものだと述べたのである。米国の、教育・文化面からの中国への接近努力の成功、特に義和団事件賠償金による、留学生教育事業の本格的展開は、日本側関係者にも強い危機感を募らせるのに十分であった[94]。青柳篤恒は、1908年1月に、『外交時報』所収の論説において、この事態を「支那人教育」の「国際的競争」と呼び、米国の義和団事件賠償金による中国人留学生教育事業の開始を「宣戦布告」だと断じて、日本の対中国教育事業確立の急務を、

　　殊に最近注目せざるの要あるものは、先般亜米利加合衆国国会開院式に於て発表せられたる大統領ルーズベルトの教書是なり"今や米国は支那青年教育事業に対し従来の宗教的仮面を脱ぎ棄て赤裸々なる政治態度を以て其怪腕を揮ふを憚らざるに至れり、この事業は愈々公公然国際的競争となれり、露骨に此の教育の一節を評せしめば、是れ日本に対する決闘状なり果たし状なり宣戦の布告なりと受け取るを得べし"(「支那人教育と日米独間の国際的競争」)

と説いた[95]。

また、この問題については、ソ連も例外ではなかった。1925年に、米国のソ連考察団の団長が、6,000人の中国人留学生が米国で学んでいると自負したことに対して、中山大学の学長カール・ラデック(Karl Radek)は、「留米学生は帰国後教鞭を執るが、中山大学の600人の留ソ学生は帰国後政治家になり、その6,000人のリーダーになる」と返している[96]。

第7節 結　論

　1920年代後半－30年代前半、中国社会は相対的に安定し、政治的にも不安定であるが、共産党の「ソビエト地区」を除いては、軍閥がおおむね蔣介石に帰順したことで一応統一を達成しており、経済が急速に発展していた。同時に、教育・文化施設の整備が国家の重要な政策目標となりつつあった。南京政府や各界の人々は、共産党に対して、武力闘争を止めて、中国の発展のために国民党と協力することを呼びかけていた。

　五四運動以後、中国人の近代知識は大きな進歩を遂げ、開放的な空気が広がっていた。この時、留学事業にとっては全面的発展の黄金時代であった。民国期、特に1920年代の後半には、革命の谷間にあって比較的情勢が落ち着いていたこともあり、国家の統一と経済建設が軌道に乗るかと思われた。このような情況下において、留日よりもむしろ留米のほうが、盛んになっていった。1928年に、清華学校は国立大学として再編され、羅家倫が学長となったことで、「中国化」が進んだ。次いで同じ年に、公費の留米学生を派遣するための公開試験が始まり、賠償金によって担われてきた留米学生派遣は、規模を大きく拡大することになる。さらに1933年には、同様に英国向けの留学生派遣も始まり、1935－36年の留米学生は、毎年1,000人以上に達した。

　以上で述べたように、19世紀末－20世紀中期に、中国は世界各国へ合わせて約15万人の留学生を派遣したことになる。この期間はまさに、中国では革命と戦争の時期に当たり、平和な日々は少なく、この点を考慮すれば、中国が近代化において先行した国家について誠心誠意学んでいることは認めざるをえない。政府から民間まで、中国はこのために非凡な努力をし、大多数の留学生は、卒業後に祖国へ戻ったのである。そこで本研究では、近代中国人の留学を「政治留学」と呼び、1980年以後の、移民を主要目的とした現代留学、経済留学と区別した。年齢および政治環境といった面での要因により、留学生が中国において直接的に影響を及ぼしたのは、主に20世紀初め－1950年代に集中していた。留日生は、20世紀初め－1940年代末に集

中し、留米生は約10年遅く、1910年代−50年代後半に集中していた。派遣した人数から見れば、留日と留米が比較的際立っており、特に留日生は、総人数の約3分の2を占めていたのである。

注
1) 汪向栄『日本教習』三聯書店　1988年。竹内実監訳　日本語版『清国お雇い日本人』朝日新聞社　1991年　39頁
2) 1990年代以来、中国語の音を取って「海帰派」＝「海亀派」とも言う。
3) 科挙の最終試験に合格した進士からしか選抜されない閣僚級の高級官僚。
4) 例えば、中国科学界の「三巨頭」と言われる「三銭」が有名である。「三銭」とは、銭学森（中国科学協会主席、中国科学院院士、1955年米から帰国）、銭三強（浙江大学学長、中国科学院近代物理研究所所長、中国科学院院士、1948年仏から帰国）、銭偉長（上海大学学長、中国科学院院士、1946年カナダから帰国）。また、民主諸党派に属するものも多く、例えば社会学者の費孝通など。謝希徳（元復旦大学学長、中国科学院院士、1952年米から帰国）、銭学森のように、共産党中央委員になった者もいる。
5) Gilbert Rozman, ed., The Modernization of China, Free Press, 1982, p.197.
6) 汪向栄『日本教習』三聯書店　1988年。竹内実監訳　日本語版『清国お雇い日本人』朝日新聞社　1991年　40頁
7) 同上
8) 細野浩二「近代中国留学史の起点とその周辺」『史滴』第12号　1991年
9) 実藤恵秀『増補版　中国人日本留学史』くろしお出版　1981年　32頁
10) 同上　32頁
11) 当時の日本での生活費は上海とそう変わらず、月に二十円で足りたそうだ。日本にはすでに五千人前後の中国人留学生が来ていて、東京だけで二千人ほどいた。東京に着くと、御茶の水付近で、三畳一間の小さな部屋を借りた。こうして父の留学生活が始まったのである。唐亜明『ビートルズを知らなかった紅衛兵──中国革命のなかの一家』岩波書店　1990年　33頁
12) 同前　19頁
13) 黄遵憲『日本国記、学術志』上海図書集成印書局　1899年
14) 張海鵬「中国留日学生と祖国の命運」『東瀛求索』第八号　1996年　23頁
15) 同上

16) 黄新憲『中国留学教育的歴史反思』四川出版社　1990年　177頁
17) 同上　21頁
18) 黄新憲『中国留学教育的歴史反思』四川出版社　1990年　21頁
19) 汪向栄『日本教習』三連書店　1988年。竹内実監訳　日本語版『清国お雇い日本人』朝日新聞社　1991年　70頁
20) 張海鵬「中国留日学生と祖国の命運」『東瀛求索』第八号　1996年　23頁
21) 汪婉『清末中国対日教育視察の研究』東京大学博士論文（地域文化研究専攻）1995年
22) 実藤恵秀　増補版『中国人日本留学史』くろしお出版　1981年　96頁
23) 実藤恵秀　増補版『中国人日本留学史』くろしお出版　1981年　212頁
24) M. Jansen, Chinese Students in Japan, in J.K. Fairbank, ed., The Cambridge History of China, Vol.10, Late Ching, 1800－1911, Cambridge University Press, 1978. Chapter VI,"Japanese And Chinese Revolution of 1911", p.351.
25) 張海鵬「中国留学生と祖国的命運」『東瀛求索』第八号　1996年　30頁
26) 実藤恵秀『増補版　中国人日本留学史』くろしお出版　1981年　68頁
27) 同上　68頁
28) 同上　73頁
29) 同上　71頁
30) 実藤恵秀『増補版　中国人日本留学史』くろしお出版　1981年　138－140頁
31) 留学生叢書編委会編『中国留学史萃』中国友誼出版社　1992　73頁
32) 実藤は留学生の最高記録について様々な観点を挙げた。「1906年は留学生最高の年と言われ、あるいは一万三－四千と言われ、あるいは二万とも言われている。」「諸説を見ると最高二万から最低六千と異常な隔たりがある。」彼の結論は「両年（1905年、1906年）とも八千ぐらいと見るのがよろしいかと思う。」ということである。実藤恵秀『増補版　中国人日本留学史』くろしお出版　1981年　60－61頁
33) 汪向栄『日本教習』三連書店　1988年
竹内実監訳　日本語版『清国お雇い日本人』朝日新聞社　1991年　70頁
34) 黄福慶『清末留日学生』中央研究院近代史研究所　1975年　79頁
35) 張海鵬、11万（前書、30頁）。郭沫若、30万（実藤恵秀『増補版　中国人日本留学史』くろしお出版　1981年　143頁）
36) 張海鵬「中国留日学生と祖国の命運」『東瀛求索』第八号　1996年　30頁
37) 李喜所『近代留学生と中外文化』天津人民出版社　1992年　7、11頁

38) 顧長聲『宣教士と近代中国』上海人民出版社　1981年　333頁
39) 例えば、聖約翰大学（上海、1896年、大学院は1913年から）、東呉大学（蘇州、1901年）、震旦大学（上海、1903年）、之江大学（杭州、1910年）、華中大学（武昌、1910年）、華西協合大学（成都、1910年）、金陵（南京、1911年）、滬江大学（上海、1915年）、燕京大学（北京、1916年）、嶺南大学（広州、1916年）、斉魯大学（済南、1917年）などが設立された。
40) 徐以驊、韓信昌『聖約翰大学』河北出版社　2003年　16頁
41) 同上　126頁
42) Who's in China: Biographies of Chinese Leaders, China Weekly Review, 1933.
43) 徐以驊、韓信昌『聖約翰大学』河北出版社　2003年　96－97頁
44) 同上　125頁
45) 呉梓明編『キリスト教大学の華人学長研究』福建教育出版社　2001年　95頁
46) 徐以驊、韓信昌『聖約翰大学』河北出版社　2003年　32－34頁
47) 医学部や法学部などに編入する際に、聖約翰大学にはラテン語、ギリシャ語などの科目がなかったために、1学年下への編入になった。
48) 徐以驊、韓信昌『聖約翰大学』河北出版社　2003年　74頁
49) 章開沅「教会大学在中国総序」徐以驊、韓信昌『聖約翰大学』　河北出版社　2003年　2頁
50) 徐以驊、韓信昌『聖約翰大学』河北出版社　2003年　99頁
51) 同上　81頁
52) 学費の比率が9割以上に達した。徐以驊、韓信昌『聖約翰大学』河北出版社　2003年　67頁
53) 徐以驊、韓信昌『聖約翰大学』河北出版社　2003年　103頁
54) 同上　69頁
55) 同上　81頁
56) 清華大学校史編写組編『清華大学校史稿』中華書局　1981年　38頁
57) 譚璐美『中国人の苦悩』新芸術社　1989年　91頁
58) すなわち周詒春、曹雲祥、厳鶴齢、趙国材の四人。
59) 徐以驊、韓信昌『聖約翰大学』河北出版社　2003年　74頁
60) 留学生叢書編委会『中国留学史萃』附録「中国近現代留学大事記」　中国友誼出版社　1992年　273頁
61) 黄新憲『中国留学教育的歴史反思』四川出版社　1990年　4頁
62) 容は1847年米へ留学、1850年大学へ入学、1854年卒業、帰国。中国人が米

国で近代教育を受容した第一人者と言われる。李喜所『近代留学生と中外文化』天津人民出版社　7、16頁

63) China Institute in America, Survey of Chinese Students in American Universities and Colleges in the Past One Hundred Years,1954, p.26.
64) 黄新憲『中国留学教育的歴史反思』四川出版社　1990年　29頁
65) 張海鵬「中国留日学生と祖国の命運」『東瀛求索』第八号　1996年　30頁
66) 同上　178頁
67) 同上　180頁
68) Art Yun, 'China, Biggest Customer of American Ph.D. Degree' China Weekly Review, No. 57, June, 1915.
69) 黄新憲『中国留学教育的歴史反思』四川出版社　1990年　表Ⅶ-3
70) 公費留学試験では不合格だったが、私費留学生としての基準に達していた718人を含む。
71) 王奇生『中国留学的歴史軌跡 —— 1872 − 1949』湖北教育出版社　1992年　44 − 45頁
72) 大塚豊「中国の対外教育交流の軌跡—米中関係を中心に—」阿部洋編『米中教育交流の軌跡 —— 国際文化交流の歴史的教訓』霞山会　1985年　8 − 9頁
73) China Institute in America, Survey of Chinese Students in American Universities and Colleges in the Past One Hundred Years, 1954, pp.28 − 33.
74) 阿部洋編『米中教育交流の軌跡 —— 国際文化交流の歴史的教訓』　霞山会　1985年　40 − 49頁
75) China Institute in America, Survey of Chinese Students in American Universities and Colleges in the Past One Hundred Years,1954, pp.34 − 35.
76) 黄新憲『中国留学教育的歴史反思』四川出版社　1990年　134頁
77) 同上　137頁
78) 梅貽琦、程其保『百年来中国留米学生調査録（1854 − 1953）』『中国近代教育史資料編』第六巻「留学教育」陳学恂、田正平編　上海教育出版社　1991年　687 − 688頁
79) 呉稚暉等は元留日学生でもある。
80) 江田憲治「勤工倹学」天児慧、石原享一、朱建栄、辻康吾、菱田雅晴、村田雄二郎編『現代中国事典』岩波書店　1999年　213頁
81) 侯均初「留法勤工倹学的三次運動」留学生叢書編委会編『中国留学史萃』中国友誼出版社　1992年　52 − 55頁

82) 江田憲治「勤工倹学」天児慧、石原享一、朱建栄、辻康吾、菱田雅晴、村田雄二郎編『現代中国事典』岩波書店　1999年　213頁
83) 梅貽琦、程其保『百年来中国留米学生調査録（1854－1953）』陳学恂、田正平編『中国近代教育史資料編』第六巻「留学教育」上海教育出版社　1991年　687－688頁
84) 同上
85) 黄新憲『中国留学教育的歴史反思』四川出版社　1990年　167－170頁
86) 王奇生「20年代政治失序下的中国留学生教育」留学生叢書編委会編『中国留学史萃』中国友誼出版社　1992年　70頁
大塚豊「中国の対外教育交流の軌跡」阿部洋編『米中教育交流の軌跡 —— 国際文化交流の歴史的教訓』霞山会　1985年　13－15頁
87) 大塚豊「中国の対外教育交流の軌跡」阿部洋編『米中教育交流の軌跡 —— 国際文化交流の歴史的教訓』霞山会　1985年　13－15頁
88) 阿部洋編『米中教育交流の軌跡 —— 国際文化交流の歴史的教訓』霞山会　1985年　15頁
89) 王奇生の論文　留学生叢書編委会編『中国留学史萃』中国友誼出版社　1992年　66頁
90) 阿部洋『中国の近代教育と明治日本』福村出版　1990年　238頁
91) 陶希聖「潮流與点滴」『伝記文学』(台北)　1964年　64頁
92) 筆者は、東大図書館において当時東大の教授が日本政府に送った「倡議書」を入手した。これは中国の東北と華北に日系の大学を設立して欧米のミッション系大学に対抗することを提議したものである。これらの資料は当時の中国国内の情勢に関するもので、特に欧米の中国における教育事業と帰国後の留日学生の情況について多くの考察を行っており、貴重な資料となっている。中でも中下層の留日学生に関する記述は稀少価値が高い。
93) 東北には哈爾浜学院、満洲建国大学もあるが、規模が小さい。東亜同文書院のほかに、東亜同文会系列の教育機関として、中日学院（天津同文書院）と江漢中学校もある。杜恂誠『日本在中国的投資』上海社会科学院出版社　1986年　449－451頁
94) 阿部洋『中国の近代教育と明治日本』福村出版　1990年　238頁
95) 同上
96) 劉真主編『留学教育-中国留学教育史料』台湾国立編訳館　1980年　1486頁

第3章
南京国民政府における帰国留学生

　南京国民政府までの国民党政府には、国民党と政府との間にすでに比較的大きな隔たりがあった。このことは決して、国民党が党政分離を意図し、政府に行政を行わせやすいよう意図したことによるのではなく、むしろ国民党が軍隊を掌握できなかったのと同様に、国民政府を実際上掌握しえなかったことによるのである。国民党の建党以来、党内には常に強大な左派勢力が存在し続けた。汪兆銘、胡漢民などと比べて、蔣介石はキャリアの上でその後塵を拝していたために、基本的には国民党を掌握していたとはいえ、その支配は安定的ではなかった。左派の視点からすれば、革命期の政府は、党の行政部門でのみあるべきであり、党こそが最高政治機関であるべきだった。しかし、蔣介石が国家統一の偉業を成し遂げるためには、どうしても左派分子を党内から一掃すると同時に、より政府と軍隊とに依存せざるをえなかった。特に1927年以後、党の勢力は大きく削がれ、1929－31年には、残されていたほとんどの権力をも蔣介石集団に取り上げられて、「政策決定上であれ監督機関としてであれ、大した役割をすることがなくなった。これより若干早い時機に、蔣介石は既に軍隊内の党代表制度を廃止してしまっていた」[1]。

　南京国民政府が「全国」を代表する政府となって以後、各地の軍閥や政客は続々と帰順し、南京に官職を求めて殺到した。蔣介石は自分の勢力を伸ばすこの機会を逃すことなく、その結果、国民政府の中にはこうした新しく来た者が氾濫し、1929年には10の部のうち4つの部長職が国民党党員の手を離れることとなった。国民党の古参党員の郭泰祺が外交部次長を辞める時に次のように吐き捨てるように言ったという。「党は去年共産党員に簒奪されたが、現在では旧官僚勢力にほぼ簒奪されてしまった。これでは同じことだ」と[2]。しかし、こうした結果、南京国民政府が蔣介石など少数の権力者の私

物であると同時に、国民党の私物である程度は、少なからず低下したと思われる。「新しく来た者」のうち、各国から帰国した留学生たちが重要な役割を果たした。

第1節　南京国民政府以前の国民政府

1. 民国期政府の変遷の概要

1911年の辛亥革命以後、まず湖北で軍政府が成立した。しかし、革命の勃発が急だったために、新政府の機構上の準備は不十分なものであった。この結果、黎元洪が首領の地位に推戴されることになる。孫文の帰国後は、その高い声望もあって彼をリーダーにすることを求める世論が高まり、次いで南京に臨時政府が成立した。南京臨時政府は『中華民国臨時政府組織大綱』に基づいて、外交、内務、財政、軍事、交通の5部を設置した。その後、軍事を陸軍と海軍に分け、教育、実業、司法を増設して9部の体制となった。各部には総長、次長を1人ずつ設け、総長は国務員（閣僚）と定められた。そのうち比較的整備が進んでいたのは軍事部門であり、後の行政各部や臨時参議院など政府の基本モデルを形成した。

しかし実際には、南京臨時政府の基盤は磐石なものではなく、北京の（旧）清朝派に対抗するには十分ではなかった。当時、袁世凱は改革派の名声を借りて、清朝の大部分の軍権を支配していた。このために、南京側としても彼に一目置かざるをえなかった。孫文ら南京政府の内部では多くの葛藤があったが、外部の圧力もあって、袁世凱に政権を握ってもらうことを要請するしかなかった。これは、当時の状況下では合理的な選択であったと考えられる。こうして成立した北京臨時政府は、初めから体制不備なところを示したが、南京臨時政府の有力者や国会議員らが上京して、様々な組織、機構の整備に当たった。清朝の機構を次第に統合し、革命派と北洋勢力の北京臨時政府は、順調に制度化と規範化の道を進むことができた。1915年までに、大総統府

と国務院を中心とする政府機構、国会、特に文官制度と司法制度の整備が進められた。

北京政府は、おおむね南京臨時政府の制度、機構を継承しており、外交、内務、財政、陸軍、海軍、教育、農林、工商、司法、交通の10部体制をとった。さらに袁世凱は機構改革を行い、各部を大総統府の直属にしたために、行政各部の権限は低下した。帝政復辟の騒動の後、政治的混乱が広がり、これによって政府と内閣は頻繁に人員が入れ替わり、16年のうちに内閣が10数回交替した。例えば段祺瑞内閣について言えば、その任期中も実際の権力は奉天派軍閥に握られており、後期の北京政府は事実上何の権力も持っていなかった。

袁世凱以後の北京政府は、皖系（安徽派、段祺瑞）、直系（直隷派、馮国璋）、臨時政府（段祺瑞、張作霖、馮玉祥）、北京軍政府（張作霖）の時期に区分できる。これらは、南部の革命派勢力の承認を受けられなかったために、中国近代史上「軍閥政府」とか「北洋政府」と呼ばれている。総じて、北洋政府は北京軍政府の時代を除いてはかなり変動が激しく、国会や政府などは事実上機能しておらず、ただ形式上、初期の政治体制を維持したにとどまった。また、袁世凱打倒を目指す「護国軍政府」（1916年5月）が雲南の一帯に現れたが、これが、一時期、北京政府に対抗する全国的な臨時中央政府を形成したものであった[3]。

1917年9月に成立した「護法軍政府」は、全国の軍政、民政を統括する軍務院を設置し、事実上の内閣も組織していた。しかし、この軍政府内閣は、終始不安定なものであった。閣僚構成が不安定なだけでなく、事実上、一部の人々は任命は受けたものの職務に就くこともなかった。1920年11月に新しく組織された軍政府は、以前よりは整備されてはいたが、その後の1923年に成立した大元帥府大本営（初期の広州国民政府）は、広州において孫文が設立した3番目の政府であったが、ここに至ってよく整えられたものとなった。これも、孫文が軍閥勢力の影響から脱して、自力で成立させた政府であり、後の国民政府の前身となったものである。

また、武漢国民政府（1926年12月－27年9月）は、国民政府分裂の局

面において成立したが、わずか7ケ月しか存続しなかった。このため、国民革命の勢力が支配的な地域においては、統一政府としての影響力を行使できなかったのである（中国全体においてはなおさらである）[4]。

　新たに勢力を結集して1928年に成立した南京国民政府は、中国を統一したもう一つの中央政府と見なすことができる。南京国民政府は中央政府として、蔣介石の指導の下で1949年まで存続し、先の妥協によって成立した北京政府とは違って鉄砲から生まれた政権であり、国民革命軍の強力な軍事力により守られていた。一方、国民党の政治的、軍事的制約を強く受けていたものの、政治発展論で言う体制の正規化と制度化の面（特に文官制度と立法制度）においては、北京政府よりも遅れるところがあった。この南京政府の第1回の政府メンバー[5]は、1928年に修正された国民政府組織法に基づき、「五院」の構成の下で新しい国民政府を設立した[6]。これより、南京国民政府は統一中国の中央政府として安定したが、1949年に共産党との内戦で負けて、台湾まで撤退を余儀なくされた。

　以上のような経過の中で、本研究では主に、南京国民党政権の政府メンバーを中心に分析を行った。また、1928年以前の国民党政権政府については、主に南京臨時政府（1912年1月）と、1923年成立の大元帥府大本営（初期の広州国民政府）の分析を行った。この段階で国民党政権政府の内部においては党政一体化し、内閣よりも国民政府委員（国民党中央執行委員会から任命される）が政府の機能を果たしてきたため、内閣メンバーと政府委員の双方の分析を行う必要があった。また、1930年代以後については、蔣介石が主席を退き、行政院院長に就任したことにより、国民政府主席は形骸化していき、それとともに内閣に権力が移行していったため、主に内閣（行政院）メンバーを中心に行った。

　北洋政府期の内閣メンバーについては、張海鵬の分析を用いることとする。張海鵬の分析は、主に留日学生と留米学生の比較を中心に行っているが、北洋（北京）政府について、張海鵬は以下のように分析している。

　劉寿林編『辛亥以後十七年職官年表』は、北京臨時政府の唐紹儀内閣か

ら北洋軍閥による最後の内閣まで、歴代内閣のメンバーを記録しているが、これを下に留日学生がどの程度の比率を占めているか調べてみることは興味深いことである。これによると、1928年以前の北洋（北京）政府の全33代の内閣閣僚のうち、明らかな範囲だけでもおよそ34％を留日学生が占めている。実際にはこの比率はもっと高いものと推察される。後に袁世凱に「皇帝即位」を進言した「籌安六君子」（楊度、孫毓筠、劉師培、胡瑛、李燮和、厳復）の中では、厳復以外の5人が全員留日学生であった[7]。

2. 国民党政権（1927年以前）政府メンバーの学歴についての分析

表Ⅲ-1では、留学生の帰国後における国民政府内部での動きについて詳細な統計を行っている。これを元に、帰国した留日学生の政府機関における職務を考察すると、1927年以前の国民党政権の内閣（各部の総長、部長など）の中で留日学生の比率（40％）が非常に高く、同時期の中国国民党中央執行委員会に対する統計結果（45.3％、表Ⅳ-4参照）とほぼ同じ水準に達した。留米学生の場合は逆に少なくなった（12％）。保定軍校出身者は、まだ政界に進出したばかりであったため、軍と政党（中国国民党）で一定の成績をあげたものの、国民政府内では、大きな勢力を持つまでには至らなかったのである。

また、張海鵬の統計によると、広州の国民党政府（1925年7月－26年12月）の委員経験者26人中、留日学生は14人（54％）、武漢政府（1926年12月－27年9月）については24人中11人（46％）、南京政府（1928年10月－37年11月）については80人中40人（49％）、重慶政府（1937年11－46年5月）については66人中37人（56％）を占めていた[8]。以上のように見てくると、国民党政権はしばしば政権所在地を移転しているが、その幹部は、一貫して留日学生が過半数かそれに近い比率を占めており、欧米学生の総数よりも多い。

さらに注目されるのは、留日学生が国民党政権（1928年以前）において、

表Ⅲ-1 国民党政権(1927年以前)メンバーの学歴

	南京臨時政府	%	広州国民政府	%	総計	%
日本	8	40	5	38.5	13	39.4
米国	2	10	2	15.4	4	12.1
仏国	0	0	0	0	0	0
ソ連	0	0	0	0	0	0
独国	1	0	0	0	1	3
英国	1	0	1	0	2	6.1
他国	0	0	1	0	1	3
教会	1	0	0	0	1	3
保定	0	0	0	0	0	0
軍校	2	10	1	0	3	9.1
不詳	2	10	2	15.4	4	12.1
科挙	1	0	1	0	2	6.1
無資料	2	10	0	0	2	6.1
総計	20	100	13	100	33	100

出所： 国民党政権(1927年以前)メンバーの名簿は、『中華民国時期軍政職官誌』(郭卿友主編 甘粛人民出版社 1990年)に基づくものである。学歴状況は『中華留学名人辞典』による。これらの辞典の中で不足している資料は、『中華留学名人辞典』、『中華民国史辞典』、『中国民主諸党派人物録』などから補足した。

備考：① 南京臨時政府：1912年の各部の総長と次長を含む。張海鵬の統計では、1912年に就任した中華民国(南京)政府の閣僚や次官18人のうちで、留日学生が9人であった。

② 広州国民政府(大元帥府大本営1923－25年)：各部の部長と大営直属機関のトップを含む。張海鵬の統計によると、後期広州国民党政府(1925年7月－1926年12月)の委員経験者は、26人中、留日学生が14人(54%)であった。

その最上層を占めていたことである。ランクが高くなればなるほど、留日学生の比率が高くなる。後の中国共産党と同様に、国民党も党政一体化を原則としていたので、党の有力者は政府に絶大な影響力を持っていた。例えば、

1911年12月に、「南京会議」に出席した17省の代表45人のうちで、留日経験者がその大半を占め[9]、この会議において「中華民国臨時大総統」に選出された孫文も、日本に亡命した経験を持っていた。また、国民党は、コミンテルンと中国共産党の協力の下で、1924年に第1次全国代表大会を開催し、孫文の指名によって5人の主席団(胡漢民、汪兆銘、林森、謝持、李守常)を選出したが、彼らは全員が、留日経験者であった。このように、国民党政府の官僚における留日学生の比率は、彼らのほとんどが比較的若かったということもあり、北洋政府よりも高くなっている[10]。

第2節　南京国民政府内外の権力関係

1. 国民党政権の権力の所在

　第1章第2節の「限界」ですでに述べたように、中華民国の権力構造における帰国留学生の地位と役割に関する本研究での分析は、南京政府を中心として行ったものである。つまり、分析対象から言えば、本研究は一種の間接的な分析であり、分析対象としての中華民国と南京政府との間にはズレがあるのである。そのため、このズレをどう埋めるかについて明確にする必要があるが、これはある意味では、南京政府の権力構造内における表面上の形式的な部分と実際の内容との間の乖離に関する問題であり、実質的な「権力の所在」の問題であると言える。南京政府の権力構造内における帰国留学生の地位と役割について分析するには、まず中華民国の権力構造内における、南京政府の位置と役割を明確にする必要があり、続いて、南京政府の内部権力構造をも明らかにする必要がある。以下では、それを踏まえて、詳細に限定作業を行うことにする。

　中華民国の政治権力構造における南京国民党政権を研究するのに、まず選ぶ対象は、国民党であり、国民党中央本部、中央執行委員会、党大会、各地の主要地方組織などである。また、国民党「党天下」の実際の内容について

は、蔣介石の独裁統治と、国民党各派閥の権力闘争、特に黄埔系とＣＣ系が幅を利かせていたという２つの部分がある。

前者について言えば、蔣介石は南京政府の権力の中心であり、蔣の独裁を強調し、「すでに政権内における他の部分を顧みない程の唯一無二の段階にまで達した」と考えた学者（例えば蔣介石の「顧問」と呼ばれた何廉）もいる[11]。しかし、全体的に見れば、党が国（政府）と軍を指導することは、孫文以来の国民党の伝統であり、国民党政権の特徴でもある。

次の重要対象は国民党軍であり、特に（国民）党と（国民）軍との間でパイプ役を果たしていた黄埔系軍人団体、例えば「藍衣社」などである。1927年以後の国民党の中心は、蔣介石系の軍政グループであったが、国民党軍の政権内における地位と権勢に関しても、特に黄埔系が跋扈しており、蔣元忠[12]がこれを国民党の「中核組織」と呼び、「中国現代史上、ぬぐうことのできない地位にある」、「その組織はすでに陰で中国社会全てを支配し、さらにアジア、ヨーロッパ、アメリカの華人集住地にもその構成分子が分布されている。その上級メンバー総数は約300人余りで、当時は重要な政策決定に参与する責任を多く負っていた」といったような状況があった[13]。このように、黄埔系の「活躍」と蔣介石がこの組織を指導する「超然的な地位」を有していたことから、国民党軍の政権内における地位と権勢は、国民党よりも実質的に重要と考えられる。「国民党軍が引き続き、国民党政権の最大の権力を握り、政権のするべきことの日程の優先順位を決めるのだ」と[14]、黄埔系軍人団体は軍を監視し党や政府も監視した。

中華民国の政治体制について研究した学者の多くは、「南京政府」と称することを避けて、「南京政権」と称している。この意味から言えば、本研究の「南京政府」に対する分析は、重要な点を避けて二次的なものを取り上げる嫌いがあるが、実際は南京政権における実質的な部分の「権力」を分析したいのではなく、比較的表面的な形式の部分、すなわち対外的国家の代表である南京政府の「権力」を重視したいのである。では、この「表面」および「形式」的な部分は、そもそも分析の必要があるものなのであろうか。また、仮にこの分析を必要とするならば、その有効範囲をいかに限定すべきか。これ

らについて明らかにする必要がある。

　この南京政府の「表面」および「形式」的な権力は、恐らく、国民党や、国民党軍と比べて、比較的二次的な部分に属するとはいえ、決してあってもなくてもいいという部分ではない。一部の学者は、南京政府が、ただ一貫して受動的、消極的に蔣介石国民党の様々な無理な要求に従順に適応しただけで、独立した自主性は全くなかったのだと言っているが、この「党天下」という表現は、ある程度、蔣介石の政敵たちによる蔣介石と国民党に対する批判なのである。これらの政敵たちの中には、共産党や民主諸党派の人々や一部の国民党左派分子も含まれていた。南京政府は、国民党政権内において決して純然たる飾り物ではなく、その本来備えるべき地位を持ってはいないが、依然として南京国民党政権における「権力構造」内の重要な一部に属していた。国民党が一切を引き受けることは不可能であり、南京国民政府のない国民党政権というのは想像できないことだった。そのため、ここで「南京政府」と称することは、避けたくても、実際は避けることができないのである。

　また、南京政府は、終始、発展途上の政治体制であった。孫文の考えによれば、その権力の中心は次第に軍隊や政党（国民党）から政府と国民に移行するものであった。蔣介石国民党は独裁統治を行ったが、さらに法律的形式「五五憲草」を通して公約を行い、孫文の「三序」（軍政→訓政→憲政）に従い、次第に権力の移行を実現するのである。その意味では、当時の南京政府における理念的要素は、実際の権力運営の部分よりも大きなものであったが、それが次第に真の権力の中心となっていく可能性が全くなかったとは言えないだろう。本研究の分析でも明らかにしているが、南京政府そのものは一貫してこのための準備を行っており、安定した政治環境には欠けていたが、政府の組織は、制度化、法律化や、若い帰国留学生などの近代的人材の大量任用などによる人員の知識化や若年化といった面で、たゆまぬ努力を行った。その意味で本研究の分析は、歴史事実に対する描写だけではなく、歴史の可能性に対する一種の検討でもある。

　さらに、政治権力によって、政治意識が社会の中に存在し、役割を発揮するものであるならば、異なる角度からそれに対して分析を行うことができる

はずである。それには、国民党を分析するのが手っ取り早いのだが、国民政府についての分析からも、一つの角度から中華民国の権力構造における政治意識の全貌を推測することができるのである。これを依拠として、国民政府に対する分析から、民国政治権力における政治意識の全貌を推測するというようなやり方が、実行可能であると考えられるのである。もちろん、このような方法が間違いかもしれないことを恐れて放棄してしまう必要はなく、可能かつ容易であるという前提の下、本研究では国民党に対して必要な分析をも行うのである。

本研究の基本的な考え方は、分析方法において「帰納」に「演繹」を加えるという2つの方法を併用している。まず、資料的条件が成熟した部分については、帰納（統計分析）を行うが、ここには主に、南京国民政府やその他の一部の領域内におけるいくつかの部分が含まれる。その後、上述の帰納法で得られた分析結果を用いて、さらに南京国民党政権や民国期の全体状況を演繹して推論する。

2. 法理、制度から見る「南京政府」の外部権力関係

南京国民党政権における「南京政府」の権力構造上の地位と位置づけを、一つは法理、制度上から、もう一つは権力関係から見てみると、その二者間の差が大きいことが分かる。以下では、まず、1928－38年の南京国民政府を例として、政府と政権のその他の部分との間の権力関係を見てみることとする。

本研究の主な分析対象である南京国民政府は、終始、一つの国民党政府であるが、このいわゆる国民党政府も、「国民党の政府」あるいは「党天下」であったと言うことができよう。これを権力分立の観点に依拠すれば、「国民党政権＝国民党＋政府」と表すことができる。これは、下記の孫文による中華民国国家政体構想の構造図においても示されている。

通常、国民政府五院の「五権」は、一種の権力の分立であり、欧米国家の「三権分立」と同列に論じられるが、実際は、「訓政期」の「五権」には、「三権分立」と根本的な違いがあると言える。その理由は簡単で、五権をいっしょ

にしたとしても国民党の党権と(対等的に)分立することができないためである。しかも、国民政府の中にも、五院以外に、さらに軍事委員会、参謀本部、軍事参議院、練総監部などの重要な直属機構がある。これらの機構は通常、五院よりも国民党や国民党軍との関係がより密接なのである。簡単に言えば、「権力分立」であると言うよりも、伝統的な「二権分立」下の五権制であると言ったほうが適切である。図中のいわゆる「政権」と「治権」はすなわち、二権分立における「民意の表出」と「民意の執行」であり、孫文の言う「権能分治」である。

　孫文は、恐らく19世紀末、20世紀初めに一時流行したF・グッドナウ（F.Goodnow）が代表する二権分立学説、すなわち「政治と行政の分立」[15]から影響を多く受けたと推測される。これは、時期的に見ても決してありえないことではないだろう。孫文は、1905年の同盟会宣言の中では、まだ三権分立を建国の基礎とすることを提起しただけで、「五権」という概念の提出は1906年12月である。当時、東京で『民報』の創刊一周年記念大会が行われ、この席上で孫文は、「将来の中華民国の憲法は、「五権分立」という一つの新しい主義を創造する必要がある」[16]と提起している。五権思想の具体化と系統化はさらに遅く、1917年発行の『建国方略』においてであり、その序文の中で、孫文は五権憲法と三民主義を同列に論じ、具体的に建国の3つの時期と五院制政権組織を構想している[17]。

図Ⅲ-1　中華民国国家政体構想の構造

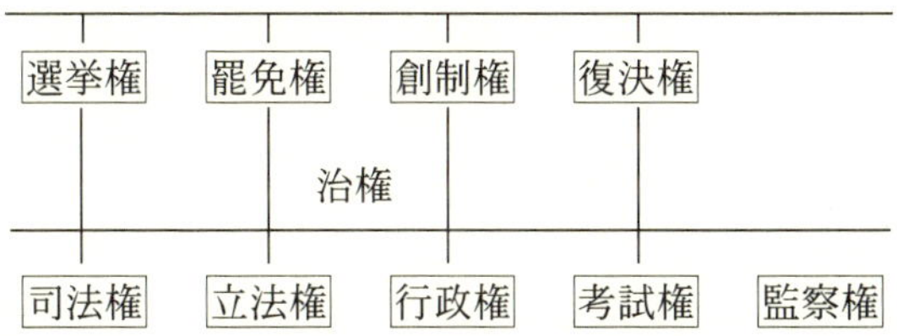

```
                    政権
    ┌────┬────┬────┬────┐
  選挙権  罷免権  創制権  復決権
    │    │    │    │
                    治権
    ┌────┬────┬────┬────┐
  司法権  立法権  行政権  考試権  監察権
```

出所：林炯如『中華民国政治政度史』華東師範大学出版社　1993年　169頁

図Ⅲ-2　国民党「訓政」期の党政関係

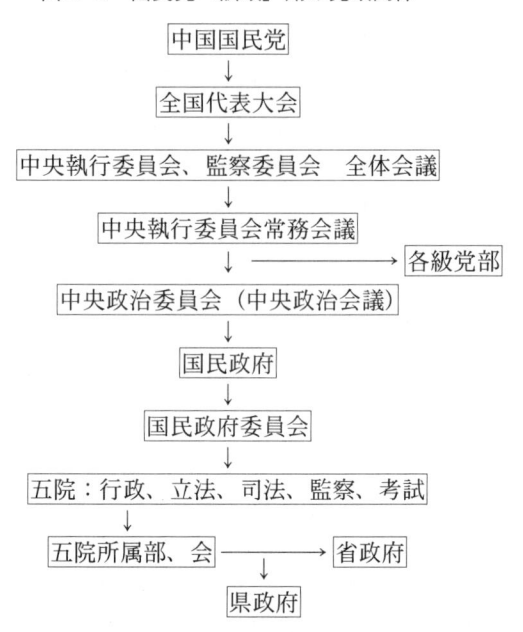

```
中国国民党
  ↓
全国代表大会
  ↓
中央執行委員会、監察委員会　全体会議
  ↓
中央執行委員会常務会議
  ↓ ─────────→ 各級党部
中央政治委員会（中央政治会議）
  ↓
国民政府
  ↓
国民政府委員会
  ↓
五院：行政、立法、司法、監察、考試
  ↓
五院所属部、会 ─────→ 省政府
              ↓
            県政府
```

出所：林炯如『中華民国政治政度史』華東師範大学出版社　1993年　163頁

　分権理論について言えば、モンテスキュー以前にはずっと「二権説」、すなわち「二権分立」が主流を占めていたのである。その「二権説」の主な提唱者は、ロックである。孫文は典型的な「三権分立」へのこだわりがなかった。実際、孫文は、国民党が設立された時に、ソビエトロシアの政治制度にかなり傾倒していたと見られる。これは後に、国民党の民主集中制への妥協を見れば、説明がつく。少なくとも広州時代の国民党政権の下で、国民党がロシアや共産党と手を組み、農民や労働者を輔助する政策を打ち出した時点で、国民党政権は二権に傾いた。この流れは、国民党だけではなく、後の共産党にも大きな影響を与えた。

　図Ⅲ-2「国民党『訓政』期の党政関係」は南京政権内の党政関係図であり、この図は法理・制度上から南京政府の外部権力関係を明らかにしたもの

である。

　国民党政府は、1928年8月の国民党2期5中全会において国民政府建国大綱を議決し、五院制政府を設立して、国家が「訓政期」に転じたのである。同年10月に、国民党中央執行委員会は、「訓政綱領」および「中華民国国民政府組織法」を成立させた。訓政期の「最高原則は、党による建国と党による治国である」という規定を作ったのである。また、「訓政綱領」では、さらに「中華民国は、訓政期間において、中国国民党代表大会により、国民大会を代表して国民を指導し政権を施行する」と規定し、「中国国民党代表大会閉会時に、政権が中国国民党中央執行委員会に委託することでこれを執行する」、「国民政府の重大な国務の施行を指導監督し、中国国民党中央執行委員会政治会議によりこれを行う」、「中華民国国民政府組織法の修正および解釈は、中国国民党中央執行委員会政治会議によりこれを行う」と規定している[18]。

　簡単に言うと、訓政期における中華民国の治権は、中国国民党中央執行委員会政治会議を、政治を発動する最高機関とし、この政治会議を中心として、国民政府によってこれを行う。これこそ、後に批判される国民不在の根本的な原因であるが、当時の国民党はこれを隠して行ったわけではなく、公に正々堂々と主張し、実行してきたのである[19]。

3. 権力関係から見る南京国民政府と政権のその他の部分との関係

　以下は、権力関係から見た南京国民政府と、政権のその他の部分との関係を分析する。特に、蔣介石を中心とする国民党政権の三大支柱と言われた「黄埔系」、「ＣＣ系」、「政学系」を中心に検証していくこととする。
　権力の本質とは、その影響力であり、それは以下の3つの面から考察することができる。
　①職位の権力、すなわち「在位」の権力であり、その位に就いて政治（権力）を行使することである。またこの職位の権力は制度的権力に属し、政治体制内における合法性のある正式な権力である。

しかし、職位の権力は、いまだなお、確立されていない未成熟の政治体制の中では常に、制度そのものの虚位的な性質により大きくその影響力を弱め、権力の中身（肩書きなど）が実際とは合わない。南京政府について言えば、政治体制が未成熟なこと以外に、さらに独特の特殊性、すなわち中国国民党の党によって政治を代行するという党天下の問題が存在していた。しかし、南京政府の虚位的な性質の程度がどれ程であるのかは、学術界での意見が統一されていない。このことが専門の学者たちが「南京政府」と称するのを避け、多く「南京政権」と称する現象を導いたのである。

②政策決定の権力は、職位の権力と異なり、時体制制度の外に飛び出して、一定の非制度性と非正式性を備え、法外性を備えることもあり、その位に就かないで政治を行うという現象を導くが、その権力は、真の権力であり影響力のある部分である。

　職位の権力と政策決定の権力の間にはずれが生じるという現象があるが、政策決定過程の非制度的な面は、ほぼいかなる政治体制内にも見受けられるものである。そのような状況下では、実際に政策決定過程に参与している少数の人が決定的な意味を持っており、これは主に、位に就いている政策決定者とその側近である（主な人は幕僚などの政策顧問であるが、時には配偶者、親戚、友人といった周辺の者も含まれる）。

③執行の権力は、大多数の状況下では政策決定に直接参与せず、通常言われているような、具体的政治意志の実行に伴って行使される権力である。政治勢力は、「勢」と「力」という2つの面に分けることができ、「勢」の面から言えば、政策決定の圧力団体に属し、政策決定に直接参与はしないが、政策決定者が策定する際に無視できない力である。「力」の面から言えば、政策執行の範囲に属し、システム論では政策執行過程の政策決定過程に対するフィードバックの役割を持った力である。政策執行過程は決して政策決定過程と完全に分離されるのではなく、政策執行過程がフィードバックの役割によって、同時に政策決定過程に関係するのである。

(1) 黄埔系

　前述のように、南京政権においては、黄埔系は、CCとともに蔣介石権力の基盤となっていた。中でも藍衣社が、国民党軍の政治訓練を掌握しており、蔣介石が軍隊を支配する最も有力な手段の一つであった。藍衣社の政治訓練は、国民党軍隊のみならず、中国社会のその他の領域、例えば高校生や大学生を対象とした「中華復興社」や、小学生を対象とした「童子軍」などにまで拡大されたのである。

　さらに1935年に成立した秘密警察組織「軍事委員会調査統計局」と、1938年に同局から分立した「軍統」、すなわち後の軍事委員会調査統計局（元軍事委員会調査統計局第2処を含め）、これら最初は戴笠が支配していた中華復興社特務処の改組により成立したものであったが、「軍統」の重要なメンバーの多くは、蔣介石の黄埔軍校での学生であった。そのため、蔣介石が（南京）政府を監視、支配する手段となった。藍衣社の上層である「力行社」の主要メンバーは、幹事である賀衷寒（留ソ）、劉健群のほかに、胡宗南、戴笠、祝文儀（留ソ）、康沢（留ソ）といった頭目[20]で構成されていたが、社長蔣介石（留日）を除き、南京政権内での地位は高くはなく、政策決定階層には属していない。中、下層の革命同志会や中華復興社のメンバーの南京政権内での地位に至っては、さらに劣っていた。この意味では、黄埔系は、基本的に南京政権権力構造内における中、下層の中でも比較的有力な部分に属していたが、その権力は執行の権力、主に政権に参与する社会動員に属していたのである。

　南京政府の各部の中で、黄浦系と密接な関係がある部の一つは社会部である。そのうち谷氏兄弟の一人、谷正綱（留独）と賀衷寒（留ソ）は、社会部の部長と政務次長を長く務めた。また、内政部では、彭昭賢（留ソ）は、政務次長を長く務めた後、部長となった。その他、日本へ留学した谷正綸、ソ連へ留学した谷正鼎なども黄浦系であったか黄浦系と密接な関係を持っていたとされる。

(2) ＣＣ系

ＣＣ系（二陳、中央倶楽部）の陳氏兄弟は、国民党組織部を一手に握り、国民党の組織活動に責任を負い、さらにその肩には国民党の人員を政府部門に配置するという重大な責任を担っていた。南京政府内で、ＣＣ系が、特に社会団体、教育と宣伝部門に対して強烈な監視支配を行った。

ＣＣ系の有力なツールは「中統」、すなわち国民党中央執行委員会調査統計局であった。「中統」は、元軍事委員会調査統計局第一処であり、最初は国民党組織部党務調査処の改組により成立した。蒋介石が国民党を監視、支配する主要な手段の一つとなった。また、（南京）政府を監視、支配する手段として、ＣＣ系と黄埔系は対立状態にあり、陳氏兄弟は黄埔系に批判され、国民党組織部を一つの独立王国にしてしまったと見なされた。しかし、黄埔系と基本的に類似して、ＣＣ系は南京政権権力構造の上層を監視支配する本当の実力に欠けており、南京政権権力構造内の中層に属し、その権力は基本的に「執行の権力」に属していた。

ＣＣ系の成員の学歴は比較的複雑であった。南京政府では、ＣＣ系と密接な関係を持つと言われた司法部の部長、謝冠生は留仏であり、陳氏兄弟の一人陳立夫は留米、程天放も留米であった。その他、丁惟汾、戴季陶などは留日、蕭錚は留独、鄭彦芬は留仏学生であった。

(3) 政学系

政学系は、政府内で大きなシェアを占めており、その一部は、北洋政府から転向した新しい政権に仕えようとする者たちであった。この現象は、国民革命軍による「軍事北伐」と同じ時期に見られたので、「政治南伐」とも呼ばれた。実際、政学系は一つの強力な政治派閥と呼ばれるには要素が不十分である。その理由は、政学系には領袖もいなければ組織もなく、ただ緩やかな共通の利益を持っていたにすぎなかったためである。権力の本質から見れば、政学系は、利用されてその看板を掲げたという側面があった。

政学系が本研究にとって重要な関係を持っているのは、彼らの多くが南京政府の高位に就いており、本研究が分析する真の対象となっているためであ

る。政学系の頭目である黄郛（留日）や張群（留日）は蔣介石と義兄弟の杯を交わしたことがあり、東北の張学良と類似している。また、王寵惠（留米）、熊式輝（留日）、呉鼎昌（留日）、張嘉璈（留日）、翁文灝（留ベルギー）、黄紹竑（保定）などは、当時、中国で最も権勢を誇った者たちと呼ばれた[21]。

　これにより、政学系と黄埔系は、南京政権の権力構造で対を成す2つの極であり、二者間の奪権抗争時の矛盾、対立は相当際立っていた。しかし、その職位、地位から言えば、二者間の差は大きく、政学系が高層に集中して社会動員には参与せず、政権内では下層にも追随者が少なかったために、二者が直接衝突する機会は決して多くはなかった。黄埔系はＣＣ系を敵視することがより多く、それは、二者間に直接的な権力と利益の衝突があったためである。

4.「南京政府」を分析の中心とする理由

　本研究の分析方法について言えば、明らかに「南京政権」は散漫過ぎて、組織、体制において確定されておらず、大規模な統計手段を使用してそれを分析することは困難である。それはこれまでもしばしば指摘している。例えば、国民党政権の支柱の一つであった力行社（藍衣社）のような秘密組織に関する分析の困難性は、主に、関連資料不足が招いたものである。鄧元忠[22]はその550頁に及ぶ『国民党中核組織の真相―力行社、復興社およびいわゆる「藍衣社」の変遷と成長』という著作の中で、これに対して以下のように触れている。

　　藍衣社内に存在していた組織に関する文書（名簿を含む主要文書の五大木箱、一般文書数十箱）は、南京陥落前に、監視下において完全に処分された。別に保管されていたその他の資料、例えば蔣介石の1年目の直筆指示は、かつて集中的に保管されていたが、1949年に保存者により全て処分され、後の直筆指示は、現在、その行方が明らかではない。総じて、ほとんど全ての正式な資料は全て存在していない[23]。

このため、鄧元忠は、日本と米国を含む外国の資料が、全て依拠性と片面性の問題[24]が存在しており、さらに数量も十分限られていると考えている。鄧元忠は、上記の大作『国民党中核組織の真相』について、基本的に全て当事者をインタビューした口述記録に依拠していると言っている。このような資料は多くの欠点があり、当事者は常に自分の経験を中心としてその事を述べ、後の意見さえも参考としており、主観や偏見的な要素があることは避けがたいが[25]、見たところ、これは仕方のない方法であろう。これについては、鄧元忠が次のように指摘する。

　　メンバーが300人前後で、その下にもまた二級の下層組織が約50万人いる。このように膨大な組織メンバーの背景を検討するには、統計方法を用いることが最も理想的だが、資料が乏しいため、この方法は実行が難しい（中略）既に収集されて得られた資料を列挙し、ランダムサンプリング法の下で、その全貌をうかがえることを望むしかない[26]。

　また、以下の原因により、1927年以後の国民党権力の中心に対して分析を行うのは困難である。例えば、台湾の著名な学者、張玉法は、1927年以前の国民党に対して学歴上の統計分析[27]を行ったことがある。しかしその後、党の組織規模の拡大および複雑化により、その境を設定することが困難となったのである。このため、ここでは1927年以前の国民党に対して行った統計分析を探し出すことはできるが、1927年以後のものは探し出せなかった。
　通常言われている「南京政府」は、ただの国民党政府であり、そして蒋介石集団の政府にすぎなかったとも批判されるのだが、そういった証拠をいまだ見いだせていない。「中華民国国民政府組織法」は、同時に「治権の行政、立法、司法、考察、監察という五項目は国民政府に委託してこれを総攬し執行する」と規定している[28]。1930年9月－31年12月の間に、蒋介石本人は、国民政府主席であって行政院長を兼ね、その期間中、絶えず国民政府主席の職権を拡大した。対内的、対外的に国民政府を代表する国家元首が陸海

空三軍総司令も兼ね、五院正副院長、三軍正、副総司令および各院、部、会の首長が全員、国民政府主席により指名されることとなっていた。これも、「中央集権体制の形成」を象徴していると批判されている[29]。

「南京国民政府」の国民党政権の権力構造内における地位と位置づけは、永久に変わらないものではなく、またその「南京政府」の外部権力関係は一種の相対的な関係であり、相互に消長する関係なのである。たとえここで国民党に対して分析を行う条件を持っていたとしても、国民政府やその他の本稿の分析領域に対する分析は依然として必要不可欠なものである。南京国民党政権は、党、政、軍が高度に結びつき相互に浸透した政権であり、南京国民政府の一部の機構は、まさに党や軍の機関から転化したものであって[30]、さらに三者が人員の上で相互に浸透していたのは言うまでもない[31]。まさにこのような高度な相互結合と相互浸透が、「党天下」や「軍人の政治干渉」と批判される口実を与えたが、同時に、これにより南京政府も、南京政権権力構造内では全く地位を持たず、傀儡であるという俗説も、自然と崩れ去ってしまうようなものにすぎない。これは、さらに本研究が南京政府に対する分析から南京国民党政権の権力構造を推論するのに、その論拠の合理性を提供してくれたのである。

5. 南京政府内部の権力関係

本研究の副題ですでに明言しているように、本研究は南京政府を中心としている。中華民国の全てに対する分析が困難であるために、南京政府を中心として分析することが本研究の最重要な部分、すなわち第3章である。しかし、本研究の統計は、決して狭義の政府(行政院)ではなく、比較的広義な政府、すなわち「五院」を対象としている。

南京国民政府の組織体制の根源は、2つの面に分けられる。一方は政治思想面で孫文の思想的影響を受け、もう一方はその形成過程と運営過程の中における国民党の「党国(党天下)」である。孫文は国民革命の中では、多くの派閥の中での比較的人望の高い一派閥でしかなかったが、彼の死後、国民党

各派の尊敬を受け、その学説も各派に「孫文主義」と奉られ利用された。孫文の思想（主に「三民主義」と「五権憲法」）は、世界でも唯一の五院制政府を生み出したが、この政府が理想とした要素は非常に大きなもので、実際の運営において行政院優位という状況（いわゆる「一院独大」）とは大きな隔たりがあった。

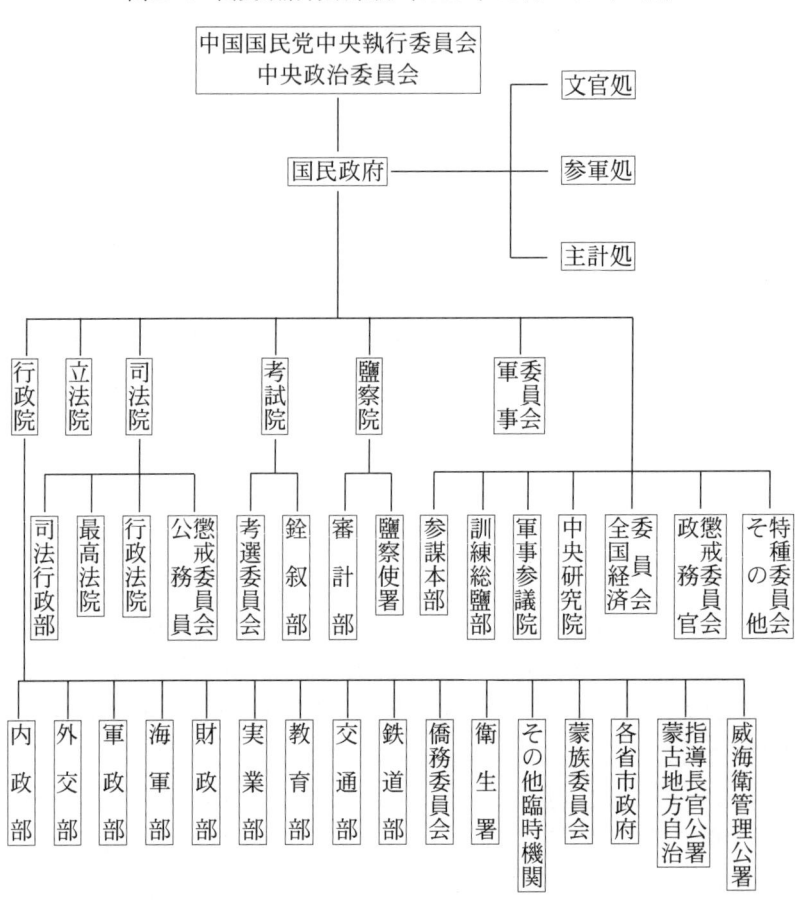

図Ⅲ-3　国民政府行政系統（1928年10月－38年1月）

```
          ┌─────────────────────────┐
          │ 中国国民党中央執行委員会 │
          │     中央政治委員会      │
          └─────────────────────────┘
                      │
                      │         ┌──────┐
                   国民政府─────│文官処│
                      │         ├──────┤
                      │─────────│参軍処│
                      │         ├──────┤
                      │─────────│主計処│
                      │         └──────┘
```

行政院／立法院／司法院／考試院／監察院／軍事委員会

行政院下：司法行政部・最高法院・行政法院・公懲戒委員会
考試院下：考選委員会・銓叙部
監察院下：審計部・監察使署
軍事委員会下：参謀本部・訓練総監部・軍事参議院・中央研究院・全国経済委員会・政務懲戒委員官会・その他特種委員会

行政院所管部局：内政部・外交部・軍政部・海軍部・財政部・実業部・教育部・交通部・鉄道部・僑務委員会・衛生署・その他臨時機関・蒙族委員会・各省市政府・蒙古地方自治指導長官公署・威海衛管理公署

出所：林炯如『中華民国政治政度史』華東師範大学出版社　1993年　223頁

行政院などの五院は、五院制南京国民政府組織系統の第2級であり、南京政権の行政機関である。しかし、五院の中で、行政院は突出した存在であった。行政院以外の四院は、終始その機能が不全で、孫文が想定していたような役割を果たすことができなかった。その中でも特に、考試院と監察院は理想的な形式を備えていたが、組織規模が小さく、実際的な役割は非常に限られていた。そのために、本研究の統計から見ても他の4つの院にもできるだけ統計を加えたが、結果的には、行政院についての部分が圧倒的に多い。

　本章の統計には、対象が図Ⅲ-3「国民政府行政系統」の中の一部の機構、すなわち、①右上方の文官処、参軍処、主計処[32]、②右辺の軍事委員会、③参謀本部[33]、訓練総監部、軍事参議院、中央研究院、全国経済委員会、政務官懲戒委員会とその他の特殊委員会を含めていない[34]。

　文官処、参軍処、主計処が統計にない理由は、この3つの機構が官房、秘書的な性質の事務部門に属し、その機構の組織本体は比較的簡単で、その地位も図中のその他の機構と並べて論じることができないという点にある。

　軍事委員会などの機構が統計にない理由は比較的複雑で、それは主に以下の3点である。第1に、その中に常設でない機関が比較的多いという点が挙げられる。設置すれば撤廃され、撤廃されれば設置されるというように、機構の存在が不安定なのである。第2に、恐らく第1の原因とも関係があるが、一部の機構の存在状況が資料により大きく変化しているという点が挙げられ、それは例えば、軍事委員会、参謀本部などの機構と同列のものには、建設委員会や黄河水利委員会、導淮（淮河の水を導く）委員会、財政委員会、首都建設委員会、国軍編遣委員会、陸海空軍総司令部、首都衛戌司令部、京滬衛戌司令長官署と故宮博物院がある。しかし、これと同時に、中央研究院や政務官懲戒委員会、その他の特殊委員会は現れてきていない[35]。第3に、これは最も重要な理由でもあるが、これらの機構のメンバーの大多数が、五院各部のメンバーと重複していることである。例えば、軍事委員会は全国軍事の最高機関として、委員長1人、委員7－9人が全員国民党中央政治会議により選定される。行政院長、参謀総長、軍政部長、海軍部長、訓練総監部、軍事参議院院長は、当然としてメンバーとなった。また、蒋介石を俗に「蔣委

図Ⅲ-4　日中戦争前の国民政府地方行政機構系統

```
                          国民政府
                             │
                           行政院
                        ┌────┴────┐
                     省政府        院直轄市政府
                     主席           市長
```

省政府主席の下:
秘書処／民政庁／財政庁／教育庁／建設庁／実業庁／（必要時に設置）その他専管機関／行政鹽察委員 公署（専員）／秘書処／社会民／公安局／財政局／工務局／教育局／衛生局／土地局／公用局／港務局（必要時に設置）

行政鹽察委員 公署の下:
県政府／市政府／設治局／県政建設実験区

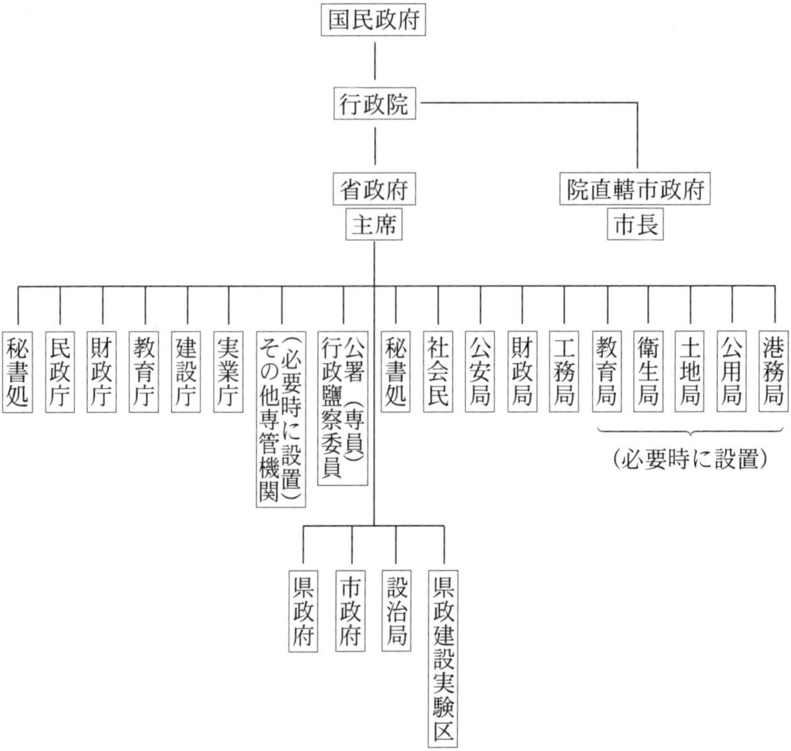

出所：林炯如『中華民国政治政度史』華東師範大学出版社　1993年　250頁

員会長」と呼ぶのは、軍事委員会の委員長を指すのだが、これにより軍事委員会メンバーは、基本的に全員固定化された既定のメンバーであった。

　（南京）国民政府の組織は膨大であるが、その構成は比較的単純であり、統計分析には適していると言える。本研究では、南京政府（中央政府）を中心として分析を進めることを第1としており、地方政府（図Ⅲ-4「日中戦争前の国民政府地方行政機構系統」を参照）についての分析は進めなかった。また、統計上、南京政府の五院のさらなる分支機関（各部など）の取捨は、それぞれ

表Ⅲ-2 南京国民政府（1928－49年）メンバーの学歴（詳細表）

		1928-38		1938-47		1947-48		1948-49		1928-48		調整後	
	教育機関	人数	%	人数	%	人数	%	人数	%	人数	%	人数	%
(1)	①留日	131	21	74	16.1	44	15.1	46	12.3	295	16.8	295	18.1
	②日軍校	35	5.6	20	4.3	16	5.5	19	5.1	90	5.2	90	5.5
(2)	③留米	111	17.8	92	20	46	15.8	69	18.5	318	18.2	318	19.5
	④留英	30	4.8	19	4.1	13	4.5	19	5.1	81	4.6	81	4.6
	⑤留仏	18	2.9	17	3.7	21	7.2	35	9.4	91	5.2	91	5
(3)	⑥留独	21	3.4	28	6.1	22	7.5	42	11.3	113	6.5	113	6.9
	⑦留ロ・ソ	1	0.16	5	1.1	5	1.7	7	1.9	18	1	18	1.1
	⑧他の欧州国家	10	1.6	2	0.4	2	0.7	0	0	14	0.8	14	0.9
	全留学	357	57.2	257	55.9	170	58.2	237	63.5	1020	58.3	1020	62.7
	⑨教会	25	4	34	7.6	24	8.2	23	6.2	106	6.1		-
(4)	教会（書院など）	7	1.1	1	0.2	0	0	1	0.26	9	0.5		-
	⑩清華	9	1.4	8	1.7	3	1	11	2.9	31	1.8	122	-
	⑪北大	15	2.4	3	0.6	2	0.7	6	1.6	26	1.5		-
(5)	❶北洋	11	1.8	16	3.5	5	1.7	5	1.34	37	2.1		-
	⑫国内他大	11	1.8	14	3	11	3.8	9	2.4	45	2.6	45	-
	⑬保定	20	3.2	12	2.6	16	5.5	5	1.34	53	3	53	3.3
	⑭陸大	4	0.64	4	0.9	5	1.7	3	0.8	16	0.9	16	-
(6)	⑮黄埔	1	0.16	1	0.2	2	0.7	1	0.26	5	0.3	5	-
	⑯その他の軍校	24	3.8	8	1.7	5	1.7	4	1.1	41	2.3	41	2.5
	⑰行武	8	1.3	3	0.7	0	0	0	0	11	0.6	11	-
	⑱科挙	37	5.9	13	2.8	6	2.1	8	2.1	64	3.7	64	3.9
(7)	⑲旧式学校	8	1.3	3	0.7	1	0.34	3	0.8	15	0.86	15	-
	⑳新式学校	17	2.7	13	2.8	8	2.7	18	4.8	56	3.2	56	3.4
	特殊教育	1	0.16	6	1.4	4	1.4	4	1.1	15	0.86	15	-
	港大	1	0.16	1	0.2	1	0.3	1	0.26	4	0.22	4	-
(8)	滞外	2	0.32	2	0.4	0	0	0	0	4	0.22	4	-
	トルコ	0	0	1	0.2	0	0	0	0	1	0.11	1	-
	北京大教授	1	0.16	1	0.2	0	0	1	0.26	3	0.34	3	-
	非留学	202	32.4	144	31.2	92	31.5	103	27.6	542	30.9	420	25.8
	不詳	13	2.1	12	2.6	5	1.7	4	1.1	34	1.9	34	-
	資料なし	52	8.3	47	10.2	25	8.6	29	7.8	153	8.7	153	-
	総計	624		460		292		373		1749			

出所：作成方法は、第1章第2節「研究の方法について」と第4節「帰国留学生データベース」を参照。

具体的に対応することにする。

　以上、本節の主要な分析対象、すなわち中華民国の権力構造内での南京政府の地位と位置づけについて確定作業を行った。本研究の帰国留学生についての分析もこの範囲内で行うことになり、これは本研究の分析の基盤とも言えるところである。第4章では分析範囲を若干拡大しているが、分析の結果はこの南京政府の範囲内で見るべきであろう[36]。

　また、帰国留学生の中国近現代史における影響、役割、地位は、時に留学先の国や地域の中国近現代史に与える影響、役割、地位と混同されてしまう。この二者の間には多くの場合、一定の正比例関係があるが、二者（例えば留日学生の南京政府に対する影響と日本の南京政府に対する影響）の間を同列にしてしまうと、大きな混乱を招く恐れがある。この二者間の関係をはっきりさせることは、価値ある作業であるということは否定できないが、それが本研究の主目的ではないということをここでお断りしておきたい。

第3節　統計方法に関する説明

　分析を始める前に、いくつかの確認すべき事実がある。

　第1に、本統計の有効性の問題に関してである。全体的に見ると、資料を得ることができなかったものは8.7％で1割に満たず、統計学の集団的特徴に対して説明を行う際の要求を満たしている。しかし、この統計の中にはいくつかの小集団が存在しており、例えば留ソ学生は、その総数が17人にすぎず、そのうち10人は最後の2年間に国民政府の高官となったが、1928－47年の期間では、留ソ学生の高官は合わせて7人を数えただけであった。このような状況下では、この集団に対する説明の正確性に大きな影響を及ぼすことが予想されるが、当然ながら、留ソ学生は、この統計における一つの極端な例にすぎず、その他主要各国への留学生総数は80人以上となっており、統計の正確性に関しては、個々人の資料不足がそれほど大きな影響を及ぼすことはないだろう。とは言え、各領域あるいは各時期にまで分散させて考慮

するならば、依然として不足の嫌いがあるために、最終的な統計結果は、その他の条件を考慮して、一定の調整を行う必要があるだろう。

第2に、この統計の範囲は1928－49年の期間における全4期の政府となっているが、分析の主要対象時期を、1928－47年の2期の南京政府とする。すなわち、1947－48年と1948－49年という2期の南京政府を分析時期としては副次的な位置に置くことにする。これは主に、この2期にそれぞれ一つの政府があり、さらにそれぞれの政府が1年だけ延命したものであることを考慮したものである。この2期の政府メンバーの統計規模（延べ人数）は、1928－47年の間の2期の政府に比べれば小さく、最初の2期における政府がそれぞれ10年の長きにわたって存続していたことから、この4期の政府を全て同列に分析することは不合理で、前半の2期と後半の2期のデータ間の格差が大き過ぎ（単純計算で7.2倍に達する）、バランスと公正さを失ってしまう。これにより、1947年と1948年の2期の政府の統計を参考として列記して用いるのみとする。

第3に、卒業と任職との間の時間差についてである。一人の人が学校を出てから国民政府の高官の地位に上りつめるのは、容易な過程ではなく、一般的に長年にわたって功績を積み上げ、一歩一歩その階段を上ってこなければならない。具体的な状況は人によって異なり、造反（例えば国民革命に参加するなど）すれば、普通に任職して年功により昇進するよりもずっと速いが、そうであっても、大多数の状況下において、10年以上の歳月を要するのである。この点は、容易に理解することができ、政府メンバーの平均年齢を分析してみれば一目瞭然である。

よって分析時には、この時間差を考慮に入れる必要があり、もし時間差を大まかに10－20年間と設定するなら、1928－38年期政府メンバーの学歴が実際的に反映されているのは、主に20世紀初め－1920年代初めまでの間の状況であり、1938－47年期メンバーの学歴が反映されているのは、主に1920年代初め－30年代の間の状況ということになる。

だが、そうするといくつか問題が生じてくる。すなわち、この期間における母校の変化（主に中国高等教育界における地位の変化を指す）が卒業生の

社会的地位に対して影響を及ぼしうるかどうか、という点である。これについては、とりあえず大学というのは各種社会組織の中でも比較的安定的な部類に属し、大学の社会的名声や地位は、短期間で変えられるものではないと言えよう。また、組織内部の競争は、その組織に身を置く同時期の人同士の競争である。従って、母校の状況の変化が卒業生に対してなんらかの影響を及ぼしうることを決して否認するものではないが、多くの要素の中の一つにすぎないのである。

第4に、本研究の分析が1940年代の留学生の状況を反映できていない、という点である。第2章からも分かるように、留日は1935－37年の3年間において若干持ち直したが、1920年代にはすでに下火となっており、欧州諸国への留学生も1930－40年代には大きな動きがなくなっていた。この時期に留学し、時間差による影響を比較的強く受けたのが、留米学生であった。1940年代後半は、米国留学のもう一つの黄金期であり、留米学生の大きな部分（総数18,400人中、5,000人）が、この短い時期に米国へ行った者たちであった。彼らの中には、米国に留まった者が少なからずおり、中国へ戻った者の比率は比較的低いが、留米総数の中に占める比率から無視できないものがある。ここで、もし1940年代の留学生も「近代留学生」と見なすなら、上述した「10－20年」の時間差の存在により、本研究における「南京国民政府（1927－47年）」の分析範囲を超えてしまうのである。彼らは1950年代末になって、ようやく政界での活躍を始め、まさに附録の中で述べているように、1957年の反右派闘争期や1960年代中期の文化大革命期の「主役」となった。本研究の分析範囲において、この部分の人たちをカバーし切れないのは、大変残念なことである。

第5に、多くの人が複数の学歴を持っており、最高学歴と最終学歴の問題がある。これは例えば、段錫朋（北京大学卒業後、留米、留英、留仏、留独）などに代表されるケースである。また、附録3「南京国民政府成員学歴総表」からも分かるのは、多くの人が複数の学歴を持っていたという点である。特に、欧米の留学経験者は2つ、3つの留学歴を持つ者が少数ではなく、ある者は、米国で博士号を取得した後、欧州で各国を転々と長期にわたって留学

していたのである。この点は本研究の統計活動に大きな困難を生じさせ、時に重複統計を余儀なくされた。しかし、重複統計は採るべき方法ではない。なぜなら、このようにすることで留学歴が有利になり過ぎ、他の学歴に対して不公平が生じ、さらにはその学歴の持ち主が属する集団的属性をも定めにくくしてしまうためである。

　そこで、完全に重複統計を避けることは不可能であったが、できるだけ重複統計によるマイナスの影響を最小限にとどめることとした。その具体的な方法として、まず留学歴に対する重複統計をできるだけ制限した。例えば、最高学歴、最終学歴、最長学歴は、その主要学歴をできるだけ探し出して統計を行った。同時に、その他の集団について同程度の重複統計を行うことを認めた。次に、一部の統計結果に対して調節を行った。留学歴との重複統計は、例えば清華100％、教会系大学約60％、北洋約45％、北大約35％、その他集団は少ない、というように、各項目間に比較的大きな差が存在するため、この部分の全122人を除外した後、その他の項目の統計結果に対して調節を行った。

　これで、清華項目の消失と教会系大学、北大、北洋などの半減があり、総数122人、約6.9％が表中から消えたため、留学歴が約4.4％上昇し、国内学歴が5.1％下落した。一方、単独項目人数に変化がないことにより、保定、科挙、新旧学校といった単独項目は、かえって一様にある程度の上昇を見た。

　しかし、調節前後の2種類の統計結果は、どちらがより正確であるかを判断することは難しい。そこで、この2種類の結果を同時に列記し、最終的な選択は読者にゆだねることとする。この両者間の差が小さいのが救いではあるが、どちらを採用するにせよ、帰国留学生に対して民国期の政治権力構造内部における位置づけをするという本研究における研究目標に大きな影響を与えるものではないと言えよう。

第4節　帰国留学生の歴代政府における勢力の変遷

　1927－49年の間の南京国民政府は、前後合わせて4期あり、その期間はそれぞれ、1928－38年、1938－47年、1947－48年、1948－49年で、すなわち前半の2期はそれぞれ約10年続き、後半の2期はそれぞれ1年しか続かなかった。以下、留学生勢力の歴代政府における百分率の変化を見てみよう。全貌を知るために、その統計範囲は留学生に限定することはせず、分かりうる各集団（③－⑳－❶）の全てについても列記することとする。各期政府の統計規模が異なり、単純な人数の増減を比較することは意味がないので、全てを全体に対する百分率に置き換えた。

　以下、南京国民政府（1928－49年）メンバーの学歴・詳細表（前掲表2）の中で示した百分率を列記した上で解説する。例えば、留日学生の場合、

期	第1期	第2期	第3期	第4期	全4期
時期	28－38年	38－47年	47－48年	48－49年	28－49年
％	21	16.1	15.1	12.3	16.8

出所：前掲表Ⅲ-2「南京国民政府（1928－49年）メンバーの学歴（詳細表）」

　以下、上表の百分率の項目だけを列記することとする。
　すなわち、「留日：21→16.1→15.1→12.3→16.8」となる。

1. 留日

①留日：21→16.1→15.1→12.3→16.8

　1928－38年と1938－47年の2期の政府の間で、留日学生の人数は減少しており、131人（21％）から74人（16.1％）へと大幅に減少している。また同様に、留日軍校生も35人（5.6％）から20人（4.3％）まで減少し、全体に対する百分率の減少は同じ23％である。

　人数の減少は比較的明らかであるが、留日学生は依然として94人（全体

の20.4％で第1位）を保持しており、さらに分布が上層に集中していることにより、1938－47年期の南京国民政府の中でも、依然として比較的大きな総体的優勢を示していたと言える。

2. 留米、英

③留米：17.8→20→15.8→18.5→18.2

　留米学生は、歴代南京国民政府において安定的に第2位に位置している。1938－47年は1928－38年と比較して、全体に対する百分率が12.4％増加し、20％に達した。これは留日学生（留日＋日軍校）の20.4％に限りなく接近している。中でも、外交領域でこのような現象は顕著であり、留日学生を含む全ての他の集団を大きく超えている。見たところ、よく言われる、日中戦争が、留米学生に一歩抜きん出るチャンスを提供したというのは、決して考えられない話ではない。しかしこの統計が明らかにしているように、12.4％にとどまっていたことは、この期間中の留米学生の上昇が基本的に常軌の範囲内で行われていたと言えよう。

　実際、外交と教育は留米学生が最も集中する部門というわけではない。財政部（南京国民政府財政部の中での地位が顕著な中央銀行を含む）は、留米学生が集中するもう一つの部門である。その歴代南京国民政府の中での比率は、順番に26.2→28→33→14.2→27.1となっている。しかし統計で明らかなように、（1928－38期と比較して、留米学生は）1938－47年期の南京国民政府財政部の中でのさらなる大きな成長はなく、1.8％（1期目との比較で6.6％の増加）増加しただけであった。つまり、増加は主に、外交と教育という2つの領域に限られていた。

　ここで注目に値するのは、この比率は、1947－48年において15.8％まで減少し、1928－38年の17.8％よりもさらに低いことである。この具体的な原因は不明だが、戦争が終わり、戦時体制から平和体制へと切り替わって、もう留米学生の貢献を必要とする切迫さがなくなってしまったためだということが言えるのではないだろうか。また、これ以外の可能性としては、「革

命」と「建設」という2種類の人材の昇進時期が異なるということもある。これは今後、さらなる分析が待たれるところである。

④留英：4.8 → 4.1 → 4.5 → 5.1 → 4.6

　全体的には偏りがなく、1期から2期にかけては、15％減少したが、基本的に安定していると考えられる。留英は大きな集団ではないため、統計誤差の影響を受けやすい。しかし、各期の政府においての起伏が少なく、比較的安定していたという点から見れば、統計誤差の可能性は大きくはないとも見られる。

3. 留仏、独、露・ソ

⑤留仏：2.9 → 3.7 → 7.2 → 9.4 → 5.2

　全体のうち、人数は比較的少なく、留独学生よりも少ない。しかし、1期から2期⑥かけて27.6％増加し、比較的大きな進歩があり、さらに注目すべきは、1947年以後驚くべき進歩を遂げ、倍以上に急増したことである。

⑥留独学生：3.4 → 6.1 → 7.5 → 11.3 → 6.5

　留仏学生よりも多いという点は注目に値し、さらに、1期から2期にかけて79％の激増が見られる。留独は留仏（勤工倹学）のような激烈なものではなく、中には勤工倹学の者もいたが、総人数は少なく、中華国民政府内において増加し、大変健闘したと言えよう。あるいは、留独学生の公費派遣者が比較的多かったということも関係するのかもしれない。その原因については、今後さらなる分析をするに値する。

⑦留露・ソ：0.16 → 1.1 → 1.7 → 1.9 → 1

　人数は非常に少数で、正確にその特徴を抽出することはできない。主な人物としては、1947－48年と1948－49年の社会部政務次長であった賀衷寒（黄埔一期生、留ソ後に留日）や、1938－47年の内政部政務次長で1948－49年には部長であった彭昭賢、1938－47年と1948年にかけて亜西司司長であった鄒尚友、1938－47年と1948年にかけて亜西司司長であった卜道明がいる。また、留露・ソ帰国者についての基本的な印象は、その強み

を見せた領域の一つが組織活動（内務部）、さらにもう一つにはソ連・東欧との外交の中でのいくつかの特別な領域だったことである。

以上、留学全体としては、57.2→55.9→58.2→63.5→58.3とかすかな減少であったが、始終過半数の比率を維持していた。全体から見て、留日と留英の減少は、留米と留独の増加によっておおむねバランスが保たれている。またこの比率は、1947－49年の間の２期の政府で、大幅な上昇が見られ、留日と留米が不変の状況下において、留英、留独、留ソの学生が大幅に増加した。

4. 教会系・米国系大学

⑨教会：4→7.6→8.2→6.2→6.1
　（教会系高校、中学校を含む場合：5.1→7.8→8.2→6.5→6.6）

　1期から2期にかけて25.3％と大幅に上昇した。その後もこの高い比率を保持しており、全体的には国民政府内部での少なからざる勢力に属していると言える。しかし、教会系大学の中には、留学生の重複統計が多く存在することに留意しておきたい。

　以下、人数（延べ人数）の比較的少ない集団（原則2％以下の集団を指す）に対して解説を行うが、統計規模が小さ過ぎ、理想的な統計効果が得られ難いことにより、各集団の主要人物個人を具体的に紹介せざるをえず、最後には総合的な印象を導き出せるよう試みることとする。

⑩清華：1.4→1.7→1→2.9→1.8

　1期から2期にかけて21.4％上昇したが、総じて言えば、清華は、一般的な意味での単純な集団ではなく、単独で列記すべきではない。すでに何度も提起されているが、清華は留米学生の揺籃で、統計上の清華出身者は、全く例外なく留米経験があり、留米学生との重複統計があるとも言える。しかし、下の分析で分かるように、この重複統計は決して何の意味もないものではなく、また、とりあえずこれ以外に清華出身者を明示する手段もない。これにより、清華留米学生と一般的な留米学生との異なる部分を明らかにしている

のである。

　主要な人物としては、薩福均（鉄道部部長、1928－38年）、黄漢梁（財政部部長、1928－38年、鉄道部常務次長、1938－47年）、梅汝璈（司法行政部部長、1948－49年）、劉師舜（欧米司司長、欧洲司司長1938－47年、政務次長1947－48年、1948－49年）、沈鵬飛（高等教育司司長、1928－38年）、陳欽仁（外交部参事、1938－47年、1947－48年、1948－49年）、銭天鶴（農林部常務次長、1947－48年）、段茂瀾（米洲司司長、1938－47年）、温毓慶・外交部参事（1928－38年）、張韻海（外交部参事、1928－38年）、（欧米司司長、1928－38年）、甘介侯（常務次長、1928－38年）、王化成（条約司司長、1938－47年）、李迪俊（情報司司長、1928－38年、1938－47年）がいる。

　印象として、1つ目に、一般的な留米学生よりも、さらに外交部門に集中していることが挙げられる。28－38年には、鉄道と財政方面に2人の部長がいたが、さらに大きな発展とはなりえなかった。外交部内の下層には、絶大な集団的優勢が形成され、このような優勢がずっと保持されてきた。2つ目には、財政と教育部門に強かったことが挙げられる。これは、清華の留米学生にとっては一般的であるとされている。さらに3つ目として、蒋介石政権に比較的忠実であった可能性が挙げられる。1948年、南京政府はその大勢がほぼ決まっており、当時政府高官になることは「殉死」するに等しかったのであるが、1948－49年期にも外交部長の胡適と司法行政部部長の梅汝璈という2人の部長がおり、それは人数的に少ないものではなかった（2.9％）。

5. 国内の大学

⑪北大：2.4 → 0.6 → 0.7 → 1.6 → 1.5

　人数はもともと多くなく、1938－47年期に至ってまた大幅に0.6％にまで減少し、1期から2期にかけての減少率は75％に達した。総人数が比較的少ないことで生じる統計誤差があることは否めないが、北大卒業生の国民政

府内での比率が終始低かったという点は、疑いない（最高時は2.4％で、平均1.5％であった）。またこの「成績」は、保定、聖約翰、清華と比較することもできず、さらに北洋大学にも及ばないために、その最高学府としての地位とは釣り合わない。

　主要な人物としては、陳公博・実業部部長（1928－38年）、孫本論・高等教育司司長（1928－38年）、劉哲・国民政府委員会委員（1938－47年）、劉航深・粮食部政務次長（1938－47年）、経済部長（1948－49年）、陳雪屏・教育部部長（1948－49年）、王祖祥・衛生部長常務次長（1948－49年）、田炯錦・考試院考選部部長（1948－49年）がいる。

　印象として、1つ目に、北大はかつて第1期目1928－38年期の政府において一定の勢力を備えており、人数が特別多かったわけではないが、広範な範囲において少なからざる高位を占めていたことが挙げられる。それは特に、実業、外交、教育部門であった。2つ目は、第2期目の1938－47年期が北大にとって相当不運な時期であったことである。それは、次の1947－48年期政府でも、少しも好転することはなかった。3つ目は（清華留米学生と少し似ているが）、北大出身者が、国民党政権が大陸で崩壊する直前の短期間のうちに1期目の勢いを若干回復させたことである。また4つ目に、北大出身者の約3分の1の人も留米経験を持っていたということが挙げられる。全員が留米した清華、留学生が多かった教会系大学、北洋大学を除いて、北大も比較的多かったものと言える。

❶北洋：1.8→3.5→1.7→1.34→2.1

　1期から2期にかけて94％増加している。主要な人物としては、施肇基、王寵惠、王世傑などがいる。また、北洋大学出身者の多くは政界の大物で、その何人かが北洋政府から転向した人材であった。法律と外交の人材を主としたが、後の2期において次第に衰退した。さらに、北洋の多くは欧米へ留学した経験を持つ。彼らは、比較的純粋で古典的な留学生であったという印象がある。

⑫国内他大：1.8→3→3.8→2.4→2.6

　前半の2期の政府の間の上昇率がそれぞれ、66.7％、21.4％である。

6. 国内の軍校（軍事学校）

⑬保定（軍校）：3.2 → 2.6 → 5.5 → 1.34 → 3

　1期から2期にかけて12.5％減少した。1期と2期との合計（32人）は北大と清華両校の合計（35人）と拮抗(きっこう)する。3期目にまた111.5％と大幅増加し、1938－49年の間には、北大と清華の合計を超えた。これは、南京政府が戦時中、軍政府という性質を浮き彫りにしたものと言えよう。その他、同類の院校である陸大（0.64 → 0.9 → 1.7 → 0.8 → 0.9）を加算すれば、軍校の勢力はさらに大きくなる。

⑮黄埔 → 0.16 → 0.2 → 0.7 → 0.26 → 0.3

　微増で人数は少なく、統計学上の意味を持たない。主な人物としては、賀衷寒（同時に留日・ソ）、1938－49年に内政部政務次長であった唐縦、1947－48年に参謀総長弁公室主任であった範漢傑などがいる。また、黄埔系など蒋介石直系軍がおり、彼らは若かったが故に南京政府の高位に就くことはできなかったが、彼らの裏での活動には決定的なものが多い。

⑯その他の軍校：3.8 → 1.7 → 1.7 → 1.1 → 2.3

　1期から2期にかけて55％減少した。主な人物としては、李宗仁、張学良、朱培徳、陳果夫、陳濟棠、馬良、楊樹荘、徐永昌、呉忠信がいる。

　またその印象としては、その大部分が元老級で、軍閥の頭目、武闘派出身者が多く、人徳、人望は高いが、高潔で非常に老いており、閑職が多く、大抵は実際的な事を問われない「○○委員」であったということが挙げられる。

⑰行武：1.3 → 0.7 → 0 → 0 → 0.6

　1期から2期にかけて46％減少した。1947年以後は、ほぼ0である。主な人物としては、馮玉祥、韓復榘、張作相、張之江がいる。

　行武出身者は少数だが、1928－38年期政府で多くの実権を握っていたことがある。しかしその後は⑯と類似して、老いて閑職が多く、大抵が実際的な事を問われない○○委員であった。1947年以後は基本的に歴史の舞台から下りている。また、出身者は相互間になんらかの共通意識があったとは言いがたい。よって、彼らを一つの集団として見なすのは難しい。

7. その他

⑱科挙：5.9 → 2.8 → 2.1 → 2.1 → 3.7

　科挙は1928－38年期政府において小さな勢力でもなかった（5.9％）が、その後減少の道をたどった。これは予測できたことで、時代の潮流あるいは科挙出身者の年齢から見ても、科挙はその歴史から外れていった。

⑲旧式学校：1.3 → 0.7 → 0.34 → 0.8 → 0.86

　1期から2期にかけて46.2％減少し、基本的には、軍人とともに衰退していった。主な人物としては、易培基、陳融、謝持、劉守中、胡毅生、伍憲子がいる。

　印象としては、⑯や⑰に類似しているが、彼らが南京政府前期（1928－38年）において、比較的多くの実権を掌握したということが挙げられる。

⑳新式学校：2.7 → 2.8 → 2.7 → 4.8 → 3.2

　基本的に増減はない。1948－49年期政府で4.8％増加したことを除けば、新式学校は総体的に、終始大きな勢力を形成することはなかった。この点は表面的には不思議に見えるが、新式学校は、その成立時においてのみ新式学校であり、その後はもう「新式」ではなかったのである。新式学校は、中等教育の一種にすぎず、高等教育がいまだ正式に展開されていない時期においてのみ、一定の優勢を誇ったのである。

　彼らの一部は、水利部を独占し、後期蒙蔵（モンゴル、チベット）委員会を掌握した。法院（裁判所）院長も比較的多く、そのほかに、国民政府委員会委員や行政院政務委員も比較的多くいた。主な人物としては、焦易堂、薛篤弼、劉尚清、莫徳恵、陳布雷、劉健群がいる。

　印象としては、その出身者は非常に複雑であるということが挙げられる。彼らに個人レベルでの接触があったことは否定しないが、共通意識を持った集団とすべきではないだろう。

第5節　南京国民政府メンバーの学歴についての総括と分析

1. 国民政府内の留学生

まず、国民政府内で留学生は、56.6％（1928－47年）あるいは58.3％（1928－49年）となっており、重複統計の要素を考慮すれば、この比率は実際にはもっと高くなるだろう。留学生の統計データの中にも、同様に非留学生に対する重複統計現象があるが、本研究が依拠している人物辞典などのデータで、学歴を記載する際に注目しているのは、最高学歴あるいは最終学歴である[37]。またデータには時には、最高学歴か最終学歴を記載するだけのものもあり、それを記載していないものは少ない。しかし、統計にある清華（1％）は、ほとんど全てが重複統計に属しており、教会系大学の中にも相当の重複統計があるために、こうした要素も考慮して調整すれば、国民政府の留学生は、約62.7％に達するのである。

一国の中央政府メンバーの中で約6割が外国への留学経験者であるというのは、尋常ではないだろう。さらに、これらの者たちは、特に国民政府の上層に集中しており、留学生が上から下まで国民政府の権力状態を把握していたと言える。その中でも特に、留日学生は国民政府メンバーの4分の1（25.3％）を占めており、比率が最も少ない教育部門でも9％を占めていた。

留日学生は、一般的な留学生の権力集中よりもその傾向が顕著で、その多

表Ⅲ-3　留学生と非留学生の比率

	1928－38		1938－47		1947－48		1948－49		1928－49	
留学全体	357	57.2	257	55.9	170	58.2	237	63.5	1047	58.3
非留学	202	32.4	144	31.2	92	31.5	103	27.6	527	30.9
不詳	13	2.1	12	2.6	5	1.7	4	1.1	34	1.9
無資料	52	8.3	47	10.2	25	8.6	29	7.8	153	8.7
総計	624		460		292		373		1761	

出所：表Ⅲ-2「南京国民政府（1928－49年）メンバーの学歴（詳細表）」

くが最高レベルの職位にいたことを考慮すると、政府内で最重要な位置づけにあったと言えよう。これはそのほかにも政府の中枢である五院の首脳や政府体制の命脈を把握する内政、国防といった重要部門において、留日学生が45％の要職を独占していたことからもうかがえる[38]。

2. 人材源の集中

　1928－49年の4期の政府メンバーの中で、約6割の1,020人が留学経験者であった。そのうち703人は日本か米国のどちらかに留学しており（留学生全体の68.9％、政府メンバー全体の40.2％）、1928－47年に限定すれば、この比率は留学生全体の75.4％、政府メンバー全体の45.4％にまで達する。さらに、「不詳」や「資料なし」の者は、留学経験がないという可能性が比較的高いため、これらを計上しなければ、その比率は留学生全体の76.1％にまでなる。

　このように高い集中度が暗示しているのは、近代留学の行き先（国家や具体的な大学を含む）が、選択やコントロールを経たものであったということである。またこれは、別の角度から、この時期の留学経験にある意味での単一性や指向性が存在していたとも考えられる。

　一方、国内の出身は、保定軍校が1校で7.4％を占め、各教会系大学が合わせて14.8％、北大、清華、北洋大学の3校合わせて11.6％となっており、以上を合計すると34％である。「不詳」および「資料なし」の者を除外すると、この比率は46％に増加する。さらに、教会系大学出身者が、主に聖約翰、嶺南、燕京の3校を指すものであることを考慮すれば、国内学校出身者の半数近くが、上位7校（保定軍校を含む）の卒業生であると分かる。実際には、これらの大学を除くその他の大学出身者も45人（6.3％あるいは8.5％）いるが、保定軍校一校の人数にも及ばない。

　その出元が集中し、少数の大学から人材が輩出されていることから、南京政府内部の学閥現象や人脈（人間関係）もきっと少なくなかったはずであることが分かる。こうした点も、政府内の派閥形成にその条件を創り出してい

た。しかし、留学生が優勢的な地位を占めているという状況下では、国民党軍内での保定軍校出身者と財政経済や外交部門での聖約翰出身者を除いて、国内大学を軸とした派閥は、形成、維持され難いものであった。こうした派閥の独立性は強くはなく、常に留学生派閥の上に寄生していたとも考えられる。

3. 国民政府の正規化への進展

日中戦争中であっても、1928－38年期国民政府と比較して、1938－47年期政府メンバーの学歴レベルは向上していたが、これは特に出身学校の正規化による。科挙・旧式教育・行武出身者を含めた比率は減少し、これと合い反して、北大や、保定（軍校）を除く国内の各種大学卒業者の比率は全面的に増加している。

また、軍事留日学生の大幅な減少の原因も恐らく国内大学の正規化にあり、それは、後の1947－49年の2期において回復が見られるという事実により、

表Ⅲ-4　南京国民政府（1928－49年）メンバーの学歴（主な出身　その一）

	1928－38		1938－47		1947－48		1948－49		1928－49	
①留日	166	26.6	94	20.4	60	20.6	65	17.4	385	22
③留米	111	17.8	92	20	46	15.8	69	18.5	318	18.2
全留学体	357	57.2	257	55.9	170	58.2	237	63.5	1020	58.3
⑨教会系	32	5.1	35	7.8	24	8.2	24	6.5	106	6.1
⑩清華	9	1.4	8	1.7	3	1	11	2.9	31	1.8
⑪北大	15	2.4	3	0.6	2	0.7	6	1.6	26	1.5
❶北洋	11	1.8	16	3.5	5	1.7	5	1.34	37	2.1
⑬保定	20	3.2	12	2.6	16	5.5	5	1.34	53	3
⑱国内他大	11	1.8	14	3	11	3.8	9	2.4	45	3.6
総計	624		460		292		373		1761	

出所：表Ⅲ-2「南京国民政府（1928－49年）メンバーの学歴（詳細表）」

減少の原因が完全な年齢的要素ではないということを表している。1947－49年の2期における政府の軍事化の程度は、1938－47年の期間よりも向上が見られる。もし、これは軍事留日学生数の減少と回復と因果関係があるならば、第2次国共内戦の激しさが日中戦争に勝っていたということを別の角度から表している。但し、軍事留日学生数が回復するのとは別に、国内大学のこうした正規化への進展は、後半2期の国民政府（1947－49年）においてもやはり見られる。

　現代政治発展論の中で、L・W・パイ（Lucian W. Pye）やS・P・ハンチントン（S. P. Huntington）といった学者たちは、一致して、軍隊を一種の学校と考えているが、行武出身者が参加したのは大抵が旧式の軍隊で、その訓練にも限りがあり、それを学校として見なすことができるかどうかは、さらなる検証が必要であろう。しかし、馮玉祥の例から見て、行武出身者はある程度の訓練を受けていたことは確かである。学校としての軍隊の変化は、国家の近代化を測る一つの基準となりうるはずである。

　一般に「正規化」という時、その多くは組織体系の法律や制度面での系統化、正式化を指すが、これは一つの側面から、組織の近代化の程度を代表しており、その組織力および効率の向上や生存能力の強化の助けとなる。しかし、ここで言う「正規化」は、その中の一面、すなわち構成人員の学識素養上の進歩にすぎない。このような進歩だけで、軍事化された国民党政権の下で、どの程度南京国民政府の行政効率の向上と生存能力の強化に助けとなっているかは、まだ確定し難いところである。

4. 留学生の減少傾向

　まず、一部の集団（例えば留ソ）はその起伏が比較的大きかったが、それはこういった集団が比較的小さいことで、主に統計の真実味が失われてしまうことと関連するかもしれないが、本研究の結論に大きな影響はなかったことを断っておく。

　さて、留学生は全体的に減少傾向にあるものの、このような減少は決して

顕著ではなく、緩やかなものであった。それぞれの留学生集団も比較的安定していた。ここで注目に値するのは、このような減少傾向は、留日学生の減少によって生み出されており、その他米英仏独などの留学生は実際、減少していないばかりか増加が見られたということである。留日学生が国民政府内で、あまりにも大きな集団であったため、その減少は、それが大きな減少ではなくても、その他の留学生集団の小幅な増加によって補うことは困難であったのである。

この留日学生の減少は、当時の中国人の平均寿命との関係で言えば、留日学生は年齢的な老化が始まった集団であったという点に原因がある。同様の現象は後半の2期の政府内でも見られ、留日学生集団の減少が4期の国民政府全体で一貫しており、それは、恐らく他の何か特別な原因は存在せず、ただ自然の流れにすぎなかったことを説明している。留日学生にとどまらず、留学生全体の国民政府内での比率も同様に高過ぎたため、時の経過とともに、減少は必然の流れであった。

前章でも述べたが、中国近代留学の主な時期は清末と民国初期であった。五四運動以後は熱が下がって停滞し、1920年代中期になると、戦争や内乱といった原因により、全ての留学生派遣が停滞状態となり、1930年代中期には留日学生ばかりか、その他の各国留学生集団も後継者不足の問題に直面した。

表Ⅲ-5 南京国民政府（1928－49年）メンバーの学歴（主な出身 その二）

	1928－38		1938－47		1947－48		1948－49		1928－49	
⑦行武	8	1.3	3	0.7	0	0	0	0	11	0.6
⑧科挙	37	5.9	13	2.8	6	2.1	8	2.1	64	3.6
⑨旧式学校	8	1.3	3	0.7	1	0.34	3	0.8	13	0.7
⑳新式学校	17	2.7	13	2.8	8	2.7	18	4.8	56	3.2
⑫国内他大	11	1.8	14	3	11	3.8	9	2.4	45	2.6

出所：表Ⅲ-2「南京国民政府（1928－49年）メンバーの学歴（詳細表）」

5. 留日と留米の比較

　1928－38年の段階では、留日学生の優勢が比較的顕著で、対留米では166：111と、約1.5倍に達していた。1938－47年期の国民政府になると、このような現象は大きく改まり、単純な人数対比ではすでに拮抗して、94：92となった。しかしこれは、一定程度で表面的な現象であり、留米学生がすでに完全に留日学生と肩を並べる水準にまで増加したことを意味するものではない。それは、留日学生が国民政府の上層に集中していたという点からも分かるように、実際的な権力が依然として留日学生の手に握られていたためである。

　一方、留米学生は政府の各部門の総平均で17.7％を占め、留日学生よりわずかに少なく続いている。彼らは外交と教育の2つの部門では独占的地位を誇り、23.5％に達していた。財政経済部門における優勢も比較的突出していた。その他の部門分布の面では、留米学生は留日学生の対極に位置していたと言え、彼らは内政と国防という二大部門においては非常に弱く（3.9％）、これ以外の部門の分布では、非常に平均的であった。財政経済部門の中には大きな政治方針の決定権も含まれていた。この点は、本研究における留米学生の性格に対する分析とは一致していない。しかし、理解し難いことでもなく、留米学生は自然的主体的に権力から遠ざかることを望んだのではなく、権力を争い利益を得て、自身の影響力を拡大するという面において、留日学生となんら先天的な区別はない。異なる点と言えば、両者が権力を争って利益を得る起点と過程の面においてであり、それにより結果が大きく違っただけである。財政経済や外交、教育といったような専門技術性が比較的高い部門では、留米学生の数は多く、当然、みすみす指導権を他の集団に譲るようなことはしなかった。

　そして、組織的機能を強調する部門、例えば内政部などの政府の要所は、依然として留日学生のものであった。この点は、第5節において行う分析の中で、さらにはっきりとするであろう。

6. 教会大学の特殊性

　教会大学には人数の上昇が見られ、この程度は予想を超えていたが、それは一般的に言って、教会学校のピーク時が1930年代以前であり、これ以後に現れた上昇の流れは、これに相反するものと言えるからである。この現象についてはさらなる分析が待たれるが、一つの可能性としては、本節の最初でも述べた時差の問題である（これは留米学生の多さとも類似した部分がある）。つまり、教会学校はすでに中国社会で落ち目になり始めたのだが、その卒業生の勢いは当時まだ衰えていなかった。彼らが政府の高位に上がるには一定の時間が必要であったために、この時間差が、上述したような相矛盾するような現象を生み出した。教会大学の中国における凋落は、主に1930年代以後であるために、その結果が国民政府の高層にまで波及するのは、少なくともさらに10年後のことであった。

7. 北京大学、清華と北洋大学出身者の比較

　1928－47年の北大と清華両校出身者の合計35人は、保定の32人と北洋の28人をわずかに上回った。北大と清華両校にこのような結果が現れているのは、予想外と言うべきである。教会系学校ですら、清華のような高い米国化の程度には達していなかったからである。これにより、国立大学としての清華大学の民国期高等教育体系における地位と位置をもう一度見直さざるをえない。

　詳細な分析により分かる1つ目は、教会大学の卒業生が比較的多く、その全人数は留米学生に比べられるものではないということである。2つ目は、教会大学が比較的早く社会の承認を得、その勢力範囲は、留学生の帰国前に、一定の成功があったということである。そして3つ目に、清華は最初、留米予備校にすぎず、本当の意味での大学ではなかったことである。1925年に大学となったが、その留米予備校の色彩は、短期間で消えることはなかった。また、当時の社会でその卒業生に対する見方には先入観があり、総じて、た

だ清華卒のみで留米経験のない人は留学できなかった敗北者と見なされ、この「敗北者」の烙印は、卒業生が競争の激しい官界で勝ち抜くことに不利となった。その意味では、単なる「清華」というのは、北大や北洋大学などの学校に対する優勢がないばかりか、時には卒業生の昇進に不利ともなった。このような現象は、清華大学が1928年に国立大学になって以後、特に留米が停滞した後において、改善がなされたはずであるが、時間差の原因により、本統計の中ではその跡は見られなかった。

　北大出身者の約3分の1にも留米経験があった。留米一色の清華、留学が比較的多かった教会系大学や北洋大学を除き、北大出身の留学生も比較的多かったものと考えられる。さらに特に注意すべきは、北大は国民政府との縁が少なく、そのわずかな「面子」が、これら留米学生に依拠して保たれていたということである。

　北洋大学の国民政府における活動は北大などを超えていたが、それは、偶然ではなかった。それは、洋務運動や留米少年（幼童）の流れを引く北洋大学（現天津大学）が中国で最も早い近代大学であり、開校時期が北大よりも早いだけでなく、最初から近代教育体制を採り、米国式教育を模倣していたためである。また、北大は首都に位置し地理的に優勢であったが、同時に中国の最高教育行政機関という性格上、教育体制においても保守的であったために、新型の近代的人材を育成する面において、その他の学校よりも大きな優勢があったとは限らない。さらに、国民政府は、近代教育を受けた人材を吸収するべく、最高級の近代的人材とされた留学生を採用したため、北大と北洋大学の出身者の採用上の傾向に違いが生じた。

第6節　留学生の国民政府組織の上・中・下層への分布

　分析の前に、2つの点を確認しておかなければならない。

　まず、一般的に言って、組織内のメンバーは、公平競争の原理にしたがってレベルごとに上へ昇進したと言われるが、実際、小兵から元帥に昇進した

という類の事を耳にしたことは少ない。また、大多数の状況下では、政府のメンバーは「垂直ヘリコプター」のごとく続けざまに昇進したが、あるメンバーは一生昇進のチャンスはなかった。個人差がこのようにあるように、組織内の部署にも類似した傾向がある。ある部署は昇進に有利であり、ある部署は不利である。実際、個人の努力は昇進の一つの要素にすぎず、同様に重要なのは、組織がいかにこの人を扱うか、およびいかにこの人を育成するつもりであるかということである。

　次に、職位と権勢は決して完全に正比例するわけではないということである。職位が高くて権勢は低いとか、権勢が高くて職位が低いといった現象は同時に存在し、一般的に言って、技術性のある職位は職位が高くて権勢は低いという傾向があり、組織人事面の職位は、権勢が高くて職位は低いという傾向があった。有名な特務機関である「軍統」[39]は、その実際の頭目は戴笠であったが、その本職の活動においては、長い間、一処長にすぎず、逝去1年前（1945年3月）になって局長（陸軍少将）に昇進したのであり、本研究においては最も縁辺で、最下層の分析対象であった。その前任の陳立夫や、賀耀祖、銭大鈞、林蔚（文）などは、官位上においては戴笠よりはるかに高かった。しかし、戴笠は蔣介石など彼の古い上司に極めてよく尽くしたため、蔣介石は彼のことをずっと「戴科長」と称していた。そしてこの戴笠という人物に対して、国民党や国民政府メンバーは、職位がどんなに高くても、彼を恐れない者はなかった。このように戴笠は、職位が低くて権勢が高いという一つの極端な例と見なすことができる。

　これにより、職位の高低という分け方については、完全にその人の影響力（権勢）の大きさと直接的に同等とすることはできない。この意味で言えば、このような分け方はただの融通の利かない分類法であり、その目的は各国留学出身の政府メンバーの指向性を区分することのみにある。また、各留学生集団も完全に一致してその中の一類に属していたわけではない。異なる留学生を一つの集団に帰することは、もちろん、彼ら各個人が全員、その集団と完全に同じ関係を持っていたと考えていることを意味しているのではない。

1. 国民政府組織における上・中・下層の画定

　本研究が主に依拠している『中華民国軍政職官誌』のような人物辞典の収録状況は、南京政府各部の間で異なる部分があり、ある部は比較的詳細で、司局級以下まで収録されている（いずれも完全な統計ではない）が、ある部は正副局長級までしか収録されていない。本研究について言えば、もし全てを統計化するのであれば、その統計量は膨大で、相当の労力を費やすだけでなく、さらにそのデータの運用処理がかえって不便になる。そこで、大規模な集団の性質に対する説明を満足に保証するという前提下で、できるだけ統計規模を圧縮し、これにより本研究は一般的に司局級まで統計を行うこととした。ここでのいわゆる上・中・下層もこの範囲内で画定した。

　外交と教育部のような一部の部門は、例えば参事や、弁公室主任、国立〇〇館長、中央銀行行長、常務理事などのように、司局級以下まで統計を行うが、これはある種の比較的特別な目的[40]があるだけであり、よって国民政府全ての上・中・下層に対して分析を行う場合には、この部分のデータは運用に加味しない。

　このように、本研究の南京政府における上・中・下層の境界を、以下のように定めることとする。

　上層：国民政府正副主席、五院正副院長、政府委員。
　中層：五院秘書長、行政院各委員会正副委員長、秘書長、正副主任委員、行政院政務委員、各院各部正副部長、警察総監、参謀総長。
　下層：各部次長、政務次長、常務次長、行政院各会正副委員長、各局・署・処の正副長、駐日代表団の正副団長、最高法院の正副院長、行政法院の正副院長、会計長、主計長、（参謀）総長弁公室主任、中央銀行理事会常務（任）理事、正副総裁、各部参事、弁公室主任、国立〇〇館長。

　上述の基準に照らして、南京政府の上・中・下層に対して表Ⅲ-6「留学生各集団の南京国民政府組織における上・中・下層の分布」（詳細表）を作成した。

表Ⅲ-6「留学生各集団の南京国民政府組織における上・中・下層の分布（詳細表）」で、下層に極端に集中している「不詳」と「資料なし」の合計が21.2％に達することは、資料収集を完全な形でなすことができなかったことを表しているが、少なくとも上（0.8％）・中（5.7％）層における資料は比較的整っており、中・上層における分析も相当程度正確に行ったつもりである。とはいえ、21.2％は決して小さな数字ではなく、国民政府の下層は本研究における分析の及ぶ限界であることを表している。さらに下層以下になれば、分析の精密さと正確性を保証することはますます難しい。

ここで注意すべきは、下層において留日学生の人数が明らかに留米学生に匹敵しないという点である。ここから次の2つのことが読み取れる。1つ目は、下層の人数比率は比較的大きく、そこにおいて留米学生は全体的に比較的若く、いまだ高位には昇進していないということ。2つ目は、戦争により日本留学がしばらく中断していたことにより、留日学生に後継者がいなくなり、留日は頭打ちとなったが、留米学生はまだ先が長いということである。これは、つまり、時の経過とともに、留米学生が国民政府の高層を占拠する可能性があるということである。1949年以後、国民政府は台湾に移り、この点を検証することはできなくなったが、後の国民政府は、台湾に移って間もなく、次第に留米学生の支配下に入っていったのである。

2. 各集団メンバーの国民政府組織の異なる階層への分布

以下、表Ⅲ-6における各集団の各階層での活動に照らして、仮にそれを4種類のタイプに分けた。この4種類のタイプは以下のとおりである。

①高級政府メンバーを輩出し、上・中層に集中して下層には比較的少ない。
②中級政府メンバーを輩出し、中層に集中して上・下層には比較的少ない。
③下級政府メンバーを輩出し、下層に集中して上・中層には比較的少ない。
④各級政府メンバーを輩出し、上・中・下層への分布が比較的均等である。
①高級政府メンバーを輩出し、上・中層に集中して下層には比較的少ない。

表Ⅲ-6　各集団メンバーの国民政府組織の上・中・下層への分布（詳細表）

	上	%	中	%	下	%	28-49	%
①留日	88	24.3	31	16.1	17	9	310	17.6
②日軍校	39	10.8	8	4.2	5	2.6	106	6
③留米	61	16.9	33	17.2	45	23.8	315	17.9
④留英	7	1.9	8	4.2	9	4.8	81	4.6
⑤留仏	9	2.5	11	5.7	6	3.2	91	5.2
⑥留独	21	5.8	11	5.7	9	4.8	113	6.4
⑦留ソ連・ロシア	3	0.8	4	2.1	3	1.6	17	1
⑧他欧	4	1.1	6	3.1	4	2.1	14	0.8
⑨教会	25	6.9	18	9.3	13	6.9	106	6
教会（書院など）	3	0.8	0	0	0	0	8	0.5
⑩清華	2	0.6	1	0.5	2	1.1	31	1.8
⑪北大	3	0.8	3	1.6	1	0.5	26	1.5
⑫国内他大	4	1.1	5	2.6	6	3.2	45	2.6
❶北洋	8	2.2	2	1	2	1.1	26	1.5
⑬保定	17	4.7	9	4.6	8	4.2	53	3
⑭陸大	6	1.7	4	2.1	1	0.5	20	1.1
⑮黄埔	0	0	1	0.5	0	0	5	0.3
⑯その他の軍校	16	4.4	6	3.1	3	1.6	36	2
⑰行武	8	2.2	0	0	0	0	11	0.6
⑱科挙	13	3.6	5	2.6	2	1.1	64	3.6
⑲旧式学校	4	1.1	6	3.1	3	1.6	13	0.7
⑳新式学校	8	2.2	7	3.6	8	4.2	56	3.2
資料なし	1	0.3	5	2.6	28	14.9	153	8.7
不詳	2	0.6	6	3.1	12	6.3	34	1.9
特殊教育	5	1.4	0	0	1	0.5	15	0.9
香港大学	0	0	2	1	0	0	4	0.22
滞外	3	0.8	0	0	0	0	4	0.22
トルコ	1	0.3	0	0	0	0	1	0.11
北京大教授	0	0	0	0	0	0	3	0.34
総計	362		192		189		1761	

出所：作成方法については、第1章第2節「研究の方法について」と第4節「帰国留学生データベース」を参照。

このタイプに属する主なものは、留日学生、留独学生、保定（軍校）、北洋大学である。表Ⅲ-6から関連部分を抜粋したものが下記の左の表である。

	上	中	下	28-49
①留日	24.3	16.1	9	17.6
②日軍校	10.8	4.2	2.6	6
⑥留独	5.8	5.7	4.8	6.4
❶北洋	2.2	1	1.1	1.5
⑬保定	4.7	4.6	4.2	3

	上	中	下
①留日	151	100	55.9
②日軍校	257.1	100	61.9
⑥留独	101.8	100	84.2
❶北洋	220	100	110
⑬保定	102.1	100	91.3

　上記の左の表から中（層）を基準（100％）として計算し直すと上・中・下層の比率は右の表のようになる。（以下同じ方法による）
　この右の表を見て分かることは、各項目の上（層）への集中傾向である。中でも特に、軍事留日学生の傾向が最も顕著で、留日学生全体で見れば、上・中・下層の比率はほぼ4：2：1（408.1：200：117.8）と完全に漸減する順序となっている。また、その他の3項目は大体3：2：2であり、類似した傾向を呈してはいるが、決して留日学生ほど突出してはいない。特に、留独学生と保定（軍校）生の漸減傾向は顕著ではなく、そのことから、これは、留日学生のこのタイプにおける典型であると言えるのかもしれない。

②中級政府メンバーを輩出し、中層に集中して上・下層には比較的少ない。
　このタイプに属する主なものは、留仏学生、北大、教会系大学、旧式学校である。

	上	中	下	28-49
⑤留仏	2.5	5.7	3.2	5.2
⑨教会	7.7	9.3	6.9	6.5
⑪北大	0.8	1.6	0.5	1.5
⑲旧式学校	1.1	3.1	1.6	0.7

	上	中	下
⑤留仏	43.9	100	56.1
⑨教会	82.8	100	74.1
⑪北大	50	100	31.3
⑲旧式学校	35.5	100	51.6

その中でも、教会系大学の項目の特徴はそれほど顕著ではなく、残りの3項目は明らかに1：2：1を呈している。但し、そのうち北大の統計規模は比較的小さく、誤差が生じる可能性は無視できない。

③下級政府メンバーを輩出し、下層に集中して上・中層には比較的少ない。
　このタイプに属する主なものは、留米、留英、清華、新式学校、「不詳＋資料なし」である。
　その中でも、清華は顕著ではない。そのため第1に、集団が大きくなく、統計に誤差が生じる可能性が比較的高い。第2に、その上・中・下層の比率が約1：1：2を呈していることから見れば、清華は疑いなく「下層に集中して、上・中層には比較的少ない」という部類に属する。その他、留米、清華、新式学校という3項目の上・中・下層比率は、約1：2：3であり、留英は約1：2：2を呈している。

	上	中	下	28−49
③留米	16.9	17.2	23.8	17.9
④留英	1.9	4.2	4.8	4.6
⑩清華	0.6	0.5	1.1	1.8
⑳新式学校	2.2	3.6	4.2	3.2
資料なし＋不詳	0.8	5.7	21.2	10.6

	上	中	下
③留米	98.3	100	138.4
④留英	45.2	100	114.3
⑩清華	120	100	220
⑳新式学校	61.1	100	116.7
資料なし＋不詳	14	100	371.9

④各級政府メンバーを輩出し、上・中・下層への分布が比較的均等である。
　このタイプに属する主なものは、留独、保定（軍校）、教会系大学である。

	上	中	下	28−49
⑥留仏	5.8	5.7	4.8	6.4
⑨教会	7.7	9.3	6.9	6.5
⑬北大	4.7	4.6	4.2	3

	上	中	下
⑥留仏	101.8	100	84.2
⑨教会	82.8	100	74.1
⑬北大	102.1	100	91.3

上の表が示すように、留独学生と保定（軍校）生の漸減傾向は顕著ではない。同様に、教会系大学の項目における中層の特徴も特別明らかなものではない。この3項目の共通の特徴は、上・中・下層の分布が比較的均等で、1：1：1に近いということである。これはもしかすると、それらが政府に輩出した人材は、各階層、全方位的であったということを表しているのかもしれない。この3項目の上・中・下層の人を同一の新しいタイプとして分類すれば、もしかすると事実の真相をより反映することができるかもしれない。

3. 各種要素の対照

(1) 留日と留米

　留学生について言えば、非留学生出身者と比較して上位にいるとは断言し難いが、彼らが人数的に強力な優位性を持っており、さらに非留学生と比べて出元がより複雑で、結成した派閥で分けることが困難であったために、留学生の各集団間に共通意識が生まれやすかった。

　ここで、上述した各分析結果をまとめると、留学生が比較的大きな全体的優位性を持っていたと言える。南京政府に人材を最も多く輩出した留日学生と留米学生という2つの集団について言えば、両者の政府内におけるおおよその勢力分布は、図Ⅲ-5「国民政府権力構造内における留日学生と留米学生の勢力（示意図）」のように、表すことができる。

図Ⅲ-5　国民政府権力構造内における留日学生と留米学生の勢力（略図）

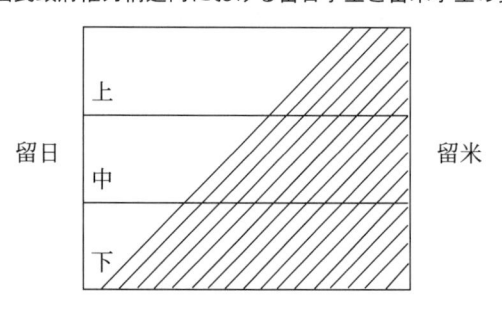

総人数比（416：315）から言えば、国民政府内の留日学生は留米学生より著しく多いというわけではない（1：0.75の比率）。しかし、両者には権力構造の階層上において、それぞれ偏りがあり、それによって留日学生（軍事留日学生を含む）が上層と中層において留米学生をリードし、その結果が、留日学生全体の比較的大きな優位性となっている。

　もし国民政府を近代中国社会の一領域（行政機関）と見なすならば、この社会における他の大学、軍、政党といった留日学生と留米学生との間に強烈なアンバランス（後の章を参照）が生じた領域と比較して、かなり接近した比率である。留日学生は優位性を持っているが、留米学生も眼に見える成功を遂げ、南京政府の中でしっかりと足元を固めていたと言うべきであろう。その中でも教育と外交といった職能性部門では、留米学生はかえって風上に立って独占していた。これにより、国民政府内の状況は、当時の中国社会の縮図であり、他の領域と比べて、より全面的に全体の実際状況を代表しうるものであると考えて差し支えないであろう。

(2) 北大と清華

　北大と清華を比較するのは興味深いものである。なぜなら、多くの留米学生が清華卒業生でもあり、もし北大が卒業生を大量に留学させていなければ、両校の差はもっと大きくなったはずだからである。その歴史が比較的短い清華が北大を追い越す形となった。北大は中国の最高学府と称されていたものの、その南京政府内での権勢地位は、かえって清華の足元にも及ばなくなってしまったであろう。

　1910－30年代までの北大の中国における地位に関しては、急激に下降した跡を示す資料をまだつかんでいない。これにより、地位の変化による原因を排除することができる。同様に、両校とも北京に位置し、また北洋大学のようなその他の北方の大学も比較的優秀な成績を残していることから、地理的面による原因も排除できる。では、いったいどのような原因により、この中国で最も著名な学府が、南京国民政府との間にこれほど縁がなかったのであろうか。

原因は1つにはとどまらないであろう。本研究の分析範囲内で初歩的考察を行うと、2つの原因が考えられる。1つ目は、保定（軍校）、聖約翰、清華、北洋大学と比べて、北大卒業生は国民政府内において比較的確かな勢力範囲、すなわち派閥を形成することができなかったか、あるいは形成できたとしても派閥勢力が比較的小さかったということである。2つ目は、五四運動以来、北大は急進的知識分子の集合地点や反政府の代表的存在となっていた、ということである。言い換えれば、北大が政府の対立面に立ってしまったということで、これも恐らく一定の関係があるであろうが、今後、さらなる検証が待たれるところである。

　1922年に新学制が確立し、北大は校内行政も留米から帰国した清華グループにより握られた。そうしてキャンパス内では、西洋の学問が天下を統一した[41]。これは今日おいては不思議なことではないが、いわゆる「清華組」現象と「大清帝国北大荒」として知られた話である[42]。

(3) 技術系と人文系

　しかし、北大が南京国民政府に「気に入られなかった」根本原因には、国民政府の人材登用方針の中に、いわゆる実用的学問で代表される専門知識を重んじる技術官僚の傾向があったこともあると考えられる。この技術官僚的傾向とは、西洋化や留学といった、いわゆる近代性によって人材を測るということでもあった。清華は留学生によって南京政府の中でその足元を固めた。その意味から言えば、技術系大学の優勢[43]と人文系大学（いわゆる総合大学を含む）の劣勢という構図であったとも言える。この点は、各集団の互動により実現されたことである。留日学生が、すでに南京国民政府に組織体系と思想体系の基幹部分を提供しており、この面で南京政府は切迫した必要性を感じていなかった。一方、その他の集団が提供した組織体系や思想体系には南京国民政府に受け入れられる部分が少なく、より多くの部分が政府の対立面へと流れていってしまった。しかし、技術体系に関しては、留日学生がごく一部しか提供しなかったため、残りの部分を他の人材に求めることが必要であった。

表Ⅲ-7　五院首脳の南京政府における主要兼任状況（集団と主な人物）

①留日	28	蔣中正 8	陳立夫 2	陳果夫 1
②日軍校	35	孫科　8	朱家驊 2	何應欽 1
③留米	18	孔祥熙 5	葉楚傖 2	伍朝枢 1
④留英	1	宋子文 4	張継　2	翁文灝 2
⑤留仏	2	王寵惠 4	賈景徳 2	劉建群 1
⑥留独	9	于右任 4	劉哲　2	劉尚清 1
⑨教会	8	戴傳賢 4	周鐘岳 2	閻錫山 1
⑪北大	6	林森　4	許崇智 2	譚延闓 1
⑬保定	5	居正　4	馮玉祥 1	王雲五 1
⑯その他の軍校	1	覃振　4	顧孟余 1	童冠賢 1
⑲行武	1	鈕永建 4	張癘生 1	黄紹竑 1
⑱科挙	11	邵元沖 3	胡漢民 1	蔡元培 1
⑳新式学校	1	呉鐵城 2	汪兆銘 1	趙戴文 1
教会	2	張群　2	劉蘆隠 1	魏道明 1
		陳銘枢 2	丁惟汾 1	張伯苓 1

出所：作成方法については、第1章第2節「研究の方法について」と第4節「帰国留学生データベース」を参照。

清華以外では、教会系大学のような特定の思想形態が濃厚な教育機関を含めて、思想や組織上では南京政府に多大な影響を与えることができなかった。教会系大学が提供したのは、清華などと同じく財政経済や外国語などの技術性のある人材にすぎなかったのであろう。南京政府のこのような傾向により、「最高学府」の北大もただ手をこまねいて見ているしかなかった。

4. 国民政府における職位の兼任

特定集団に兼職が多くなると、統計の真実味が失われてしまうということになる。しかし、兼職は同時に、集団や個人の権力集中傾向を測る一つの指標でもある。そこで、南京政府内で最も兼任現象が現れる可能性の高い五院

の首脳人物を選んで、分析を行うこととした。各集団の兼任の総数を出すと同時に、主要な兼任者の状況を列記して参考とした。

表Ⅲ-7「五院首脳の南京政府における主要兼任状況」からは、以下のことが分かる。まず、予想と一致して、上層に行くほど権力は集中し、兼任現象も多くなるということである。兼任現象は各領域と各階層に遍く存在し、いくつもの兼任をするということが最も重要な幾人かに集中していた。また、留日学生の兼任状況は比較的顕著で、これは留日学生の人数の多さとも関係があるかもしれない。特に、軍事留日学生が最も多かったのは、同時に政治的性格における集権傾向とも無関係ではないと考えられる。

しかし、軍事留日学生を除いて、南京政府の兼任状況は主に最上層に集中していて、特別多いというわけではなく、基本的に「正常」なレベルにあり、各留学生集団の総人数を考慮して見れば、軍事以外の留日学生を含めて、各集団間の差も顕著ではない。つまり、兼任の状況は遍く存在しているものの、各集団間に過剰な格差は存在していないことにより、兼任によって生じるマイナスの影響は、本統計の精度に重大な脅威を与えるには十分ではない。

同時に、本統計の分析では、さらに一定程度、国民政府が表面を飾るために特定の国家の帰国留学生を引き立てて（通常想定されるのは留米学生であるが）傀儡とした可能性がないことを明らかにした。本研究の分析ではまず、国民政府全体がこうした姿勢を採った可能性がないことを明らかにしている。ここから、上述した学界の「定説」、すなわち日中戦争時期に中米関係を強化するために、中国が留米学生を重用して表面的に飾らざるをえなかった、という説の正確性は、限定的なものであるということが言えよう。このような説が強調している範囲は、主に教育と外交という2つの領域に限られており、この2つの領域は留米学生が伝統的に強い部分で、中日戦争の前でも、留米学生のこの2つの領域での優勢は顕著であった。

第7節　帰国留学生の南京政府各部への分布

1. 統計表の説明

　表Ⅲ-8「権力構造から見る各集団メンバーの南京政府各部への分布」について、まず3点説明する必要がある。1つ目は、4つの部について統計を行っただけで、全てについて統計したものではなく、特に、財政部を収録しなかった点である。2つ目は、外交部と教育部について統計を行ったが、比較する際は両部の合計を、内政部と国防部の合計と行った点である。3つ目は、五院を加えた点である。

　1つ目の、財政部を収録しなかった理由はこうである。財政部は外交や教育などの各部以上に留米学生が最も集中していた部である。本研究では、単に各留学生集団の南京政府各部における勢力分布をはっきりさせる必要があるだけではなく、このような分布の中から、彼らの南京政権国家権力構造内における地位と位置づけを分析することが必要である。財政部は、職業性が比較的強いが、同時に、政権の命脈の所在として、政治性も強い。そのため財政部の権力軸における位置づけを確定し難い。言い換えれば、本研究において、その統計結果をいかにして測り、運用すればよいのかを確定し難いのである。

　相反して、国防部や特に内政部は、財政部のような強い職業性はないが、政治性と組織性が強く、これはその権力性の強さを表している。また逆の状況により、外交と教育は権力軸の上では内政や国防の対極にある部門と見なすことができる。その意味で、本研究が採る方法は、まず権力軸の両端に位置する集団に対して測量と位置づけを行い、それからこれを基準として、その他の権力軸の中間に位置する集団を類推する、というようなものである。但し、本研究では経済界に対して統計を行わないこととする。

　2つ目、外交部と教育部の合計を、内政部と国防部の合計と比較したのは、以下の考えからである。過剰に細分化した後は、各単一項目の統計規模が縮小されてしまい、それにより誤差が生じる可能性が増大するという問題が生

表Ⅲ-8　権力構造から見る各集団メンバーの南京政府各部への分布
（内政、国防、外交、教育と五院を中心として）

	内政、国防		外交、教育		外交		教育		総計(1)		五院		総計(2)	
①留日	42	32.6	48	11	31	12.8	17	8.9	90	15.9	58	42	148	21
②日軍校	29	22.5	4	0.1	張群 3	1.2	1	0.5	33	5.8	9	6.5	42	5.9
③留米	5	3.9	104	23.7	66	27.2	38	19.4	109	19.2	23	16.7	132	18.7
④留英	5	3.9	49	11.2	24	9.9	25	12.8	54	9.5	4	2.9	58	8.2
⑤留仏	8	6.2	32	7.3	20	8.2	12	6.1	40	7.1	5	3.6	45	6.4
⑥留独	2	1.6	20	4.6	4	1.6	16	8.2	22	3.9	9	6.5	31	4.4
⑦留ソ	4	3.2	4	0.1	4	1.6	0	0	8	1.4	0	0	8	1.1
⑧他欧	2	1.6	3	0.1	2	0.8	1	0.5	5	1	0	0	5	0.7
⑨教会	3	2.3	29	6.6	16	6.6	13	6.6	32	5.6	6	4.3	38	5.4
⑩清華	0	0	19	4.3	17	7	2	1	19	3.4	0	0	19	2.7
⑪北大	0	0	13	3	2	0.8	11	5.6	13	2.3	5	3.6	18	2.5
⑫国内他大	2	1.6	9	2.1	2	0.8	7	3.6	11	1.9	0	0	11	1.6
❶北洋	0	0	11	2.5	10	4.1	1	0.5	11	1.9	2	1.4	13	1.8
⑬保定	25	19.4	1	0.02	1	0.4	0	0	26	4.6	0	0	26	3.7
⑭陸大	10	7.8	0	0	0	0	0	0	10	1.8	0	0	10	1.4
⑮黄埔	4	3.2	0	0	0	0	0	0	4	0.7	0	0	4	0.4
⑯その他の軍校	3	2.3	0	0	0	0	0	0	3	0.05	2	1.4	5	0.7

⑰行武	2	1.6	0	0	0	0	0	0	2	0.03	0	0	2	0.3
⑱科挙	2	1.6	6	1.3	4	1.6	2	1	8	1.4	12	8.7	20	2.8
⑲旧式学校	0	0	0	0	0	0	0	0	0	0	0	0	0	0
⑳新式学校	4	3.2	2	0.05	0	0	2	1	6	1.1	3	2.2	9	1.2
資料なし	1	0.8	85	19.4	37	15.2	48	24.5	86	15.2	5	3.6	91	12.9
不詳	5	3.9	0	0	0	0	0	0	5	1	1	0.7	6	0.8
北京大教授,港大	0	0	3	0.1	3	1.2	0	0	3	0.05	3	2.2	6	0.8
総計	129(29)		438(4)		243(3)		195(1)		567(33)		138(9)		705(42)	

出所：作成方法については、第1章第2節「研究の方法について」と第4節「帰国留学生データベース」を参照。

じる。これは例えば、内政と国防という2つの部の規模は比較的小さく、1期における統計規模は十数人と極めて少ない。表中から分かるように、たとえ内政と国防の2つの部をいっしょにして統計しても、全統計人数は延べ158人で、留日学生、保定（軍校）、陸大、留仏の4項目を除くその他の各項目統計人数は、5人以下である。このようにすると、統計誤差の可能性が増大する。そこで、2つの大きな部類（外交部＋教育部：内政＋国防）に分けて分析を行うのみとした。そして、以下の手順で4つの分析を行った。

　①政府において政治性や権威性が比較的強いと考えられる部門。例えば、内政部や国防部などの分析。
　②政府において政治性や権威性が比較的弱いと考えられる部門。例えば、外交部や教育部などの分析。
　③五院に対する分析。
　④総計は平均値を取る。

　3つ目の、五院を加えるにいたった直接の理由は、内政と国防という2つの部の規模が比較的小さく、外交と教育部の総和との格差はほぼ3倍に達するが（158：442）、そこに五院の延べ138人を加えると、外交と教育部の総和との距離は依然として大きいものの、その格差は1.5倍に縮小される（296：442）ためである。これは、可能性のあるマイナスの影響を大きく緩和することになる。この五院を加えたその他の理由については、後でさらに具体的に述べることとする。（146頁参照）

　上述ように、関連する各時期分布の統計をした際に、各期政府の使命と時期的特性を考慮したが、相互間にはかなり大きな差があり、特に持続時間の格差が大きかった。それにより後半2期の政府（1947－49年）を副次的位置に置いた。しかし、ここで各部に対して分析を行う場合には、このようなことを考慮しなくてもよいものと考える。なぜなら、政府内の各部、特に重要性のある大きな部の構造と機能は、比較的安定しているはずであり、時期的変遷との関係も大きくはないためである。このため、ここでの統計は、南京国民政府の全時期（1928－49年）に焦点を当てることとする。

　その他、統計項目が比較的多いことにより、本文と統計表を対照しやすく

するため、表中と文中の番号を削除しないこととする。

2. 各主要集団の権力集中率を中心とした分布順序

　表Ⅲ-8からも分かるように、留日学生は教育と外交の面で弱く、特にそれらの下層はほとんど0である。これは、留日学生の教育と外交面における主導権は、主に大政方針に限られざるをえないということを表しているのかもしれない。また、留米学生は外交と教育面において独占的であるが、内政や国防といった部での活動においては、人数の少ない留仏学生にも及ばず、留英学生と同程度にすぎない。その要因は、留米学生自身が内政や国防面での発展を望まないというよりも、国民政府内が、留米学生に対する評価として「内政や国防に適さず」の烙印を押していた可能性がある。その他、統計結果からさらに分かるのは、英留学と米留学は同一類型とすることができる。そして、日独ソへの留学生の間にも一定の類似点がある、ということである。同一類型の集団の大多数の領域内における分布は、足並みをそろえて漸減と漸増の傾向を現している。このような類似性に対しては、今後、さらなる分析を必要とするだろう。

　また、前述したように、権力成分と権力要素により、国防部、内政部、外交部、教育部を選んで統計分析の選択項目とした。このようにして、上表の各集団の国防部、内政部、外交部、教育部といった部の勢力分布を通して、2種類の異なる方向性の留学生を見て取ることができる。1つ目は、留日学生を典型とした権力志向型である。2つ目は、留日学生と対比される、留米学生を典型とした非権力志向型と呼ばれるものである。当然、この2種類の方向性の間は、相対的な関係であり、絶対的な権力志向もなければ絶対的な非権力志向もない。さらに同様の方法に照らして、2種類の方向性の間には、一つの中間過渡的エリアがあり、留日学生と留米学生との間を、順番にソ連、ドイツ、フランス、イギリスから帰国した留学生と仮定できる。留学生だけではなく、国内出身の政府メンバーにも同様の区分を行うことができ、これは基本的に「保定（軍校）から陸大、黄埔、北大、国内その他の大学、北洋

大学、教会系大学、清華」というような順番で帰納することができる。

その他、参考として、さらにもう一つの統計を行う必要があるが、それはすなわち各集団内の各領域における分布といった統計である。内政と国防への集中度の順に出た結果は、次のとおりであった。

保定	日軍	留ソ	留日	留仏	国内他大	留英	留独	留米	北大	北洋	教会	清華
96.2	87.9	50	46.7	20	18.1	9.3	9.1	4.6	0	0	0	0

この順番は、国防と内政という2つの部を外交と教育という2つの部に対比したものを軸として得られたもので、これを逆にして見ると、外交と教育への集中度を基準とした順番となる。前者は権力集中度を中心とした分布順序と見なすことができ、後者はまさに相反して権力分散率を中心とした分布順序である。こうして、百分率で見れば、留仏と留独は、留米に接近した側に位置している。

このように分析して分かったのは、留独（6.5％）と留仏（3.6％）は留英の人数には及ばないが、五院内での活動は留英（2.9％）を超えているということで、「留独―留仏―留英」の順番が得られた。この順番が上記の順番とは完全に同じではないのは、留独と留仏の前後の順番を逆にしたところにある。表8の五院の総計（1）と（2）の割合は、五院内の権力構造と見なすことができ、こうして一つの主要各集団（上位8集団）の南京政府権力構造内における順序を最終的に、「留日―北大―科挙―留独―教会―留仏―留米―留英」と確定した。この順番は、各集団の勢力や実力、権力の大きさの順ではなく、各集団の権力性の強さの順を表したものと言える。

留日学生は、保定軍校卒業生との間にも多くの類似点があり、この点は留意すべきである。これは保定生が留日学生（例えば蒋百里）に師事していたというよりは、留日学生の性格に軍校卒業生の一面が強いと言ったほうがよいであろう。国民革命に参加して民国を建国した者の多くが、蒋介石のような軍事留日学生であったのである。この点は、留日、革命、軍隊、政党という4者間に強烈な関連性があったということを示している。国民党は少なく

とも、その初期においては革命の党であり、執政党となった後に急速に変質してしまったのである。

3.「極化」と「分散化」の現象

　上述した数字から単純に見れば、独仏留学生は中間型の中でも比較的米国留学生の側に接近した類型に属する。しかし、ここで忘れてはならないのは、この2つの項目（集団）は大きくはなく、つまり誤差が生じる可能性が比較的高いということである。内政と国防という2つの部における留日学生の集中の度合いが極めて高かったことからも、その他全ての項目の矮小化現象が生じたのである。統計から留日学生の32.6％と保定生の19.4％を除外すれば、残りの48.0％がその他の類型の人材に振り分けられる。さらに、その中から陸大や黄埔など軍官学校を除外すれば（合わせて66.9％に達する）、その他全ての類型に振り分けられる分は、極めて少ない33.1％を残すのみになる。また、同様の「極化」現象は、外交と教育という2つの部にも存在しており、もし英国（11.2％）と米国（23.7％）の両国を除外すれば、残りの分は65.1％となる。

　ここで単純に数字にこだわって問題の性質を見失ってはならない。独仏留学生の位置づけを確定する際に、まず、統計結果そのものに対して一定の調節、すなわち非極化処理を行う必要がある。そのやり方は、上述のように、両極の留日、留米、保定（軍校）、北大、北洋大学と、教会系大学を除外して、中間に位置するものの順番、「留ソ―留仏―国内その他大学―留英―留独―清華」を得るのである。

　また、上述の「極化」現象だけではなく、「分散化」現象も存在している。これは、両端に位置する典型部分が、勢力範囲の防御の必要性といった原因により、意識的、無意識的に、近隣の領域に触手を伸ばしたことによる。この行為の結果、留日と留米はそれぞれ類型の典型的位置にあるものの、決して最も極端な位置にはいないという状況を生み出した。また、「保定（軍校）―日軍―留ソ―留日全体―留仏―国内その他大学―留英―留独―留米―北大

―北洋大学―教会系―清華」という順番に現れているのは、留日の左には保定（軍校）、日(本)軍(校)、留ソがいて、留米の右には、北洋大学や、清華、教会系大学がいるということである。

　さらに先に述べたように、可能性のある誤差を軽減するため、五院に対する統計を付加した。これは、五院の指導者が南京国民政府で最も代表性を備えた首脳部分であり、権力が最も集中した部分であったためでもある。五院は理念性の権威であり、国民政府組織の中で、一種の構造的な権威として、各部の職能性のある権威とは異なる部分があったが、本研究で分析すべき政治傾向は、この2種類の異なる権威をどちらも考慮しなければならない。

4. 五院を加える理由とその意外な結果

　五院が国民政府の一部分に属しているかどうかという点については、さらなる説明が待たれるところである。現代政治学から言えば、行政院以外の四つの院は、狭義の政府の範囲には含まれない。しかし、歴史上から見れば、広義の政府の構成部分として、その役割を発揮していた。立法院を除いて、その他の院の下には部を設けており、この点からも行政府の一部と言える。しかし一方、行政院以外の院の管轄機関は少なく、行政院の規模と同様であるとも言えない。1928期政府で言えば、行政院は当初は、10部5委（員会）2処を設け、後に3部3委（員会）1監1院を増設した。そのほかに、各地方自治政務委員会も行政院の管轄に区分された。これと比較すると、司法院の管轄機関は、司法行政部、最高法院、行政法院[44]だけであり、監察院の管轄機関は監査部[45]、試験院の管轄機関は考選委員会と銓叙部だけであった。

　南京国民政府は設置の際に、三権分立の均衡原理を参照したが、そのまま援用してはいない。五院は国民政府内の五院であり、『中華国民政府組織法』により設置された。五院院長の上に国民政府主席も設けられていた[46]。また、国民政府主席と五院院長は国民党中央執行委員会により選任され、五院はそれぞれ、中央執行委員会に対して責任を負っていた[47]。この意味から言えば、五院を含む国民政府は全体的に、国民党の執行機関であった。そして、いわ

ゆる五権分立は、国家執行機関内部の権力分立と均衡を図るものであった。

また、社会（民）の角度から見れば、これらの機関はみな「官」の一部分であり、当然、政府の構成部分である。本研究の重心は帰国留学生の中国国家権力構造内部における地位と役割をはっきりさせることにあり、五院は、この構造の重要な構成部分である。

五院の政治権威性は、各部の政治権威性とは完全に同じではなく、ある意味では、院は部のように職能性が比較的強い機構でもない。しかし、五院の持つ象徴的権力、普遍的権力、構造的権力は、依然として、政治傾向を分析する際に無視できない内容となっている。それは、これらの権力が、集団の政治権力を示す際に重要な意味を持ち、各集団間の実力や勢力の重要な指標であるためである。五院どうしの間では、五権憲法により確定された権力構造の中で、全ての院は、その名義上は対等であるが、実際には権威レベルが対等であるだけで、政治権力の大きさは同じように語ることができないものである。一部の院は、憲法法理上での地位は崇高だが、民国の政治生活における影響力が地位と同様に大きいとは限らない。院の首脳の選任にも人事バランスの面があった。そのような意味で、院は各学歴集団の勢力範囲を示していた。

このように、五院の首脳人物を加えることは、総計（1）に対する一つの救済措置であり、総計（1）と（2）の結果を比較すれば、格差が総計（1）が1：3であるのに対し、総計（2）が1：1.5に狭まっている。これで十分に公平であるというわけでなく、その結果は依然として、統計規模が比較的大きい外交や教育面で優勢を誇る留米学生に有利であるが、総計（2）は、総計（1）よりも一定の改善が見られ、より真実を反映しうる状況であると言える。

総計（2）からは一つの現象を見ることができ、それはすなわち、異なる類型の権力と権力構造が存在しているということである。この現象は思いがけないことであるが、軍事留日学生の帰属問題であると言える。この軍事留日学生は、留日学生全体の中の一つの特殊な部分に見えるが、中華民国の権力構造における地位と位置づけから言えば、むしろ留日学生の典型的部分であり、「留日学生の中の留日学生」と見なすべきであろう。彼らの内政部における傑

出した活動からは、多くの一般的な留日学生の特徴を見いだしうるが、実際の状況はそれだけではなく、軍事留日学生は、さらに職業的な一面を持ち、国防部での突出した地位の主な要因が、その職業軍人の特徴から出ている。これは、軍事以外の留日学生の成し難いところであったため、一方では軍事留日学生を留日学生の範囲内において扱うのと同時に、彼らのこの特殊性をも忘れるべきではない。

各部自体も、内政部は政府の中で、基本的に純粋に組織性、政治性、権力性のある部門に属し、国防部も権力軸の上において極めて中心的な一部分に属しているものの、内政部と完全に同じではなく、そのほかに職業的な一面を持っていた。

軍事留日学生と軍事以外の留日学生の特徴の違いにより、内政と国防、五院の統計間に誤差が出ている。軍事留日学生は内政や国防といった実際に権力を重視する場所において大きな配分を占めていた（22.5％）のだが、五院のような抽象的な権威を重視する場所での活動においては、思いどおりの活躍にはならなかった（6.5％）。軍事留日学生と一般的な留日学生とは、両者とも極めて強い権力性を表したが、それぞれ権力の異なる側面を代表しており、前者は権力の中の組織や機能性といった比較的具体的で固定された部分であり、後者は権力の中の権威性など比較的抽象的で柔軟な部分であった。

以上、権力構造内の上下垂直のレベルで分析を行った。しかし、同様の分析は、これ以後の章では行わず、そこでは、権力構造の水平的で横向きのレベルに集中して行っていた。これは、社会の各領域内に存在する権力的要素が、基本的に職能性の部分に属し、政治的組織内部の命令性を用いて、それを上下垂直方向の流通手段とすることができないためである。

5. 外交部と教育部の最下層についての分析

表Ⅲ-9「各集団メンバーの南京政府外交部、教育部の最下層への分布」では、上記で上・中・下層に対して分析を行った際に、その他の部とのバランスにより収録できなかった最下層の部分を収録した。上記した下層の2部の

次長(政務次長と常務次長)、各司、局、処、署の正副の長、会計長、主計長を除き、さらに参事、弁公室主任、国立〇〇館長、常務理事を加えた。この階層の状況は、それから10年後の国民政府外交部と教育部がありうる状況を予測するのに助けとなるであろう。

多くの部の中で、外交と教育という2つの部を選んだのは、主にこの2部が上述した権力軸において内政部と国防部と対極に位置するためである。『職官志』には、外交面に関連する、より詳細な資料が収められており、例えば駐外国大使館に関して、特命全権大使や公使を除き、さらに下級の代理公使レベルも収録されている。しかし、この階層まで詳述されているのは外交部だけであった。その他下記の理由により、統計範囲を拡大する試みを適当なところで止めなければならないということが分かった。

表Ⅲ-9の統計では、以下で述べる5つの比較的顕著な点が見られる。1点目に、軍事留日学生や保定(軍校)など国内の軍官学校出身者は、例外なく、全て0％であった。2点目に、英米の帰国留学生はこの階層において非常に人材豊富で、特に留英学生は14.6％に達して、その集団の規模に不釣り合いなほどの多さであった。また、3点目に、教育領域内では留学生全体で延べ52人に達し、全体の69.3％を占め、「資料なし」を計算に入れなければ75％にまで達した。4点目に、外交領域内では留学生全体で延べ92人に達し、全体の78.6％を占め、「資料なし」を計算に入れなければ85％にまで達した。この2つの領域において留学生は、極めて大きな優位性を誇り、外交ではさらにほとんど留学生の独壇場であった。さらに5点目に、「資料なし」の比率が大きく上昇して、18.2％と28％に達し、平均が22.4％で、1928－49年全時期の総平均値8.7％と比較して大幅に多い。これは、有効な統計の限界がこの階層までであり、もし統計範囲を無理に拡大すれば、必ず誤差発生の増加となり、統計の精度と信憑性を大きく下げてしまうということを表している。上述した留英学生の14.6％という異常な数字には、こうした要素が含まれていると見られる。このため、本統計は参事などを外交と教育という2つの部の最下層とした。

表Ⅲ-9 各集団メンバーの南京政府外交部、教育部の最下層への分布

	下層（外交）	%	下層（教育）	%	28－49	
①留日	21	14.7	10	9.7	295	16.8
②日軍校	0	0	0	0	90	5.2
③留米	36	25.2	19	18.4	318	18.2
④留英	10	7	15	14.6	81	4.6
⑤留仏	9	6.3	3	2.9	91	5.2
⑥留独	4	2.8	5	4.9	113	6.5
⑦留ロ・ソ	2	1.4	0	0	18	1
⑧他欧	2	1.4	0	0	14	0.8
全留学	92	78.6(85)	52	69.3(75)	1020	58.3
⑨教会	8	5.6	6	5.8	115	6.6
⑩清華	12	8.4	1	1	31	1.8
⑪北大	2	1.4	7	6.8	26	1.5
⑫国内他大	3	2.1	6	5.8	37	2.1
❶北洋	5	3.5	0	0	45	2.6
⑬保定	0	0	0	0	53	3
⑭陸大	0	0	0	0	16	0.9
⑮黄埔	0	0	0	0	5	0.3
⑯その他の軍校	0	0	0	0	41	2.3
⑰行武	0	0	0	0	11	0.6
⑱科挙	3	2.1	1	1	64	3.7
⑲旧式学校	0	0	0	0	15	0.86
⑳新式学校	0	0	1	1	56	3.2
資料なし	26	18.2	29	28	153	8.7
不詳	0	0	0	0	34	1.9
その他	0	0	0	0	27	1.9
総計	143		103		1761	

出所：作成方法については、第1章第2節「研究の方法について」と第4節「帰国留学生データベース」を参照。

150　第3章　南京国民政府における帰国留学生

第8節　結　論

　以上、南京国民政府に対して3種類の統計分析を行った。それらは第1に、そのメンバーの各出身集団について行った各期政府における勢力変化の統計分析である（主に、1928－47年の2期を主とする）。第2に、各集団の南京国民政府組織の上・中・下層における分布について行った統計分析。第3に、各集団の南京国民政府各職能部門における分布について行った諸統計分析である。さらに最後に、外交部と教育部という2つの部のさらに下層のメンバーについて行った統計分析を特別に加えた。

　第1の分析から分かるのは、留日学生と留米学生は人数が多く、その勢力は人数と正比例している。その中でも、特に留米学生は帰国人数では明らかに留日学生に敵わないものの、南京国民政府内で占めている職位では、決して留日学生に引けをとらず、善戦している。しかし、第2の分析で分かるのは、留日学生と留米学生の政府組織の上・中・下層における分布では、権力の集中傾向が現れており、結果として留日学生は、上層と中層において比較的大きな優位性を誇って留米学生を圧倒している。第3の分析は、この傾向が、権力傾向が顕著な部門においてさらに際立っていることを明らかにしている。また、最後に加えた外交と教育という2つの部におけるさらに一つ下層のメンバーについて統計分析では、留米学生と留英学生が、ここにおいて、その予備的実力が豊富であることが明らかになっている。これは、10年後でも、2つの部が依然として、彼らの勢力範囲であるということを予期させる。以上、上述の分析は基本的に、帰国留学生を含む各集団の政治的性格を如実に反映していると考える。

表Ⅲ-10　国民党南京政府期

内閣\国別	譚延闓 1928－1930	蔣中正 1930－1931	孫科 1931－1932	汪兆銘 1932－1935	蔣中正 1935－1938	孔祥熙 1938－1939	蔣中正 1939－1945	宋子 19－19
日本	5	7	4	11	8	6	7	
米国	4	5	4	8	2	4	9	
仏国	1	0	0	1	3	0	2	
ソ連	0	1	1	0	0	0	1	
ドイツ	0	0	1	3	2	0	3	
英国	0	0	2	3	1	0	0	
ベルギー	0	0	0	0	0	0	0	
北大	0	0	0	0	0	0	0	
他大	0	0	0	0	0	0	0	
教會	1	0	0	1	0	0	1	
保定	1	1	2	3	1	1	2	
他の軍校	1	2	0	0	1	1	3	
科擧	1	0	0	0	0	0	0	
專門	2	2	0	0	1	0	2	
不詳	3	1	0	1	0	0	0	
總計	19	19	14	31	19	12	30	23

出所：国民党南京政府期政府委員（1927－43年）の名簿は、『民国政府職官年表（1925－49年）』（張朋園、沈懐玉編、中央研究院近代史研究所史料叢刊（6））に基づくものである。学歴状況は『中華留学名人辞典』による。また、この辞典の中で不足している資料は『中華留学名人辞典』、『中華民国史辞典』、『中国民主党派人物録』などから補足した。

メンバーの学歴（1928－49年）

	翁文灝 1948-1948	孫 科 1948-1948	何応欽 1949-1949	閻錫山 1949-1949	総計	類別	%	次官 1928-1949	%	長官対次官
	1	2	3	4	64	64	26	27	19.6	2.37
	4	4	3	3	56	56	22.9	24	17.4	2.33
	6	2	0	0	23		9.4	6	4.3	
	1	2	0	0	9		3.7	8	5.8	
	4	2	0	2	22	64	9	3	2.2	2.37
	1	0	0	0	10		4.1	10	7.3	
	0	0	0	0	0		0	0	0	
	0	0	0	0	0		0	0	0	
	0	1	2	0	3		1.2	2	1.4	
	0	0	0	0	5		2	3	2.2	
	0	0	1	1	17	61	6.9	14	10.1	1.02
	0	1	1	0	10		4.1	6	4.3	
	0	0	0	0	1		0.4	1	0.7	
	3	1	0	1	17		6.9	21	15.2	
	1	0	0	0	8		3.3	13	9.4	
	21	15	10	11	245	245	100	138	100	1.78

総計＝245/138（1.78）　日本＝64/27（2.37）　米国＝56/24（2.33）
仏国＋ソ連＋ドイツ＋英国＋ベルギー＝64/27（2.37）　北大＋他大＋
教会＋保定＋軍校＋科挙＋専門＋不詳＝61/60（1.02）

第8節　結　論

注

1) 『北華捷報』1928.4.14　48頁。フェアバンク編『ケンブリッジ・中華民国史1912－1949』中国語版（上）中国社会科学出版社　1993年　141頁
2) L. E. Eastman「南京十年時期の国民党中国1927－37年」フェアバンク編『ケンブリッジ・中華民国史1912－1949』中国語版（上）中国社会科学出版社　1993年　141頁
3) 林炯如『中華民国政治政度史』華東師範大学出版社　1993年　116頁
4) 林炯如『中華民国政治政度史』華東師範大学出版社　1993年　140頁
5) 同上　148頁
6) 同上　145、173－174、176頁
7) 張海鵬「中国留日学生と祖国の命運」『東瀛求索』第8号　1996年　23頁
8) 同上　26頁
9) 同上　24頁
10) 同上　24頁
11) Lloyd E. Eastman「南京十年時期の国民党中国1927－37年」フェアバンク編『ケンブリッジ・中華民国史1912－1949』中国語版（上）中国社会科学出版社　1993年　154頁
12) 鄧元忠『国民党中核組織の真相―力行社、復興社およびいわゆる「藍衣社」の変遷と成長』連経出版事業公司　2000年2月
13) 同上　1－39頁
14) L. E. Eastman「南京十年時期の国民党中国1927－37年」フェアバンク編『ケンブリッジ・中華民国史1912－1949』中国語版（上）中国社会科学出版社　1993年　186頁
15) 19世紀末、「二権分立」、あるいは「政治と行政の分立」が一時流行した。この説を提唱したグッドナウ（F・J・Goodnow）は、1900年に『政治と行政』という著作を出版し、欧米各国で絶大な人気を巻き起こした。彼の学説は後に中国に伝わり、グッドナウも袁世凱に招かれて北洋政府の法学顧問（1913－14年）となった。さらに『政治と行政』は、行政学の最初の著作であると称えられた。筆者はかつて二権学説を研究し、グッドナウの『政治と行政』を中国語に翻訳した（華夏出版社　1987年8月）。孫文の五権思想のもう一つの本源に関しては、中国伝統の監察と試験制度（科挙制）によるものであることが学術界ですでに定説となっている。
16) 林炯如『中華民国政治政度史』　華東師範大学出版社　1993年　165頁

17) 同上
18) 郭卿友編『中華民国期軍政職官誌』甘粛人民出版社　1990年　524頁
19) 当時の「党国」、「党軍」というタイトルの宣伝品が数多く早稲田大学の図書館にも所蔵されている。
20) 鄧元忠『国民党中核組織の真相―力行社、復興社およびいわゆる「藍衣社」の変遷と成長』連経出版事業公司　2000年2月　1－39頁。復興社は蒋介石を社長とし、劉健群、賀衷寒を幹事とする。
21) L. E. Eastman「南京十年時期の国民党中国1927－37年」フェアバンク編『ケンブリッジ・中華民国史1912－1949』中国語版（上）中国社会科学出版社　1993年　164頁
22) 鄧元忠『国民党中核組織の真相―力行社、復興社およびいわゆる「藍衣社」の変遷と成長』連経出版事業公司　2000年2月
23) 鄧元忠　前掲22）　12－14頁
24) 鄧元忠は、当時の日本の当局および新聞等の資料は信頼度が低い、「藍衣社」についての情報も少ないと断言。氏は例として、日本の当局と新聞等は終始、「三民主義力行社」の名称すら知ることがないと指摘。鄧元忠　前引　13頁
25) 鄧元忠　前掲22）　13－14頁
26) 同上　22、39頁
27) 張玉法『民国初年的政党』中央研究院近代史研究所　民国74年版（1985年5月）
28) 郭卿友編『中華民国期軍政職官誌』甘粛人民出版社　1990年　524頁
29) 同上　第524頁
30) 例えば、前述した「軍統」。
31) 現役軍人は国民政府委員を兼任してはなけないという規定があったが、国民政府軍事委員会、訓練総監部、参謀本部および軍事参議院のメンバーは、全員紛れもない軍人であり、行政院内の軍政部、海軍部などのメンバーさえも、全員軍人であった。郭卿友編『中華民国期軍政職官誌』甘粛人民出版社　1990年　525頁
32) 郭卿友編『中華民国期軍政職官誌』には警衛団も含まれる。甘粛人民出版社　1990年　584頁
33) 郭卿友編『中華民国期軍政職官誌』では、「軍事委員会」は「参謀本部」と同級の位置に置かれている。甘粛人民出版社　1990年　584頁
34) この場合は、林炯如の『中華民国政治政度史』がより実際の状況を反映してい

ると言える。
35) 郭卿友編『中華民国期軍政職官誌』甘粛人民出版社　1990年　584頁
36) 王元「近代中国の政党政治における帰国留日学生─帰国留米学生との比較を中心として」依田憙家、王元編『日中関係の歴史と現在』白帝社　2007年
37) 一般的に言って、留学生の大多数にとって留学が最高学歴であり、最終学歴でもある。
38) 本章第4節および第5節を参照。
39) 国民政府軍事委員会調査統計局のことであり、1935年5月に最初に成立し、1938年3月に正式に成立した。
40) すなわち外交や教育部の最下層に対する分析であり、本章最終節を参照のこと。
41) 李華興『民国教育史』上海教育出版社　1997年　801頁
42) 近年流行の俗語で、清華大学の隆盛と北大の荒廃を例えている。
43) 清華大学は1952年「院系調整」まで総合大学を目指したが、北大と比較する場合、その工学的な性格は明らかである。
44) 後に公務員懲戒委員会を増設した。
45) 後に審計部を増設した。
46) 具体的な権限は時期により変化が比較的大きかったが、総統制実行後は権力が拡大した。
47) 今日の台湾においては、行政院は立法院に対して責任を負う。

第4章
帰国留学生の中国社会各領域への進出

　第1章においてすでに提起したが、政治傾向というのは「社会人」の一種の基本的特徴として、政治行政組織などの権力構造の中にだけ存在するのではない。理論上から言えば、政治傾向はすべての社会組織と社会生活の中に存在しており、一部の社会組織において、その他の組織より比較的際立っているにすぎない。

　政治傾向は一種の感情的傾向として、個人レベルで、異なる社会領域における表現には、比較的大きな差が出る可能性がある。しかし、一つの社会階層や社会組織について言えば安定的なものであり、(個人レベルと比較して)異なる社会領域での表現は、比較的大きな一致性と相関性を呈する可能性がある。これにより、ある社会階層や特定の集団の政治傾向について分析する時に、異なる社会領域を通して相互検証を行うことが可能である。

　第3章では、帰国留学生の南京国民政府での地位、役割、政治傾向を権力構造内から分析した。そこで本章では、分析範囲を南京政府以外にまで拡大し、中国社会の各主要領域に対するさらなる分析を通して、第3章の分析結果を検証してみることとする。第1章においてすでに提起したが、この作業を行う際に、本研究では民国期における中国の、軍隊や政党などの政治権力的組織、大学及び科学研究など国家機器と比較的密接に関連するいくつかの領域（組織）を選定した。これは主に、その他の社会領域と比較して、これらいくつかの領域の「政治性」が比較的強く、これらの領域内の帰国留学生の政治傾向が比較的明確で分析しやすいということを考慮したものである。

　そのほかに、本研究では、分析時において、意識的に第4章と第3章とを差別化した。明らかに分かる分析範囲の拡大を除き、これらの差別化は主に、以下の2つの面で現れている。一つ目は、この2つの章で問題に対する視点

は異なり、同様に南京政府に対して分析を行っているが、第3章は南京政府の内部から見たものであるために、南京政府組織の各部分(すなわち各機能部分)に対してだけでなく、さらに上・中・下層に分けて分析を行っている。一方、第4章は、相反して社会各領域から多方向的に（外部から）南京政府を見、被分析対象は一つの全体として、社会の一部分として分析したものである。また、二つ目は、第4章の分析が焦点を絞った深い探求ではなく全面的な探求であり、本研究における独特の分析手段や分析結果を過度に強調することはせず、学術界においてすでにある研究成果を反映させてまとめることを重視した。

第1節　帰国留学生の軍への関与

　近代中国は、戦乱に明け暮れた時代であった。それはまるで、それまでに一度も真の平和の時代がなかったかのような状況であった。比較的平和な時期もあったが、そのような状態は決して長くは続かなかった。日中戦争期と解放戦争（第2次国共内戦）期は言うまでもなく、統計によれば、1927－37年の比較的平和な時代においてでさえ、財政支出の大半が軍事費に拠出されていた（およそ3分の2の割合を占める[1]）。このように、軍事行動は近代中国の歴史において重要な位置を占めていた。

　「党が軍隊を指導する」とは、孫文が国民党のために定めた方針である。この「党→政（府）→軍」といった図式は、後に共産党にも用いられた。しかし、このような図式を実現させることは極めて困難である。蔣介石時代の中華民国においては、このような図式の順序が逆転されてしまい、いわゆる「党軍合体」の現象が現れた。1929年に、中国国内の国民党員の半数以上は軍人であり、1935年には、党の中央執行委員会の43％が軍人となっている。また、この10年の間に、国民党は約33人の省主席を支配下においたが、そのうち25人は軍人であった。言い換えれば、軍事組織が、中国において最も重要な政治的・社会的な組織でもあった。

以下、本節では、帰国留学生（主に日本からの）が近代中国の軍隊において発揮した重要な役割について分析する。これらの帰国留学生は、ただ単に外国の近代的な軍事思想と制度を中国軍部内に導入したのみならず、彼らの大多数が軍部において重要な地位を占めて、当時の軍による各種行動を直接指揮し、さらに軍をよりどころとして政界の支持を取り付け、中国社会全体に影響を与えていた。

1. 清末民初の中国の軍隊の正規化と近代化

(1) 日本に学ぶ

　軍事目的の留学生と一般の留学生との差違を考慮に入れて、まず軍事目的の留学生の状況について簡単に紹介する。歴史の大事件を契機として留学が盛んになっていった点を考慮し、近代において諸外国が中国に与えた影響について考察していく。留学生が中国に与えた影響を考察することは、近代以来、「諸外国が中国に与えた影響」を考察することとも多方面にわたって関連しており、意義のあることと考えられる。

　洋務運動の間、中国にとって、「外国に学ぶ」ということが必須の事として認識されるようになったのは、おおよそ阿片戦争以後のことである。それ以前にも「外国に学ぶ」ということがなかったわけではないが、それらの大半は一部の上流階級により好奇の目をもって取り入れられたにすぎず、必ずしも「必須のこと」ではなく、外国に学ばなければならないというわけでもなかった。しかし、阿片戦争以後、状況は一変した。李鴻章をはじめとする太平天国の乱や捻軍の乱の鎮圧に当たった者たちは、西洋式の軍備の方が極めて強力であることを悟り、技術を中心とした洋学を奨励した。

　李鴻章ら洋務派の指導者たちの関心は、「強力な武器」を手に入れることだけに集中しており、洋務派のこのような西洋に学ぶ態度は、しょせん、表面上だけのものであったが、少なくともこの時点までに、中国人が西洋の優れた点を認め始めたということが言える。ここで日本と状況が異なっていたのは、日本の場合、西洋に学ぶことの意義をしっかりと感じ取った後に、西洋

に学ぶことを決意したために、非常に自発的かつ積極的であったという点である。一方、中国の場合は、戦争の被害にも遭って西洋に学ぶ必要性に迫られたことから、非自発的で消極的な傾向があった。しかし、中国の場合はその後の対外戦争にも敗北し続け、19世紀の終わり頃には、西洋に学ぶことが徐々に主流的な社会思潮の一つとなった。

　戊戌の変法（「百日維新」）の指導思想の一つである康有為の『日本変政考』の巻二「紙幣」、巻三「官禄」、巻四「兵制」、巻五「内務省、大蔵省など官制改革」、巻六「元老院及び大審院」などは、基本的に黄遵憲の『日本国志』によるものと考えられる。また、光緒帝による戊戌年の改革詔令は、基本的には『日本変政考』によるものと考えられる。つまり、戊戌の変法は、一種の「日本式」の変法であった[2]。

　こうして、中国が「日本に学ぶ」ようになるのは、日本が明治維新やその後の一連の改革を通じて国力を増し、一大近代国家となって以後のことである。具体的に述べるならば、日本が日清戦争で中国に勝利して以後、特に日露戦争でロシアを破って以後のことである。中国人にとって、日露戦争で日本が勝利したことは、ひそかに喜ばしいことであった。それは、日本の勝利を中国人が自分たちのことのように考えたからではなく、東洋人は決して西洋人に劣っておらず、軍隊をしっかりと訓練して組織を整えれば、西洋諸国にも勝利することができるのだということをこの戦争で初めて証明したためである。従って、中国も西洋式の軍事制度と訓練方法を採用すれば、日本のように、世界の強国にのし上がることができると考えたのである。阿片戦争以来の対外戦争における敗北で、中国人はたいへん自尊心を傷つけられていたが、日本の日露戦争の勝利によって、中国人の希望は大いに鼓舞されたのである。これについて、『遠東評論』のある記者は、「日本に為しえたことは、中国にも為しうるはずである。たとえ我々が優秀な民族でなくとも、必ずしも日本人に劣るわけではない」[3]と当時の中国人の態度を総括している。

　伝統的区分から言えば、日本は西洋の国家ではない。だが、中国人にとって「西方に学ぶ」とは、決して「欧米諸国に学」ばなければならないということを意味しているわけではない。「西方に学ぶ」ことの本来の目標は、ただ

「夷の長技を取り入れる」、「夷を以って夷を制す」ということにのみある以上、この目標が達成されさえすれば、どこから学んだとしても関係ないのである。このような事情が、20世紀初頭における大規模な留日学生の突発的な増加を生み出したのである。「日本に学ぶ」といった動きは、当初は、「西方に学ぶ」といった動きの流れの一つから始まったことにすぎなかったのかもしれないが、いったんそれが有効であることが分かれば、直接「日本に学ぶこと」は決して悪いことではなくなった。また、急速に「日本に学ぶ」傾向が強まった要因には、日中両国が地理的に近いなど客観的要素のほかに、感情的な側面も挙げられる。つまり、日本は「東方」の国家であり、中国とは歴史的・文化的なつながりが強いので、中国人にとっては、「日本に学ぶ」ほうが「西方に学ぶ」よりも感情的に受け入れやすかったのである。

(2) 新軍と近代軍校の設立における留学生

日清戦争敗北直後の中国人の反応は、一時的に、怒りと自暴自棄の様相を呈するものであった。しかし、後にさらなる挫折（百日政変と義和団事件）を経験するに及び、知識人社会の中で、日清戦争で打ち負かされた相手である日本のことを詳細に分析するようになった。この分析からすぐにある結論が導き出された。その結論とは、「国民」を育成するには「尚武」の精神が必要であり、この「尚武」の風を速やかに全国に広めなければならないということであった。この時期、様々な軍事研究機関とその関連団体が設立された。それらは例えば、1903年に設立された北洋武備研究所（保定）や陸軍兵事雑誌社などである。軍事関係の雑誌などの書物も数多く出版され（例えば『武備雑誌』、『北洋兵事雑誌』など）、この過程において、梁啓超などの比較的日本に精通している知識人や留日学生などが大いに貢献した。こうして留日学生は、1908年に、東京に武学編翻社を設立し、雑誌『武学』を発刊して、近代的国民育成のために尚武の精神を鼓吹するとともに、国民の軍人化と国家の軍事化、いわゆる「平民皆兵」の実施を要求した。さらに1909年には、海軍編翻社が設立され、雑誌『海軍』が創刊された。一方、中国が近代的な新式の軍事学校を創設し始めたのは、洋務運動期であった。これらの軍事学校

の創設には、軍事力を高めることを目指す洋務派が重要な役割を担った。統計によれば、洋務派は19世紀後半の約40年間に37校の新式の学校を創設し、そのうち軍事技術に関するものは18校で、統計的には49％を占めていた[4]。

洋務派による中国の軍事力強化は、近代兵器の製造技術と海軍力の強化という2つの側面に重点が置かれていた（水師学堂などの海軍学校は8ケ所で、陸軍学校の7ケ所を上回っている）。その際のモデルは、イギリス、フランス、ドイツなどの西欧諸国であった。しかし、一連の対外戦争、特に日清戦争の敗北によって、洋務派の軍事力強化策は失敗した。このため、中国は、日本に大量の留学生を派遣するとともに、日本を手本にして新式の軍事学校を設立することにした。1911年夏、北京陸軍兵官学堂は、依然として計画段階であったが、上述した各種の軍事学堂のほかにも、大沽憲兵学堂（後北京へ）や20余りの専科の類の軍事学堂が創建された。また、当時、中国政府で軍事顧問を務めていた米国陸軍総参謀部のスウィフト（Swift）少校は、1910年に、中国の軍事学堂に在学する約7,000人の学生数を、1912年までに2倍以上にすることを計画した。1916年には陸軍大学堂が創立され、それ以前の陸軍中学堂（4校）、陸軍小学堂（24校）[5]、その他の軍事学校（ここには15ケ所の測絵学校も含まれる）を合わせると、校数は70校余りとなり、在校生は約15,000人となった[6]。

(3) 新軍の編制と訓練

清末の新軍の創設は、1894年の胡橘が天津の馬場（後に小駅に移る）に「定武軍」を設立したことに始まる。「定武軍」は統計上4,750名で、「一切の訓練規約は西洋式であった」。1895年に、袁世凱が「定武軍」を引き継ぎ、これを「新建陸軍」と改め、「専らドイツ式にならった」[7]。また、1898年に、清朝は北洋軍を「武衛軍」と改め、袁世凱の「新建陸軍」を「武衛右軍」と命名した。

辛丑の変（義和団事件）で武衛軍の各部隊はほぼ壊滅したが、「武衛右軍」だけは損害がなく、新軍の創設において成果を収めた。また辛丑の変の後に、

清朝は軍事面にかかわる科挙試験を廃止し、広く武備学堂を建設し（1901年）、練兵処を設立し（1903年）、さらに兵部を陸軍部と改めた（1906年）。こうして新軍を編制して、訓練するといった「新政」の重要な計画は全国へと広められ、全国に軍事訓練を重視する風潮が形成された。

　袁世凱が北洋新軍を編制、訓練すると同時に、張之洞もまた南京でいわゆる「自強軍」を編制、訓練しており、ドイツを手本としていた[8]。1896年に、張は湖広総督に任命され、「自強軍」の一部を湖北に移した。これが湖北新軍の起源である。後に「自強軍」の大部分は劉坤一によって統轄され、さらに後に、山東に移され袁世凱の指揮下に置かれた。1907年に、陸軍部は、全国の新軍を36師団に編制することを正式に決定した。この時すでに北洋新軍は編制されており、その規模は6師団8万人余りで、当時最も強大かつ精鋭であったので、清朝の頼りとするところであった。しかし、各地の新軍の足並みはまだそろっておらず、当時比較的強力であったのは、湖北、広東、広西、雲南、四川であるが、編制・訓練の方法が統一されず、戦力の差も顕著であった。また、1904年以後に清朝政府が発令した、新軍を各鎮に建設するといった制度は、基本的に日本の陸軍兵制を手本としており、それに修正を加えて成立したものである。

　軍事目的の留日学生が比較的多かったことから、これらの地域の新軍は、彼ら留日学生が教員を務める新式軍校に多くを依存しており、優秀な中級・下級将校を獲得しやすかった。その中でも、特に雲南の新軍は強大であった。雲南は決して留日学生が多い省ではなかったが、雲南の新軍は留日学生の集まる雲南新式軍校（雲南陸軍講武堂、陸軍小学校）の恩恵を受けていった。また、雲南新軍が強大であった背景には、もう一つ別の重要な理由があった。それは、清朝政府に重視されていた、ということである。これは、当時中国西南の主権はフランスの脅威を受けており、広西、貴州、四川の新軍もまた、雲南新軍の統制下に置かれていたためである。

　新軍制度の主なものとしては、編制方式や訓練方法など新しい軍事制度があるが、人員面では部隊形式や組織と構造方法を提供した。

(4) 北洋新軍

　北洋新軍は、当時の中国において最も先進的かつ強力な新式軍隊であった。北洋軍の兵員は、全国各地から集められ、その内部構成は相当複雑であった[9]。将校の中には、北京、天津、保定などの軍校出身者からなる北洋系の者や、日本の軍校出身者からなる士官系の者もおり、その数も少なくはなかった。このほかにも、各地方の軍校を卒業した者も比較的多かった。これら3つの勢力が互いに派閥争いを繰り広げ、特に士官系と北洋系の溝が深まっていった。

　また、北洋新軍の当初の建軍方針は、ドイツを手本としたものであったが、後にその対象が日本へと移行するにつれて、士官系の青年将校の勢力が増し、北洋系の者との確執が深まる原因となった。これとは逆に、北洋系の将校の地位が高かったことから、士官系の者もまた、彼らのことを不満に思っていた[10]。

　士官系が最終的に北洋軍の実権を掌握することはなかったが、彼らの地位は日増しに上昇し、軍事学校においては北洋軍の参謀機関と堅固な基盤を築き上げた。北洋軍の編制・訓練方針の変更が、留日学生の大量流入とどのような関係にあるのかはまだ明らかになっていないが、このような動きに対して留日学生が与えた影響も否定することはできず、最終的に方針転換をする決定的な要因の一つとなったのであろう。ドイツを手本とする動きも存在しなかったわけではないが、ドイツ留学生が少なく、彼らの支持がそれほど大きくはなかったことと、また彼らの勢力範囲が極めて小さかったことから、全国的な状況としては日本式の方針へと変化していくのが必然的情勢であった。蒋作賓は、辛亥革命の成果が袁世凱に利用されたことに関して、北洋軍の中で留日学生の勢力が弱かったことによると見ており、彼は、「辛亥革命は時機的に熟していなかった。もし2、3年あれば、北洋軍の将校が新世代の留日将校に取って代わることができ、革命党が徹底的勝利を収めることができたであろう」と見なしていた[11]。

　また、中国近代の軍事教育史において、保定軍官学校は極めて重要な位置を占めている。この学校がその当時の軍事界に与えた影響は、後の黄埔軍官

学校が与えた影響をもしのぐものであった。この学校は、1912年に保定陸軍速成学堂に取って代わる形で創設され、帰国後間もない留日学生の蒋方震[12]が校長に任命された士官学校である。当初は、教官の大部分は各地の軍官速成学校出身者で占められており、彼らの能力（素質）は決して高くはなかったが、彼らは北洋陸軍の保守勢力を代表していたために、軍校内における留日教官との衝突は避けられないものであった。後にこのことが原因の一つになり、蒋方震は陸軍部との関係が悪化して自殺未遂を起こすまでに追いつめられていった。

(5) 各地方の新軍

新式の軍事学校の創設と新軍建設の過程において、日本が自ずと見習うべき対象となった1903年以後、中国は日本陸軍の方式に習って新軍を訓練し、日本式の武器を製造、装備した。こうして、日本の軍事制度と軍事用語が中国で受容されていった。この当時、軍事面において日本が中国に影響を与えた理由は、主に二つある。一つには、日本人が中国に教習（教官）として派遣されたためであり、もう一つは、日本へ留学した学生が多かったためである。日本人教習数は、他国の教習数と比べて最も多く、その影響力も大きく[13]、ドイツ人が次に続いた。1907年以後に新たに募集された外国人教習は、そのほとんどが日本人であった。ジョン・W・ジョルダン（John. W. Jordan）[14]の記載によれば、1908年には、「およそ70名の日本人将校と士官が招聘されていた。私が知っている限りでは、招聘されているドイツ人はわずか5名にしかすぎない」[15]。

E・フンゲ（Edmund S. K. Fung、馮兆基）は、さらにもう一つ別の意義深い現象に注意を払っている。それは、民国成立前後の時期において、外国人教師があまり重視されてこなかったということであり、この点は19世紀、特に清朝同治帝期とは決定的に異なっている。E・フンゲの推定によれば、日本の軍事教習が広東新軍と長江流域の新軍に与えた影響はかなり大きかったとのことである。これは言い方を換えれば、日本の軍事教習は長江流域と華南の軍事学校に集中しており、その影響力には地域的な限界があったという

ことである[16]。これとは逆に、留学生が与えた影響は極めて広く大きかった[17]。

1905－10年（日本への軍事目的の留学生の大半が帰国した時期）前後に、留日学生は次第に中国南方と長江流域の各新軍、とりわけ軍事学校において主導的地位を占めていった。これらの地方清軍の旧勢力は北方の旧勢力ほど大きくはなかったので、帰国留日学生に旧勢力が与える弊害も比較的少なかったのである。例えば辺境の雲南においては、新軍の高級将校「鎮統制」（師団長）と「協統」（旅団長）は全員北方出身の留日学生であった[18]。留日学生は雲南の軍校において、その勢力を日増しに拡大し、雲南講武堂や陸軍小学校で任命された校長（総弁）も全員留日学生であった[19]。また1911年に、雲南講武堂の29名の教習の中には24名の日本士官学校の卒業生が含まれており、また、非士官学校卒業生のうち3名は日本測絵学校の卒業生であった[20]。このように、これらの学生は、留学当時にすでに同盟会に参加していたので、雲南講武堂と陸軍小学校は革命勢力の根拠地となったのである。雲南講武堂は辺境の地にあったが、中国の近代の軍事史上において多大なる影響を及ぼした。それはただ単に、国民党軍の非主流の四川系軍閥（陸廷栄、龍雲など）を生み出したのみならず、後の共産軍にも有能な軍人（朱徳、葉剣英など）を提供することになった。

上述したように、20世紀初頭の新軍建設と、洋務運動期の軍事強化策とには違いがある。第1には、規模が違うということ、第2には、手本とすべき対象が欧州諸国から日本へ移ったこと、第3には、新たに設立された軍校を軍隊の基盤とし、軍校の善し悪しが新軍の性質に強く影響を与えたこと、第4には、海軍から陸軍へとその主眼が移ったことの4点である。自強運動の目標は、世界における強国の地位を確立することにあり、その当時においては強力な海軍を持つことがその証であった。しかし、日清戦争敗北後、中国人はまず領土を保全し、外国の侵略を防いでこそ世界の強国の地位に上りつめることができるのだ、と認識していった。当時の人々は、中国が日清戦争に敗北した原因を、海軍にではなく陸軍に求めていたので、まず陸軍の軍備を整備することが進められた。

まさにこのような背景により、帰国した留日学生は、清朝末期において、中国の近代軍事留学史上、主に海軍に留学した留欧米学生をしのぐ、大きな影響力を発揮するようになっていくのである。

2. 軍事留学

中国人は、国内において軍事学生を育成、訓練するだけでなく、日本や欧米諸国の軍事学校に生徒を留学させることで軍人学生を育成、訓練した。その中で、日本は次第に、日露戦争勝利後に、中国が見習うべき対象国となった。ここでは軍事目的の留日学生が最も多かった時期（1904－19年）について述べていきたい。

(1) 軍事留日の始まり

日清戦争以後、中央政府のほかに、湖北、湖南、四川を代表とするいくつかの省で、少数の若者を選抜して海外へ留学させるという事業が始まった。こうして1900年には、40名の留学生が日本の軍事学校で学んでいる。1901年9月に、中国政府は、その他の省にも海外に軍事留学生を派遣するように促した。その中でも袁世凱は特に熱心で、1902年始め、武衛右軍と北洋武備学堂から55名の学生を選抜し、日本へ軍事教育を受けさせるために派遣した。実藤恵秀の研究によると、1903年に、185名の中国学生が東京陸軍士官学校で学び、そのうち私費留学生は44名で、その他の学生は、湖北、福建、四川、湖南、浙江、雲南、直隷などの地方政府から派遣された学生であった。また、日本へ留学した軍事学生のうち、24名は、日本陸軍で実習を受けた。1904年に、日本の軍事学校における中国学生の数は増加し、200名余りに達した[21]。日本の陸軍省も、こうした動きに影響を受け、中国の学生を手助けするために様々な特別措置を講じた。例えば、新校舎を建築したり、教員と管理の人員を増やしたりなどである。しかし、留日学生の数は毎年一定ではなく、それゆえに留学生の滞在と管理の面においては何かと困難が生じたために、中国の駐日大臣楊枢は、北京に対して毎年派遣される留日学生

の人数を定めるよう上奏し、併せて、総督、巡撫と各省の高級将校が留日学生を選抜するようにも提起した。

　これを受けて1904年5月に、清朝政府は法令を発布した[22]。この規約では、まず、毎年の軍事目的の留学生の数が100名に定められた。次に、留学生が地方の武備学堂の学生から選抜されるようになった。彼らは中国文化についてしっかりと理解をし、軍事科学の基礎知識を備え、年齢も18歳から20歳でなければならなかった。また、これらの学生はすべて公費留学生であり、その費用は北京と各省が共同で請け負った。そのため、これ以後は私費で日本へ軍事を学びに行くことは禁止された。この時期にすでに私費で留学していた学生は、中国の駐日本大臣の審査を受けて、合格したものだけが公費留学生となった。学生は、卒業すると見習い士官の資格で日本の陸軍部隊で短期訓練を受け、その後、彼らの中には日本の士官学校、あるいはその他の学校へ進学して知識と技術を深める者もいた。一方、それ以外の学生は、中国へ帰国している。帰国後の彼らは、その経歴が考慮されて適当な職に配属され、士官学校やその他の軍事専門の学校に進むことなく帰国した学生であっても、特に優秀なものは「管帯」（大隊長、艦長）に任命された。また、日本の士官学校を卒業した者は、さらに高い地位に任命された。

　日本へ軍事留学した学生の大半は、直隷、湖北、湖南、浙江、江蘇から来ていたが、時には厳格に定められた規約の人数を超える留学生が派遣された。これは、これらの省の財政が比較的豊かで、総督が積極的であったためである。また袁世凱と張之洞以外に、両江総督端方（1906－09年在任）も、地方の青年を留学生として外国へ送ることに極めて熱心であった。

(2) 日本側の対応

　日本政府は、中国側のこうした必要性に対して、中国人留学生のために振武学校という軍事学校を開設した。振武学校と成城学校は士官学校の予科であり、中国駐在日本大臣の証明を持つ学生のみが入学することができた。日本の軍事当局の規定では、予科学校の卒業生は、必ず普通士兵か見習い士官身分で半年－1年の間服役し、その後に士官学校に進学して1年－1年半学

ばなければならなかった。正式に卒業するには、その前に3—6ケ月間、連隊で見習いをし、最終的に士官学校の卒業生には軍職が授けられた[23]。こうして1904年から、日本への中国人軍事留学生の数は、毎年約100人ずつ増加していった。中国側の史料によれば、1907年の軍事留学生の総数は520名余りに達している[24]。1904年には500名の中国人学生が日本で軍事を学んでいたとされたが、最近の推定では、700名[25]となっており、1904年5月の定員100名を大きく上回っている。1911年になると、中国の陸軍のうちで800名の軍人官僚が、日本の軍事学校を卒業した者か、かつて日本の軍事学校で学んだ経験のある者となっており、そのうちの630名は、士官学校で訓練を受けていた[26]。

(3) 欧米への軍事留学

一方、欧米へ軍事留学した学生は、留日学生に比べて大幅に少なかった。湖北は1903年に、8名の学生を海軍について学ばせるためにイギリスへ派遣し、さらに8名の学生を歩兵、騎兵、砲兵などの学科を学ばせるためにドイツへ派遣した。1904年には、臨時に湖広総督に任命された端方が、武昌の軍事学堂から10名の優秀な学生を選抜してドイツへ、30名の優秀な学生をベルギーへ派遣して、鉄道、軍事産業、その他の工業、農業について学ばせた。また、親オーストリーア派の両江総督周馥は、1905年に、10名の学生をオーストリーアへ派遣した。彼はイギリスとドイツへ派遣する留学生の数を増やして、軍事産業を学ばせることも主張した。

欧米諸国へ留学する学生を管理する規約と、留日学生に対する規定とはほぼ似通ったものであった。しかし、毎年派遣される留学生の数は定まってはおらず、留学前に必ずしも練兵処の同意を求める必要がなく、学生の年齢も15－24歳までであった。留学生は相応する水準の中国古典文化と歴史に関する知識を備えていなければならず、留学先の言語についても、3年間にわたり学習しなければならなかった。

(4) 軍事留日学生の帰国

　留学生が帰国後に、中国国内で重視されたことは、当時の学歴重視の風潮と関係があった。当時、若者の多くが、学校において充分な訓練を受けていないにもかかわらず、重要な役職に任命されていた。また、国内の軍校を卒業した者よりも重視され、彼らの中には、瞬く間に連隊長レベルにまで上りつめた者もおり、それ以外の者でも、参謀官か武学堂の「総弁」や「監督」を任された。「数多くの標統（連隊長）および何人かの協統（旅団長）、鎮統制（師団長）の高級将校は年齢わずか20歳余りの若者であり、隊官（小隊長）は往々にして老人たちであった」という[27]。このように、新軍を組織する過程において、軍校卒業生が各級の将校に任命されていく割合は、ますます増えていった。

　また陸軍部は、1908年の規定で、学業を終えることなく帰国した留学生には職を手配せず、留学期間に政府が提供した費用を返還させることにした。帰国した留学生は必ず、まず北京で選抜試験を受けなければならず、その後に軍職を授けられた。この種の選抜試験は、中国の軍事関連の用語が日本から導入されてきた点を考慮に入れると、欧米へ留学した学生には不利に見えるが、実際の状況はそうではなかった。それは、日本の軍事用語は、主として、西欧の軍事用語から取り入れられたものであったためである。西洋式教育を受けた将校は、ただ単に中国語で用語を覚えればよく、軍事用語に関する問題をうまく回避することができたのである。

(5) 軍事教育と将校の資質についての評価

　1910年、新たな軍事教育の体系化に伴い、新軍将校の資質を向上させることに初歩的な成功を収めた。そして、これ以前に徹底的に批判を加えていた数多くの外国人軍事専門家は、中国の軍事情勢に対する見方を変えていった。国内外の軍事学校を卒業した学生が、それ以前の将校に取って代わった。以前の将校は高齢であり、文化的素養が少なく、海外へ留学した人であっても、軍事教育をしっかり受けていたわけではなかったが、新式の教育を受けた卒業生たちは、「従来の将校よりも格段に優秀な軍人官僚集団」を形成して

いったのである。E・フンゲは、彼らのことを、次のように評価している。

　軍事的観点から見て、1911年までには新たな将校層が形成されたと言える。彼らは若く、新式の士官学校で訓練も受けており、まさに改革によって生み出された産物であり、伝統的な儒教文化と西洋および日本における近代的科学技術・知識との結晶である[28]。

　その一方で、軍閥の中での最大勢力であった国民党中央軍が地方軍閥に勝っていったところは、それほど多くはなかった。わずかに組織構造や装備の面で比較的整っており、より正規らしいものであった。これらは主に、その隊列が整備されていたことによるが、中央軍の幹部出身者は正規の軍事学校出身者が多く含まれ、これがその組織の一貫性や一体性を保証していたのである。しかし、同じレベルが、それ以上のレベルで組織されていた中国共産党軍や日本軍などとの戦闘において、中央軍は足元にも及ばなかったのである。

3. 国民党軍における留学生

(1)「中央軍」と「地方軍」

　孫文の旗印を借りて、蔣介石は各地の大小様々な軍閥を、民国の旗の下で初歩的統一を成し遂げたのだが、実際のところはバラバラな状態であった。本当の意味での結束は果たされておらず、西北には閻錫山があり、南方には桂系と滇系の軍閥もまだ服従していなかった。また東北方面は、張学良と蔣介石が義兄弟の関係を結び、旗を民国の「青天白日旗」に換えた（易幟）にすぎず、張一族の軍隊が日本軍に駆逐されるまでは、東北は独立王国であったのである。

　蔣介石直系の軍隊は俗称「中央軍」と呼ばれていたが、実際はその中には、白崇禧部のような初めから蔣介石に直属していなかった部隊も数多く含まれていた。また、「中央軍」は、国民政府の全軍隊（1940年代で約400万）の

中において最大勢力であったわけではなく、その兵力は1941年で50万人、1945年で約65万人程度であった[29]。

「中央軍」の中級・高級将校（校官、少将、中将）は、いわゆる黄埔系の将校が主体であり、これらの黄埔系将校の大多数は、後に、陸軍大学か中央軍官学校へ進学して、より高度な技術と知識を身に付けていった[30]。これは、彼らにとって、当初「黄埔軍官学校」で受けた訓練の不足を大幅に補うものであった。

「中央軍」の首脳級将校の多くは留日学生であった。地方軍の首脳級将校についても同様に、留日学生と保定軍官学校出身者が多かったが、それ以下の中・下級将校は、その経歴が様々であった。この背景には恐らく、2つの原因が考えられる。一つには、留日学生の近代中国の軍隊への入隊が一定時期(1910―30年代)に集中しており、武学堂出身者と比べると比較的遅かったこと、つまり、彼らは蒋介石と同じ過程をたどって、蒋介石が政治的軍事的に主導的な地位を占めるようになると、彼らもまた自らの地位を確立していったという点である。もう一つは、地方軍には黄埔軍官学校のような正規の軍校がなく、大量の中・下級将校を育成することができなかったという点である。これはある意味では、留学生の中国に与えた影響が多方面にわたり、多様な影響を及ぼしていたということである。彼らは、当時主流を成していた社会思潮や勢力に対してだけではなく、傍流的な思潮や勢力に対しても、多大な影響を及ぼしていた。それらは歴史の発展、推移に伴い、蒋介石による政治的・軍事的統一へと帰結していったのである（いわゆる「一つの中央、一人の指導者」）。

(2) 民国期の軍職（上将）授与

民国期の中国の軍隊は、軍隊を正規化・近代化していこうとする時期にあたり、北洋軍閥や各地の新軍の正規化、近代化を基礎にして、様々な軍事制度が確立され、完備されていく時期であった。当時、民国期における中国軍隊の将校の構成人員は極めて複雑であり、常に「行武」と「緑林」[31]出身の下級将校が大量に存在していたが、「中将」と「上将」に昇進するためには、

表Ⅳ-1　民国期における「上将」の肩書きの授与

	一級上将	二級上将	加上将	合計	％
留日	6	14(2)	7	27	20.8
留米	1	0	0	1	0.7
留独	1①	1	1	3	3
保定	6	16③(3)	10	32	24
講武堂	5②	16④	2	23	17.7
北洋	1	0	0	1	0.7
行武	1	4⑤	1	6	4.6
随営	0	7⑥	5	12	9.6
黄埔	1	2	1	4	3
陸大	2(1)	4	2	8	6
その他軍校	0	7⑦	7	14	10.8
総計	24	71	36	130	100

出所：『中華民国期軍政職官誌』[32]、『中国国民党二百上将伝』[33]、『民国高級将領列伝』[34] と『民国軍人志』[35] に基づいて統計し作成。

備考：その他の軍校とは、寧海軍校、蘭州軍校、東三省測繪学校、四川速成軍校、広西速成軍校などである。
①海軍上将陳紹寛、同時に留米。②講武堂5（うち2人は追贈）。③保定16（うち5人は追贈）。④講武堂16（うち5人は追贈）。⑤行武4（うち2人は追贈）。⑥随営7（うち2人は追贈）。⑦その他の軍校7（うち3人は追贈）。
(1) このうち徐永昌は北洋陸軍大学出身。(2)このうち2人は黄埔と陸大出身。(3)黄鎮球は同時に留独。

一般的に、学校で何らかの正規の訓練を受けている必要があった。

　次に、民国期の中国軍隊（主に国民党軍を中心とする[36]）における帰国留学生の状況について見ていく。民国期の「上将」には、「一級上将」[37]、「二級上将」、「加上将衛」の3種類があった。民国期の中国軍は、1935年に、高級将校たちに「上将」の肩書きを授与する正式かつ大規模な授与式を初めて行っている。民国期の「上将」の軍職の大半は、この時に授与されたものである[38]。しかし、この第1回目の大規模な授与は、「虚授」的な性格が強く、加えて「初期の任命には随意的（非制度的）性格が強い」[39]。しかも「上

将」の肩書きの多くは、当時の軍隊の中で必ずしも実権を握っていたわけではない元老たちにも贈られた。しかし、上述のような状況は、当時の留学生の軍隊内部における状況を考察する上でそれほど影響を与えるものではない。それは、この後間もなく、各派の軍隊（共産軍を除く）が、日中戦争と反共の動きの中で蒋介石の下に統一されていったためである。従って、逆にこの点を考慮に入れれば、本研究で当時の軍隊に対して全面的な分析を加えていくことは、比較的容易である。

1935年以後も、頻繁に軍職の授与は行われたが、規模はあまり大きくはなかった。国民政府が台湾へ移って後、1950年代初めに再び大規模な授与が行われたが、それは主に、共産軍と戦った際に「輝かしい戦功」を挙げ、台湾移転後に退役を間近に控えた古参将校に対して行われたものであった。従って、この授与も軍人を懐柔する目的を持つものにすぎなかった。

以下において、民国期に上将の肩書きを授かった将校の学歴を分析した表を掲載しておくこととする。また、任命に際して、当初は随意的性格が強かったために、この表では「上将」を授かった将校をすべて扱っているわけではない。統計から外したのは以下のものである[40]。

①直接軍隊の指揮を執らなかった者（参議などの閑職）、例えば、張作相（1936年1月11日、上将参議に着任）、孔庚（1947年11月21日、二級上将に着任）、石青陽（1935年4月6日、陸軍上将に追贈された）、呉光新（1939年11月25日、陸軍上将に追贈された）、但懋辛（1946年7月31日、陸軍上将に着任）、周濂（1946年7月31日、陸軍上将に着任）、姚以価（1947年2月28日、陸軍上将に着任）、薩鎮氷（1946年11月22日、海軍上将に着任）、賈徳耀（1941年3月19日、「中将加上将銜」に追贈された）。

②北洋政府で軍に携わったが、国民党軍では軍職に就かなかった者。例えば、曹錕（1938年6月14日、一級上将に追贈された）、呉佩孚（1939年12月9日、一級上将に追贈された）。

③同盟会期か孫文軍政府期に戦死し、追贈された者、例えば、王金銘（1936年4月2日、陸軍上将に追贈された）、白毓崑（1936年4月2日、陸

軍上将に追贈された)、劉溥霖（1936年6月24日、陸軍上将に追贈された)、張開儒（1935年10月18日、陸軍上将に追贈された)、範光啓（1935年4月3日、陸軍上将に追贈された)、施従雲（1936年4月2日、陸軍上将に追贈された)、徐鏡心（1936年6月24日、陸軍上将に追贈された)、譚人鳳（1935年7月15日、陸軍上将に追贈)、薄子明（1936年6月24日、陸軍上将に追贈された)、井勿幕（1945年11月19日、陸軍上将に追贈された)。

(3) 上将の授与状況から見る留学生の近代中国軍隊における地位

上述の集計から、以下のような点が指摘される。

①武学堂出身者について

武学堂（各地の講武堂、随営講堂などを含む）出身者は年齢的にも依然として健在であり、特に二級上将においてはその傾向が顕著である（合計23名、全体の33％）。しかし、一般的に言って、武学堂出身者は、1930年代までに上の地位に就くことができなければ、その前途はほとんど望み薄であった。その理由は、彼らの中に逸材が少なかったということも言えるが、彼らの中で中央軍隊内において上層の地位を占める将校が少なかったことや、彼らが各地に分散しすぎていて一大勢力を築くことができなかったという2点が挙げられるだろう。こうして1935年以後、武学堂出身者の中国軍界における影響力は下降趨勢にあった。

②帰国留学生について

日、米、独からの帰国留学生は30名だが、蔣方震が留日と留独をしており、31名で計算すれば、「上将」を授与された比率は23.8％となる。1935年の第1回目の「上将」授与は、武学堂出身の将校にとっては極めて有利であった。それは、彼らの多くが比較的早い時期（1910年代）に、既に軍隊内の指導層にまで上りつめていたためである。しかし、このような状況下においても、「上将」を授与された留日学生の数は顕著であった。留日学生の上将に占める割合は20％を超えているが、これは十分に考えられうる数字であろう。「一級上将」に占める割合が最も高く（25％）、次に「二級上将」に占

める割合が（20％）、最後に「加上将銜」に占める割合へと続いている（19.4％）。これは、地位の上昇に伴い留日学生が集中していたということを意味している。この点については、当時の軍隊において最も影響力が強かった人物、例えば蒋介石や何応欽、閻西山、朱紹良、程潜などが、全員日本への留学経験を持っていたことからも証明されるであろう。今ここで列挙したのは、国民党軍のピラミッドの頂点に立つ者たちであった。

一方、留日学生に比べて、それ以外の国へ留学した人物はあまり多いとは言えず、わずかに3名が上将の軍職を授けられているだけで（留米学生1名、留独学生2名）、そのうちの2名は海軍に属していた。留日学生のほとんどが陸軍から上将の軍職を授けられていたのに対して（民国期の軍隊の主力は陸軍であった）、留欧（主にフランス、ドイツ、イタリア）学生は、海軍から中将級、また留米学生は空軍から少将級を授けられたにすぎなかった[41]。

③黄埔軍官学校出身者について

黄埔系の将校のうちで高位の軍職の肩書きを授与された者の割合は、一般的な予想を裏切って、それほど突出していたわけではなかった。この点に関しては、以下のような原因が考えられる。

黄埔軍官学校は、高名であったとはいえ、設立されてからまだ日も浅く、学徒が受けた訓練も充分ではなかったため、民国の各軍隊の高級幹部の階級における卒業生の人数が少なかったことによる。黄埔軍官学校は、軍事学校と言うよりは政治学校と言うべきで、党の学校か幹部養成学校であり、蒋介石系列の人材のゆりかごであった。この点については、さらに後述することとする。

また、卒業生の経歴がまだ充分ではなく、彼らの師にあたる留日学生や保定軍校の卒業生からも、何らかの圧力を受けていたために、上下の身分を特に重視する軍職の評価においては、不利な立場に置かれていたことにもよる。但し、だからといって、黄埔系将校の軍部における力が薄弱であった、ということではない。中将クラスの将校（師団長レベル）においては、彼らの存在が最も強大であった。

さらに別の原因として、彼らが退役して別の職業（政界など）に就いてい

た可能性もある。つまり、士気の低下を引き起こさないという前提の下に、彼らを必要とする場所がほかにある場合には、彼らをそこへ転属させていったものと考えられる状況がある（この点については、今後のさらなる研究を待つ必要がある）。

まとめると、1949年以前における黄埔系将校の高級軍職に占める割合は、留日学生や保定軍校の卒業生に比べればはるかに低かった。黄埔系将校が、軍において上層にまで上りつめたのは後のことであり、上将の肩書きを授かったのは1945年以後のことであった。

黄埔系将校は蔣介石国民党軍の中心勢力であるとよく言われているが、黄埔軍官学校の成立は比較的遅く（1924年）、また、1930年代半ばには閉鎖されていたため、黄埔系の地位はそれほど高くはなかった。1940年代末には中将レベルの将校に就いた者は数多くいたが、上将レベルの将校に就いた者はわずか2名にしかすぎなかった[42]。

④保定軍官学校出身者について

保定軍校出身者の高級将校が一級・二級・加上将銜を占める割合は最も多かった（平均24％を占める）。このことは、彼らが職業軍人の中にあって優勢的立場を占めていたことを示す。保定軍校出身の将校は、留日学生に比べると5−10年ほど遅れるが、彼らの数自体は最多であり、受けている訓練も純軍事的意味で正規のものであったために、1920−40年代、さらには50年代にかけての中国軍界においては、大きな影響力を及ぼした。しかし、保定軍校出身者の勢力は、その多くが軍界のみに限られていたために、彼らが政治面において影響力を行使するには不利であった。

⑤行武出身者について

彼らは、わずかに4.5％を占めていたにすぎない。このことは、民国期の中国軍において「行武」と「緑林」出身者の中・下級将校が大量に存在していたにもかかわらず、彼らが最高レベルの軍職にまで上りつめることが困難であったことを証明している。逆に言えば、大多数の高級将校は、軍事学校出身者で、軍職が高くなればなるほど、その比率も高くなり、彼らの出身校の地位も上がっていった。

(4) 小　結

　これまで見てきたように、中国軍内部において首脳級の高官にまで上りつめた軍人の派閥には、時期によって違いがある。上将に昇進した者を例に挙げれば、最も早かった勢力は、北洋期に創設された軍事学堂「武学堂」(講武堂、武備学堂、将弁学堂、弁目学堂、各種軍隊の随営講堂を含み、ある時には後の陸軍速成学堂をも含むことがある)の出身者であった。その次には帰国留日学生、さらには保定軍官学校の卒業生が続いた。最後には、黄埔系学生(黄埔-陸軍大学)が上将の軍職を授かっている。欧米やソ連留学生がこの最高位にまで上りつめることは極めてまれであった。しかし、国民党政権が台湾へ移って以後、特に1960年代以後は、留米学生のみが大量に高位の軍職にまで上りつめている。つまり、留日学生が、大きな影響力を持っていたのは、1910－30年代、さらには40年代に至るまでであった。まさに彼らは、その時代にチャンスを得ていたわけであり、それゆえに社会で重視されるところとなった。折しも、その時代は彼らが大いに才能を発揮できた革命の時代であり、彼らは帰国後、軍事だけでなく、社会の各界で力を発揮した。このことは、彼らが社会全体の一大勢力として発展していくのにも有利であった。このように、留日学生は自らが与えた影響を非常に広範囲にわたって持続することができた。

4. 台湾移転後の国民党軍と共産党軍

(1) 台湾国民党軍

　黄埔系将校は1930年代末から勢力を増し始め、1950年代中期にはその絶頂に達していた。しかし、台湾移転以後の国民党軍の将校には、1950年代末－60年代初めに大きな変化が生じている。それは、黄埔系将校が凋落し始め、留学経験のある将校、特に米国留学の経験を持つ将校が、1960年代半ばになると中心的な勢力になっていったことである。またこれとは別に、台湾移転以後、留日学生の活躍も依然として目を引くものがあり、例えば彭孟緝は、黄埔軍官学校の砲科5期生であったが、後に日本の野戦砲兵学校へ

表IV-2　台湾国民党軍上将の学歴（1949 − 92年）

	一級上将(17)	二級上将(54)	合計	%
留米	6	42	48	65
留ソ	2	2	4	5.4
留独	2	8	10	13.5
留英	1	6	7	9.5
留伊	0	2	2	2.7
留日	2	0	2	2.7
保定軍校	1	0	1	1.4
総計	14	60	74	100

出所：劉国銘著『中国国民党上将二百人伝』（広播電視出版社　1992年10月第1版）により作成。

留学し、1952年に二級上将に、1955年に総参謀長に、1957年に陸軍総司令に、1959年に一級上将になっている。

　台湾移転以後、軍部は余剰人員を整理したが、軍界の地位は、将校たちの輝かしい「戦功」により、実質的にはかえって上昇した。1950年代初めには、戦没者に対して上将の位が与えられ、その後、退役軍人に対しても上将の位が与えられた。表IV-2は、国民政府が台湾へ移転した後の、高級将校が受けていた教育状況を統計化したものである。

(2) 中国共産党軍

　中国共産党軍の発展は、紅軍期、抗日戦争期、国共内戦期、1949年以後の4つの時期に区分することができる。その各時期における軍幹部の変化は、極めて顕著であった。共産党系の軍隊は、当初、国民党軍とは別に組織されたものであった（南昌「八・一」蜂起とその後に起こった広州蜂起などの一連の国民党軍分裂事件を背景とする）。後に中国共産党軍は、徐々に農村や辺境区に進出し、最終的には「農村は都市を包囲する」という方針の下に、国民党軍に対して勝利を収めた。

表 IV-3　中国共産党軍上将以上の将校の学歴（1955年）

	元帥(10)	大将(10)	上将(57)	合計	％
留米	2	2	5	9	11.1
留独	1	0	0	1	1.2
留仏	2	0	1	3	3.7
黄埔	2	3	5	10	12.1
武学堂	4	0	2	6	7.4
行武	2	5	42	49	60.5
保定	0	0	1	1	1.2
その他	0	0	2	2	2.5
総計	13	10	58	81	100

出所：王暁鐘編『1955年授銜的元帥、大将、上将』[43]、星火燎原編輯部編『中国人民解放軍将帥名録』[44] により作成。

　表IV-3は、1955年の階級制度が実施された際に任命された元帥、大将、上将に特に焦点を当てて作成されたものである。中国共産党は、1955年に軍内に階級制度を導入し、大元帥[45]と中華人民共和国元帥を設けた。また将官には、大将（次帥）、上将、中将、少将、そして佐官、尉官など計14級が設けられた。当時は、元帥に10名、大将に10名、上将に57名、中将に177名、少将に357名が任命された。

　表IV-3における元帥の統計には重複する部分があり、例えば、朱徳と葉剣英などは雲南講武堂の出身であり、また留ソ経験者でもある（朱徳はドイツにも留学している）。また、上将に対する統計も完全な統計であるとは言えない。「行武」出身者が占める割合が8割と極めて高く、不完全な統計であると言わざるをえないからである。ここでいう「行武」とはすなわち、旧軍隊に参加していた者で、その大多数は後に中国共産党軍に参加した者である。

　中国共産党軍の高級将校の多くは、かつてソ連において短期訓練を受けており、ここでは、彼らのすべてを留学生として処理することはせず、統計には、ソ連の学校（主にモスクワ中山大学、東方大学、レニングラード軍事学院を指す）で学業を完全に終えた（「卒業」か「中退」）者か、少なくともソ

連に2年以上留学していた者だけを計算に入れている。

　国民党軍から派生して形成された中国共産党軍では、当初、最高レベルの幹部たちにはそれなりの学歴があった。しかし、中共軍が長期にわたって農村などの辺境区で戦いを強いられたために、中共軍は自らの正規の軍事学校を持つことはなかった[46]。中共軍の将校が正規に受けた軍事教育のレベルはあまり高くなかった。つまり、中共軍の高級将校に見られる明らかな特徴の一つは、元帥級の将校とそれ以下の将校との間には学歴の差があったという点である。元帥級の将校においては、留ソ経験者が最も多いにもかかわらず、大将級以下になると、その多くは学歴がないか、その学歴が不詳である。このような状況は、単に知識の点から言えばだが、結果的に見て国民党軍の正規化（近代化）の度合いのほうが、共産党軍よりも進んでいたということであろう。

5. 軍事面で日本に学んだ成果についての評価

　中国の学者は、留学生の歴史的役割に対して多くの評価をしているが、その代表的な人物の1人として劉志強が挙げられる。劉志強によれば、留学生の歴史的役割は、およそ次の3つに分けられる。一つ目は、直接的に生産力に作用し、中国の生産力の近代化を促進した。これに該当するのは、主に自然科学や工業技術を学んだ留学生である。彼らは苦労と努力の果てに現代科学技術を中国に根づかせ、中国の近代化に歴史的な貢献をした。また二つ目は、直接的に生産関係とイデオロギーに作用した。これに該当するのは、主に経済管理、文学、芸術などを専攻した留学生である。三つ目は、直接的に上部構造に作用した。これに該当するのは、政治、軍事、法律、外交などを専攻した留学生である。彼らは帰国後、直接的には「反動」政権のために働いた。特に軍事を学んだ者は、後に中国の統治者となり、その中には最高位の独裁者となった者もいた[47]。

　外国では、中国国内とは異なった傾向がある。概して、国外の学者は、中国軍隊の正規化、近代化を比較的重視しており、あたかも留日学生と近代新

式士官学校の卒業生の統帥する軍隊だけが軍隊と見なすかのごとくである。しかし、逆に国内においては、このことを軽視しすぎる傾向がある。というのも、このような士官学校卒業生の指揮する国民党軍が、結果として共産党軍に敗北したためである。彼らの言い分にはそれぞれ的を射ているところがあり、国民党軍（この前にはさらに清末の新軍がある）は共産党軍に負けはしたのだが、その内側には、もっと深刻な客観的原因があった。留日学生が中国の軍隊を近代化しようとした試みは無駄ではなく、この点は、北洋新軍が清末民初の中国政治において全局面を左右する重要な地位にあったこと、国民党軍が淞滬の抗日戦（上海事変）において活躍したことによっても証明されているが、総じて言えば、こうした努力の結果は決して十分なものであったとは言えず、未熟で、持続的なものではなかった。

　全体的に言うと、留学生上がりの将校は、軍隊において非常に特殊な存在であった。というのも、彼らが本来、「過渡的な」性質しか持たなかったためである。彼らは、外国の軍事思想・制度を中国の軍隊に導入するという使命を帯びていた以上、その使命が完了した時には、彼らの軍事留学の意義も基本的には完了したのである。しかし、民国という全体的に「過渡的な」時期にあって、留学生、特に留日学生上がりの将校は、軍隊において非常に重要な主導的役割を果たした。それは、ある意味で、留学が最高の学歴と見なされていたからである。この点は、もともと、当時の中国における「西洋崇拝（日本崇拝）」の心理と関係があり、もう一方では、時代の潮流に乗って、当時の留日学生の多くが革命に身を投じたことにより、人材が輩出されたこととも関係がある。

第2節　留学生の政党など政治団体への関与

1. 近代帰国留日学生と中国革命

　近代中国における初期の政党の大部分は、留日学生によって創られたもの

である。厳密に言えば、留学ブームが起こる以前、中国には真の意味での「近代的政党」は存在していなかった。例えば1895年に、孫文が興中会を設立し、そのメンバーは170人を数えたが、その多くは海外の華僑であった。興中会、中和党、致公党は江蘇・浙江地区の会党と密接な関係を持ち、興中会は中国における最初の近代ブルジョア政党のひな形と言える政治組織であり、後に孫文が同盟会（1905年8月、東京赤坂）を設立し、興中会を再編するまでは、まだ伝統的な性格を持った会党の色彩が強かった。

1895年に興中会が設立されてから1905年に中国同盟会が設立されるまでの10年の間に、中国近代史上、いくつかの重要な事件が発生している。一つは、新しい知識人（主に留日学生）の愛国主義運動が高まり、革命組織が大量に出現したことである[48]。康有為は1899年にカナダで「保皇会」を創設し、清朝皇帝―中国―黄色人種の危機を「三位一体」として捉え、それを守るべきであることを宣言した。この保皇会はカナダで創設されたが、活動の基盤は主に日本にあった。

またもう一つは、留日学生が次第に「反清（満州人支配の排除）」の方向に転じたことである[49]。1902年に、章炳麟は「亡国142年記念会」の開催を発起した。同年に、張継などが中国青年会を組織し、「民族主義に基づいて、破壊主義を目的とする」[50]ことを宣言した。続いて1903年に、黄興と陳天華が、日本で200人余りの参加者を得て「抗露義勇軍」を組織した。清朝は、この組織が「抗露」に名を借りて「革命」を起こす危険があると考え、弾圧しようとしたが、これは逆に留日学生に「革命」の決意を固めさせる結果をもたらしたのである。こうしてこの年の5月に、黄興などが中心となって「軍国民教育会」が組織され、「民族主義」によって「愛国主義」に代えることを宣言した。これを契機に、留日学生は「反清」の姿勢を強め、その主張は、一連の「暗殺」などテロ活動を通じて障害を排除し、その後次第に「共和」を実現するという国民革命の綱領に沿ったものであった。

その後間もなく、留日学生の活動は国内にも波及していった。まず宣伝活動の優先地区として選ばれたのは、近代以来多くの留学生を送り出していた華中の長江流域地方であった。1903年末－04年2月にかけて、黄興などが

長沙で「華興会」を組織し、宋教仁などの参加を得た。また翌年7月には、呂大森、呉録貞などが武昌で「科学補習所」を設立した。これは表面上は科学研究を目的としていたが、実際には、華興会と協力関係にあった。科学補習所は会党的な暗殺活動などは否定し、「革命は軍隊を動かすのでなければいけない」[51]と考え、知識人に呼びかけて、軍隊内で革命宣伝活動を展開した。さらに「日知会」は、留日学生梁耀漢によって設立されたが、劉静庵など「科学補習所」のメンバーの参加を得た[52]。華興会、科学補修所、日知会などは、いずれも留日学生と新軍の兵士の協力により生まれたものであり、その活動地区は主に武漢一帯であった。この点は、後に辛亥革命が、この地区から始まったことの背景ともなっている。

また、その他の地区における留日学生の活動は、ややレベルは落ちるものの、江蘇・浙江地区など多くの留日学生を送りだした地方においても、ある程度行われている。例えば、「軍国民教育会」の暗殺団を基盤として、1904年10月に蔡元培、陶成章、章炳麟、章士釗、劉師培などが、上海で「光復会」を設立した。このほかに、江蘇の励志会、強国会、知恥会などもある[53]。

当時の保皇党（康有為設立）の失敗は、直接的には義和団事件と「辛丑条約」がもたらした清朝の空前の危機によるもので、これにより清朝政府は民心を完全に失い、もはや救いがたい状況に陥っていた。こうした情勢の中で、留日学生を代表とする新しい知識人たちの愛国運動と革命組織（およびその思想）は、保皇派の少壮の勢力から変化して出現した。

1906年に、清朝は憲法制定と議会設置の準備を行うことを声明するが、これを契機に、立憲運動の機運が盛り上がった。この時期に成立した多くの政党の性格は、おおむねブルジョア的な立憲主義に依拠したものであった。これらの政治組織は、その構成はかなり複雑であったが、基本的には留日学生を中心として、当時の社会上層の人々を吸収して組織されたものであり、それらが後に、辛亥革命において中心的な役割を果たすことになる。

例えば、「中国同盟会」の主要幹部は、そのほとんどが留日学生であった。辛亥革命は、彼ら留日学生によって組織、発動され、その指導の下に推進されたものであった。また「武昌起義（蜂起）」についても、その指導者の中に

は留日学生が少なくなかった[54]。それと同時に、主に日本において、留日学生が中心となって大量の宣伝出版物が創刊されており、特に新聞が重要な媒体となった。例えば、興中会の『中国日報』、江蘇留学生の『訳書匯編』などがある[55]。留日学生は、当時の社会思潮と政治活動において、知識、綱領、指導、組織などの面で重要な貢献をなした。彼らは、日本で近代ブルジョア政治思想学説を学び、政治的にも鋭い感覚を持っていた。

同盟会の成立以前、孫文の活動範囲は、主に海外と広東地方であり、彼の影響力はまだ広範な地域には広がっていなかった。しかし1903年に、孫文は東京に青山軍事学校を設立し、留日学生たちと協力して、黄花崗、錦州、防城、河口、恵州、鎮南関、広州などで蜂起を行い、同盟会の成立初期には、その活動は華南と華中で平行して進み、その範囲が拡大していった。

仮に孫文が当時華南各地で行っていた蜂起活動が、中国革命が新たな段階に移行しつつあるということを示す意義があったとしたら、華中の蜂起はその集大成であり、勝利の結実であったと言えよう。同盟会は「武昌蜂起」の中心勢力であったが、もし湖北の革命団体文学社と共進会などが、直接的に新軍を扇動して蜂起に参加させることがなければ、武昌の事件も鎮圧された可能性が高い一連の蜂起の一つにすぎなかったであろう。しかし、そこにおいて留日学生たちは、長期にわたる準備活動を通じて、革命の機を熟させたという点でも重要な役割を果たしていた[56]。

孫文は、中国国民革命における留日学生の役割を高く評価し、辛亥革命の経験を総括する中で、

　　国民党はかつて日本において同盟会として組織された。その会員は約1万人の学生にすぎなかったが、帰国後各省で宣伝活動に従事した。このため、武昌蜂起をきっかけとして、全国に革命が波及し、半年もしないうちに全国を統一するという大きな成果をあげることができたのである[57]。

と語っている。このため、実藤恵秀は、留日学生が「中国統一の基礎」を築いたと評価した[58]。

2. 留日学生により成立した中国国民党

　国民党は1912年8月25日に中国同盟会を拡大改組して結成された政党であり、孫文に代わって宋教仁が事実上の党首となった。中国国民党は、孫文等が1924年8月25日に設立した政党で、後の国民革命の主体となった。本研究では、中国国民党を主な分析対象としているので、以下、特に説明が必要でなければ、「国民党」で「中国国民党」を指すこととする。

　前述したように、中国で最初の近代的政党や政治結社のほとんどは、留日学生が創ったものであり、日本で設立された中国同盟会の主な人物は留日学生であった。以来、国民党（宋教仁）から中国国民党まで、留日学生からは伝統的に多くの革命家が輩出された。例えば、国民革命期の革命家である孫文や、宋教仁、戴季陶、汪兆銘、居正、廖仲愷、張継、胡漢民などは、日本で留学か活動をした経験がある者たちであり、中国国民党第1期中央執行委員24人中の17人がこうした人々で占められていた[59]。また、蔣介石、閻錫山、何応欽、張群、蔣作賓等、国民党軍の指導部の大部分も、日本の士官学校の出身であった。

　日本外務省情報部編纂、東亜同文会発行の『現代中華民国満洲国人名鑑』（1932年版）を基に、中華民国の政治上の中心人物、すなわち政府主席、政府委員、五院院長、五院副院長を含む計45人の学歴を調べてみると、留日学生の18人に対して、留米学生は6人だけであった[60]。

　続いて、国民党の中央メンバーの学歴に対する分析を通して、留学生の国民党内での地位を見ることとする。

中国国民党中央執行委員会委員の学歴状況の分析

　国民党第6回党大会（1945年）以前の中央執行委員会委員と1950年中央改造委員の学歴状況は、表1で示している。国民党中央執行委員会の中では、あらゆる学歴項目において留学生が優勢を占めており、こうした傾向は日中戦争の終結まで維持された。しかし、1945年の第6回大会の中央執行委員会（212人で構成）において、学歴不詳者の比率が突然上昇し、留日者

と肩を並べるまでになった(共に38人、18%)。これはおそらく、日中戦争を経て多くの学歴の低い軍人の地位が、大きく上昇したためであると考えられる。しかし、中央執行委員会メンバーの地位をもとにその情況を見ると、こうした人々の序列は比較的低いものに留まっており、留日者が国民党第6回中常委(1945年、25人で構成)などトップレベルの指導者群を形成していたことと比較すると、その格差は大きい(表IV-5「中国国民党第6回中央常務委員会の学歴状況」参照)。

中国国民党中央委員会メンバーの学歴

1950年7月22日に、中国国民党中央常務委員会は「中国国民党改造案」を採択し、中央改造委員会が正式に成立した。この改造委員会が、第6回中央常務委員会の機能を果たした。1950年の「改造委員会」は、国民党が内戦に敗れ、台湾に逃げた後の改新によるもので、その歴史的背景はかなり特殊であるが、その後の国民党の台湾での発展に啓示的な意味を持っている。参考までに列挙している。

第1-5回までの留日学生は、各項目の統計上、最も多数を占めており、その中でも第1回では、過半数であった(14対27)。その後もしばらく総数の3-4割前後を占めていたが、次第にその勢いが下降線を描いていったことは、非常に特徴的である。これも、その他の留学生、特に米国留学から帰ってきた人数が上昇していくにつれ、留日学生が下火にならざるをえなかったことで説明がつく。しかし、統計で明らかなように、この下降線は相当緩やかなものであった。少なくとも、1949年に台湾へ行くまでは、留日組は、国民党の中央で実質的な権力を握っていたのである。

また、表中のデータだけでは分からない事実は、その集権化の傾向であり、この傾向は留日学生に最も顕著に表れていた。国民党中央の上層部になればなるほど、留日学生が集中しており、各期の党主席(委員長)などの最高権力者は、例外なく留日学生が担っていた。

留米学生は、1924年の第1回の時点では1人も入っていなかったが、1926年の第2回大会からは飛躍的な進歩を遂げ、留日学生の3分の1以上に相当

表 IV-4　国民党前 6 回党大会の中央執行委員会、
1950 年改造委員会メンバーの学歴

	第1回 1924年	第2回 1926年	第3回 1929年	第4回 1931年	第5回 1935年	第6回 1945年	改造委 1950年	総計	%
日本	14	15	14	27	31	38	1	140	27.5
米国	0	6	5	11	10	19	4	55	10.8
仏国	2	0	0	1	3	8	0	14	2.75
ソ連	0	1	0	0	2	7	1	11	2.16
独国	0	1	1	1	3	7	1	14	2.75
英国	1	2	1	2	2	3	1	12	2.36
ベルギー	1	0	0	0	0	1	0	2	0.4
カナダ	0	0	0	0	0	1	0	1	0.2
韓国	0	0	0	0	0	1	0	1	0.2
北大	1	1	0	0	2	2	0	6	1.18
他大	2	1	2	4	9	14	5	37	7.27
教会	1	1	0	1	1	2	1	7	1.38
専門	2	1	1	2	4	8	0	18	3.54
保定	0	1	2	7	12	26	1	49	7.66
軍校	2	2	4	8	8	13	0	37	7.27
黄埔	0	0	0	0	1	5	1	7	1.38
不詳	0	3	2	5	11	38	0	59	11.6
科挙	1	2	1	0	0	0	0	4	0.8
無資料	0	0	0	2	14	19	0	35	6.88
総計	27	37	33	71	113	212	16	509	

出所：中国国民党前 6 回中央執行委員会委員名簿『中国国民党名人録』(劉継増主編　湖北人民出版社　1989 年) により作成。

備考：学歴状況は『中国国民党名人録』と『中華留学名人辞典』による。この辞典の中で不足している資料は『中華民国史辞典』、『中国民主諸党派人物録』などによって補足した。中央改造委員会の名簿は『蒋介石先生年表』(陳布雷、秦孝儀主編、台湾伝記文学出版社) に 15 人が掲載されており、谷鳳翔は含まれていない。

する勢力となった（留米6人に対して留日15人）。この割合は、その後20年近くにわたって、大きな変化がなかったが、1945年の第6回大会で、留米学生たちがさらに人数を伸ばし、留日組の2分の1の割合を占めるまでに至った（19対38）。

こうした現象の原因は定かではないが、日中戦争の影響など、いくつかの可能性が考えられる。しかし、ここではっきりとしているのは、日中戦争の影響には限界があり、特に国民党の首脳陣が受けた影響はそれほど大きくなかった可能性がある、ということである。逆に、想像できるのは、国民党中央のさらに低層の組織での留日組の衰退が、恐らくもっと顕著であった可能性がある、ということである。

戦争の影響のほかに、留学生の帰国時期と年齢状況の可能性も考えられる。いわゆる単純な世代交代が原因で、留学生の年齢から来ているのではないかということである。1950年の改造委員会の席上、留米組は完全に留日組を抜いた（4対1）。これはある意味、当時の政界における留日組の歴史舞台からの撤退の象徴的出来事と言えよう。1945年の第6回では、留日学生のみならず、留学生の全体に占める割合も40％（85対212）まで下がっており、第1－3回までの3分の2強や、第4－5回までの約2分の1という水準を大幅に下回ることになった。

留学組の比率は、1950年の改造委員会では2分の1程度まで回復したが、これは主に留米組の増加によるものと考えられ、留米組の26.7％という記録的な比率は、留学生全体の半分を占めていた（4人）。また、ソ連（当時）、フランス、ドイツへの留学生も順調にその勢力を拡大してきたが、総合的に見れば彼らは依然として少数派であり、日本や米国留学組に追随する勢力とは成りえなかった。

また、国内の様々な側面での変化が顕著であったのは、「他大」（他の大学）、「保定」（保定軍官学校）などで、およそ毎回倍加した。これは国内の高等教育システムが次第に整備され、その卒業生たちが様々な領域とレベルで頭角を現してきたことを意味している。留学経験のない非留学組は遂に、1945年国民党第6回中央執行委員会委員において、人数上では留学組を追い越し、

最大の勢力となったが、権力集中の傾向から見れば、上層部における留学組の割合は依然高く、完全な権力構造の逆転が果されたとは言えない可能性が高い。また、第3章で述べたように、南京政府においても、こうした権力構造の逆転現象が見られており、今後、この事例との比較を行う必要もあるだろう。1940年代が、留学組から国内組への権力移行期に当たるものと考えられよう。

国共両党においては、多くの留日者が存在したが、前章でも指摘したように、国民党の留日者の多くは、事実上は軍事関係の留学生であった。これは、中国共産党の留日者の多くが文科系の出身者であったことと比べると大きな相違である。北京大学出身者の情況についても似たような情況が見られる。その比率は、時間が経つにつれて減少する傾向があった（但し北大出身者の国民党中央委内の比率は中国共産党よりも低い）。このような特徴にどのような背景があるかについては、現在ではまだ明らかにはなっていない。

国民党中央委員における留学生比率は48％（重複統計があり、実際は43％）であり、この数字を見ても分かるように、留学生の占める割合は非常に高かったと言える。

ここで、比較のため、表IV-4「中国国民党第6回中央常務委員会の学歴状況」を見てみると、1945年の国民党第6回中央常務委員会のメンバーすべてが、比較的高い学歴を持っていたことが分かる。また、留ソ学生がこの名簿に表れていないことは、少々意外な感じである。さらに①留米学生が大きく増加していること、②保定軍校出身者の着実な増加はあるものの、トップレベルは依然、留日者で占められており、彼らはピラミッドの頂点を形成し、全体の3分の1を占めていたことが指摘される。

表IV-5の説明と分析

1924年の中国国民党第1回全国大会には、留米学生はほとんどいなかった。この時期の国民党は、まだ小規模な党派にすぎず、その前身である同盟会の秘密結社とは既にその性質を変えていたが、全体的にはまだ先行き不透明であった。また、ここでより重要なことは、この時期の国民党はほとんど

表IV-5 中国国民党第6回中央常務委員会（1945年）メンバーの学歴

出身	人数	%	出身	人数	%
日本	8	32	他,J	1	4
米国	4	16	教会	1	4
仏国	2	8	専門	2	8
ソ連	0	0	保定	2	8
独国	2	8	軍校	2	8
英国	0	0	黄埔	2	8
北大	0	0	総計	25	100

出所：中国国民党第6回中央執行委員会委員名簿『中国国民党名人録』（劉継増主編湖北人民出版社 1989年）により作成。
備考：学歴状況は『中国国民党名人録』と『中華留学名人辞典』による。この辞典の中で不足している資料は『中華民国史辞典』、『中国民主諸党派人物録』などによって補足した。

が留日組であり、よそ者を受け付けなかったという点である。このような、当時、急進的な改革と暴力による革命を主張していた政党は、社会の「名士」という意識を重んじる留米組を引き付けることはなかった。本研究が見るところでは、その頃の中国共産党も、ほとんど留米学生に対する吸引力を持つことはなかった。

　しかし、表IV-5から見て分かるように、国民党第6回中常委のメンバーは、全員が高学歴であり、留ソ学生は一人もおらず、その中で留米学生は大幅な増加を見、さらに保定軍校卒も増加した。しかし、留日学生が一番多く、彼らは常に国民党のヒエラルキーの中でトップに立っていたのである（32%を示した）。

3. 留日・留仏学生と中国共産党

　国民党と同じように、中国共産党の初期の党員の中にも留日学生が多かった。陳独秀、李大釗、陳望道、李達、周仏海、李漢俊、周恩来、呉玉章、董

必武、林伯渠などもそうである。次に多かった留仏組は、周恩来、朱徳、蔡和森、李立三、鄧小平などで、後の中国共産党の中心的存在となった。中国共産党第1回党大会（1921年）代表としてただ1人の留米学生であった、陳公博は、結局後に脱党してしまった。

　また、毛沢東など中共の「土着派」のリーダーの多くは、湖南と湖北地区から出ている。その地は中国の近代以来、留日学生による日本の影響が最も大きい地区の一つであった。孫文は南方沿海の広東、上海などにおいて長年革命を行ったが、多くの人が流血の犠牲となり、成功することができなかった。辛亥革命が華南では成しえず、華中の武漢地区で成功へ向けて勃発した最も重要な原因は、湖南と湖北地区が最も早く留日が宣伝され、また、日本への留学生数が最も多いところであったためと考えられる。

　中国の留日ブームは、この一帯から始まったと言われる。湖広総督[61]の張之洞は、「勧学篇」[62]（1898年）の中で留日を推賞した。彼は清朝内で最も留日に力を注ぎ、体系的に留日の利点を説いた一人であった。このような影響下で、湖南では南学会（1897年）、時務学堂などの組織が早くから成立していたのである[63]。

　毛沢東などの中国共産党リーダーたちは、そのほとんどが学生時代に日本の明治維新時代の思想から影響を受けた経験があるとされる。例えば毛沢東は、かつて外国人の何人かを崇拝していたとされ、伊藤博文や坂本竜馬などの維新の志士もその中に含まれており、「中国の坂本竜馬になろう」という志を立てていたということである。また、彼がほかに崇拝した国内の人物は、陳独秀（『新青年』の主筆）と魯迅であった。2人ともかつて日本留学の経験があり、その後、陳独秀は中共の創始者になり、魯迅は中共の最も崇拝される文化人になっている。

　中国人は第1次世界大戦によって、日本を通じてマルクス主義を受容し、「社会主義」という用語も日本語から借用した。国民党の高官であった張申府の記録によると、陳独秀は上海で共産党を成立させた時に、まず日本留学から帰国した人々を探し、参加させた。後に中国人は、直接、ヨーロッパやソ連から社会主義について学んだが、これらは、留米学生とは全く無関係で

あった。それは、百年来、米国では革命が発生せず、革命思想も誕生しなかったためであろう。米国のような国家は、革命思想を学び取りたいという中国の青年たちにとっては、あまり興味を感じることができるものではなかった。

続いて、中国共産党の中央メンバーの学歴に対する分析を通して、留学生の中国共産党内での地位を見ることとする。

中国共産党歴代中央委員会メンバーの学歴

表Ⅳ-6「中国共産党歴代中央委員会メンバーの学歴」から分かるように、中共第7回大会以前で、人数の上で増加が見られたのは、留ソ、留仏、不詳者の3グループである。第5回と第6回党大会で主に増加しているのは、「教育歴なし＋学歴不詳の者」であるが、第7回大会では、「留ソ学生」と「教育歴なし＋学歴不詳」の軍人の増加が多くなっている。意外なのは、毛沢東を除いて、農民運動の従事者で中央委員会のレベルにまで達した者がほとんどいなかったという点である[64]。

増加が顕著なのは留ソ学生で、第4回大会以前には1人もいなかったにも拘らず、第7回大会までには「教育歴なし＋学歴不詳者」と同レベルの数字に達している（12人）。この留ソ学生の増加は、当時の中国共産党が、コミンテルンの大きな影響を受けていた事実を反映している。

また、留仏学生の増加は、当時大量の留仏学生が帰国したことによるもので、留仏学生は中国共産党創立の初期においては、留日学生と並んで重要なグループを形成していた。前述の『中共党史資料手冊』に記載されている、1920年時点での各地の共産主義グループのメンバーに関する資料を基に計算したところでは、該当者のうちで、留仏学生の比率が留日学生を上回っていた。当時、各地方において留日学生メンバーが9人で、フランスの共産主義グループは15人であった[65]。ただ、彼らの年齢が低かったために、出国と帰国が比較的遅く、中国共産党のこれ以前の党大会では、中央組織における人数が少なかった。

比率の上で減少しているのは、留日学生と北京大学出身者である。留日学生は、中国共産党中央委員の中でも安定した割合を占めており、特に第4回

表 IV-6　中国共産党歴代中央委員会メンバーの学歴

	第1回 1921年	第2回 1922年	第3回 1923年	第4回 1925年	第5回 1927年	第6回 1928年	改造委 1945年	臨時 1933年	総計	％
日本	2	2	2	2	2	1	2	0	23	17.7
米国	0	0	0	0	0	0	0	0	0	0
仏国	0	1	1	2	7	3	8	0	22	17
ソ連	0	0	0	0	4	3	12	4	23	17.7
独国	0	0	0	0	0	0	2	0	2	1.5
英国	0	0	0	0	0	0	0	0	0	0
北大	1	3	2	3	5	1	0	0	15	11.5
他大	0	0	0	1	2	2	4	0	9	6.9
教会	0	0	0	0	0	0	0	0	0	0
専門	0	0	2	0	1	1	3	0	7	5.4
不詳	0	0	2	1	10	12	12	2	39	30
総計	3	6	9	9	32	23	44	6	130	

出所：『歴届中共中央委員会人名辞典 1921－1987』（中共党史出版社　1992年）により作成。注：1928－45年までの期間の中国共産党には、次々と激しい変化が起こっており、残念ながら、中国共産党は中央委員会を招集していなかったため、この期間の状況を資料の上から把握することはできなかった。
備考：不詳＝学歴のない者を含む。

大会前にはその比率が高かった。北大出身者のみが、それに匹敵する割合を占めていた。しかし留日学生の人数は、第5回大会以後、次第に減少し、第7回大会以後は、ますますその傾向が強まった。北大出身者も同じように減少し、第4回大会以前の優勢（平均3分の1）は一貫して減少し続け、第6回大会では4％余りとなり、最終的に第7回大会（1945年）では消滅した。

比率が最大なのは、「教育歴なし＋不詳者」であり、第7回大会以前には平均30％を占めた。具体的には、第5回大会から、それらのカテゴリーが急激に増加している（第4回大会以前では11％にすぎなかった）。中国共産党中央における留学生の主流は、終始、留日者で占められていたが、特に初期の

2回の党大会では、それぞれ3分の2と3分の1に達していた。これによれば、初期の中共が留日者で構成されていたという事実が確認される。

留日学生は建党の主力であり、第1回全国代表大会に参加した代表の中で、留日学生が大多数を占めており、第1回における3人の中央委員のうち、2人は留日学生であった。また、前3回の中共中央執行委員会の中で、留日学生は最大勢力で、北大がこれに次いだ。北大は、第4回において留日学生を抜き、留仏や留ソが第5回から急激に勢力を伸ばした。つまり、留日学生は中共中央の安定した構成要素であり、第4回大会以前の段階では、北大出身者と肩を並べていた。しかしその人数は、第5回大会以後から減少し始め、第6回大会以後はさらに減少した。留学生の中で留日者と同様に最も人数が多かったのは留ソ学生であり、平均17.7％に達していた。これは、中国共産党とソ連との密接な関係を反映したものと結論づけできようが、臨時中央委の4つの名簿を除いて計算すれば、留ソ学生の比率は15％に下がり、留仏学生の17％より少なくなる。

上の統計を総合すれば、第7回大会以前の中央委員会においては、最初は留日者と北大出身者が多数を占めていたが、次第に留仏学生、さらに留ソ学生にその主流が移行することが分かる。留学生は全体では46％を占めるが、これは「教育歴なし＋不詳者」が大きな割合を占める中共中央においては、かなり有力な勢力であった（その他の学歴は24％）。また46％という数字は、国民党の48％[66]と比べても遜色ないと言える。

表IV-6は、第1－7回の中共中央委員会メンバーの学歴情況を示している。但し、『中共党史資料手冊』[67]によれば、第1回は中央局、第2—4回は中央執行委員会と呼ばれ、第5回から中央委員会になった。このほかに、第2回中央執行委員会委員5人のうちで李大釗が、第5回については彭公達が抜けている。『歴届中共中央委員会人名辞典』の権威性と編集時期を考慮すれば、ここでは前書に依拠して議論を進めることとする。

周恩来は、1年半日本に留学したが、フランスにはより長く滞在していたので、ここでは彼を「留仏」として扱う。顧順章はソ連に留学したことがあるが、短期間（半年以内）なので、「学歴不詳」として扱う。当時の中共中央

の職務はそれほど多いものではなく、各地に分散し、完全な「自主」的情況が少なからず見られた。また中央は、しばしば各地の有力な党幹部の現状をよく把握しておらず、本人の死亡後に中央委員として選ばれるということさえあった[68]。表3では、第7回党大会と1933年の臨時中央委（モスクワ）において選出された中央委員をカバーしており、総計は130人であった。また、党大会ではなく、その間の中央委員会で選ばれた者は含まれない。

1933年に招集された臨時会議は、留ソ学生が中心になったものであり、ここに参考までに並べることにする。

表IV-6の分析

最も注目すべきは、中国共産党の上層部と留米学生との間に関連性がないということである。また同様に、教会（ミッション）系大学出身者との間にも関連性がない。

日本、フランス、ソ連の留学生も相当の人数がいたが、その中で留日学生は、主として前期（第1－5回）に集中しており、第5回以後は、その実質的な比率が低下している。また、留仏学生は順調に上昇し、ソ連留学生の第5回（1927年）以後の上昇幅は注目に値する。

北京大学出身者は、第5回以後、1に激減している。また、国内の大学出身者は、その他の学歴（他大、教会系、専門）をすべて計算に入れても、減ることはあっても増えることはない。これは、中国共産党が1927年以後、農村への移転戦略に移行したことによるもので、その幹部の由来や構成に大きな影響があったことをはっきりと説明するものである。留日学生の帰国のピークは1920年代初期までで、1920年代中期からは急激に減少しているのである。帰国したものは既に職に就き、彼らが転向しない限り、中国共産党のほうに就くものの人数は限られていた。また、国共内戦、日中戦争期において、帰国した留学生がどこに入ったかを考える際に、まず農村地域で遊撃戦を行う（つまり、中心都市から辺縁化されることになる）中国共産党の組織に入り、出世を求める学生は少なかったと言えるであろう。

他の党と比較を行うと、中国共産党の指導部における留学生比率と国内大学出身の高学歴者の比率は、共に国民党や民主諸党派よりも少ない。

　表IV-6から、英米への留学者を見いだすことはできず、同様に教会系大学の出身者もない。これは、英米における革命ではなく、改良を重視する傾向が影響しているのだろうか。これらの人々の割合は、中国共産党、国民党、民主諸党派の三者間で大きな相違があるが、中国共産党については、特にその関係が「疎遠」であったようである。この背景としては、一部には両者の接点があまりなく、意思疎通が困難であったことが考えられるが、後の1957年の反右派闘争にかかわってくる問題でもある。この点は、国民党や民主諸党派との大きな相違点となっている。民主諸党派は言うまでもなく、国民党においても一貫して、少なからず留英米者と教会系大学の出身者を含んでいた。

4. 留米学生に主導された民主諸党派

　今日のいわゆる民主諸党派というのは、組織的に固まっておらず、規模の比較的小さな党派のことである。これらは国共両党の間に存在する「中間党派」であり、その歴史の長さでは決して国共両党に続くものではなく、正式な成立が比較的遅かった。さらに、成立当時、その数は今日の8つにとどまらず[69]、その中で、例えば民社党や青年党のような比較的国民党に偏向していた政党は、その大多数が自然消滅したか、あるいは国民党と共に台湾に移転していった。

　本研究について言えば、民主諸党派に対する分析は、その中国近現代史上における地位と役割から見て、国共両党に対する分析ほど重要ではないが、あってもなくてもよいというものでもない。1950年の統計が示しているように、民主諸党派の人数は1万人[70]前後にすぎず、国共両党にははるかに及ばない。しかし、民主諸党派は比較的特殊な政治団体であり、人数は少ないが、メンバーの社会的地位は比較的高く、発言の声も比較的大きい。さら

に、大量の非正式メンバーを抱えており、その全体的な影響力は無視できない勢力である。また、民主諸党派に対する分析から、国共両党に対する分析の中からは見られないような現象を見ることができるのである。これは、帰国留学生の全面的な理解にとって非常に重要なものである。これにより、本研究ではこれまで、民主諸党派に対する分析を残していたが、それは、すべての民主諸党派ではなく、その中でも(規模が比較的大きく、政治性が比較的強い民主同盟や農工民主党を主としている)比較的政党の性質を備えているものに限定したい。

(1) 民主諸党派の成り立ち

国共の間に存在するこれら小さな党派の大半は、1910年代後半に留欧米学生によってそのひな形が作られた。北洋時代の旧政権は、留欧米学生に対する吸引力を持ちえており、政権には、上流社会や皇族姻戚や、旧清朝の退任した高官といった旧体制に忠節を尽くす「遺老遺少」など、あらゆる者たちがいた。欧米から帰国した留学生たちは、そういう彼らと共に清談にふけりながら、より良い政府(いわゆる「好政府」)となることを祈っていた。両者には、思想的な共鳴だけでなく、社会において様々なリレーションシップが存在していた。

これら留欧米学生の好む政党には、大体、以下のような形式と性質が見られる。

①組織性が強力でないこと。政治団体も同様に、「君子は和すとも同ぜず」とすること。
②革命性が強力でないこと。あらゆる急進主義に反対すること。
③公明正大で、正々堂々としていること。アンダーグラウンドであったり、隠蔽性があったりしないこと。

これら小さな党派の大半は1930年代に建党期に入った。これは、共産党や国民党に比べると、およそ約10年遅いものであった。その多くが、

①中国民権保障同盟(1932年12月)をはじめとして、一部の国共の間に位置する中間党派として出現した。つまり、民主諸党派は、国共関係を

調整しようとしていたのである。このために彼らは、「中間党」、「第三党」、「中間路線」などと呼ばれていた。
②全国各界救国連合会（1936年5月）の成立のように、1930年代後半の日中戦争の時期に成立している。それは特に、「9・18事件」発生後である。つまり、日中戦争がその成立の契機を与えた。民主諸党派は、日中戦争時の米中関係を密接にさせようとしたのである。
③民主諸党派の一部は、中国国民党革命委員会のように、現存する主要政党の分裂や再編により組織された。
④これらの小党派は、農工民主党を除いて、国民党や共産党のような政党になりたかったわけではなく、政治結社となることをもくろでいただけであった。

(2) 分析対象の選定：民主同盟と農工民主党

本研究では、民主諸党派の中から民盟（民主同盟）と農工（農工民主党）を選定し焦点を当てて分析することにする。その理由は、民主諸党派の中で、政党的性質を持っていたのは民盟と農工であり、また比較的力を持っていたものも民盟と農工であったことである。建国後、民主諸党派はすべて非政治化の方向で発展したが、その中でも最も苦しみを経験したのは、民盟と農工というこの2つの比較的政党らしい政党であった。民盟では分裂が起こり、その中の左翼「救国会」は自動的に解散した。

1949年以前、民主諸党派は知識人（特に留米学生）の党派であると見られていたが、1949年以後はどうなったのだろうか。1949年以後の民主諸党派は、高級知識人中心の政治団体としての特徴が、以前よりも明確になっていった。

最初、民主諸党派の指導者の大多数が、中華人民共和国の建国に伴い、民主諸党派の歴史的使命は既に完遂し、存続していく必要は無く、解散してもいいのだと考えた。その中の一つである「救国会」は、「光栄なる解散」[71]を宣言した。しかし、後に中共は、民主諸党派が、用いられるところがあると考えて解散に反対し、大きく発展させるべきであると提起した。そこで、民

主諸党派の指導者もこの要請を受け入れ、積極的に政治に参加して中共の社会主義化に協力した。これは、建国初期の民主諸党派が比較的大きな発展を得ることができた背景であるが、建国後の民主諸党派の発展は、中共の指導と指揮を受け入れるという前提で行われたものであり、独立自主的に行われたものではなかった[72]。そして、1957年の反右派闘争により、民主諸党派はここから（1980年代まで）再起不能となった。「右派」の追放によって政党としての影響力は事実上なくなり、政党というよりは、中国共産党の統一戦線組織とか、学者と社会的著名人の団体のようになってしまった。

1949年5月に、中国共産党中央は、各民主諸党派の指導者を招請し、これからの民主諸党派の発展、組織建設などについて協議した。民主諸党派の指導者たちは、自分たちの歴史的使命が終わるまで協力することを約束したが、民主諸党派の活動は、組織の展開の面で「中国共産党の指導下」に置かれて、大きな制限を受けることとなった[73]。

建国初期に、各民主諸党派は、中共との協議で各自の今後の発展方向や発展方針を確定した。そこから、当時の民主諸党派の実状を見ることができる。民主諸党派の構成員となれる対象は、以下のとおりであった[74]。

中国国民党革命委員会（「民革」と略称）：国民党組織に参加し、現在、中共政権機関に就職している者。中共の様々な運動による試練を受けて、それに合格した一般の旧国民党員。社会各階層の中で過去に国民党と関係があり転向した者。

中国民主同盟（「民盟」と略称）：プチブル知識人を対象とする。大・中・小学校教員や自由職業者を対象とする。

中国民主建国会（「民建」と略称）：工商界中小企業家（民族資本家）を主要な対象とし、その他各業界内の積極分子を会員とする。

中国民主促進会（「民促」と略称）：出版界、中小学校教員、文化人、教育者、科学者に限る。

中国農工民主党（「農工」と略称）：医薬衛生と科学技術者を主要対象とする。

九三学社（「九三」と略称）：学者に限る。

中国致公党(「致公」と略称):海外華僑を重点対象とし、帰郷華僑とその家族や華僑工作者をその対象とする。

台湾民主自治同盟(「台盟」と略称):台湾出身の大陸在住者を対象とする。

ここから分かるのは、民主諸党派は基本的に知識人によって構成されており、民主諸党派の活動範囲は都市で、その勢力範囲は学校教員、科学技術者、文化人、華僑、中小企業の経営者であったということである。彼らは、基本的に中共にとって当時、疎遠で、自分たちでは直接コントロールし難い対象であった。またその意味では、民主諸党派は1949年以前は、国共の間を介する中間党派的な政治組織であったが、1949年以後は、実質的に中共の統一戦線組織の一部となったのである。

組織的強度、人数的規模、影響力などの面から見れば、民主諸党派の中でまず分析に値するのは、民盟、農工、民革である。農工は組織が最も堅固で、正式な党員が最も多く、さらには、唯一自主武力を持った民主党派であった。一方、民盟は勢力範囲が最大で、民主諸党派の活動の舞台であった。実際、1950年代中期－57年反右派闘争まで、大多数の民主諸党派が、民盟を民主諸党派の「盟主」と見なした。この2つの党については、後でまた詳細な分析を行うこととする。

また本研究に当たり、1949年以前の各民主諸党派における党員の具体的なデータを探し出せなかった。一部のつながりに欠ける統計から分かるのは、農工は正式な党員が1949年以前において1万人[75]を超え、さらに1万人余りの武装を有していたということで、この数値は1950年における民主諸党派全体の人数(11,540人)を超えているのである。ここから、2種類の可能性が推定される。一つは、上述の統計そのものが不完全であるということと、もう一つの可能性は、農工以外の民主諸党派は正式なメンバーが少なく、九三学社や台湾民主自治同盟のような政党は数十人[76]しかいなかったということである。民盟は、人数は多かったはずであるが、組織的には緩やかで、その多くが非正式メンバーであった。

また、3つ目には民革である。1948年1月に中国国民党革命委員会が成立

し、その参加者の多くが、国民党、政府、軍隊の左派的人物であった。その後、黄埔系左派である鄧演達の「国民党臨時革命委員会」が加入した。1949年10月に、三民主義同志連合会、国民党民主促進会、国民党革命委員会の三党が会議をし、新たに国民革命委員会として合併された。この意味で言えば、民革は、国民党左派の一部であり、国民党の主体とは違ったが、その状況は、本稿における国民党に対する分析からその一端を見ることができる。

また、その他の台盟（1947年12月）や九三学社などは、その規模が小さいだけではなく、その成立も遅かった。例えば、比較的多くの留学生を抱えていた九三学社は、その成立も遅く力も小さかった。『中国近現代政党史』によると、「九三学社は新しい政治協商会議に参加する前においては、学術界の政治団体名義で政治運動に参加していただけであり、そのため、各民主諸党派が発表した声明の中に九三学社はいなかった。新しい政治協商会議計画委員会が開催され、ここから、九三学社が民主諸党派の一つとなったのである。」[77] これらのより小さな党派は、1949年以前において、政党として影響力を発揮していたとは言い難い。こうしたことを考慮して、本研究ではそれら小さな党派に対する分析は行わず、民盟や農工の分析に集中することとする。また、ここで一点だけ指摘しておきたいのは、民主諸党派の中で民革や台盟などはその他の党派と違い、留日学生が相対的に多かったということである。

(3) 民主同盟の指導者についての分析

民主同盟は、1944年9月に成立した。その前身は1941年3月の「三党三派」[78] の連合により成立した「中国民主政団同盟」であった。先に述べたように、民主同盟は民主諸党派の活動の舞台でもあった。つまり、他の民主諸党派の指導者の多くは、同時に民主同盟において兼職し、さらに民主同盟の名で国民党と共産党が開催する会議に参加した。民主同盟は、「国共両党の間に介し、影響力と力がそれまでのいかなる中間的な政党をも超える新しい政党」であった[79]。

表 IV-7 の説明と分析

『中国民主諸党派人物録』[80]に採られた民主同盟の主な人物は182人いる。しかし、そのうち17人は1957年以前に死亡したか1937年以後に出生して、20歳未満であるために、数には入れない。よって、分析する人数は166人になる。

本研究では、この166人について分析を行った結果、次の2点が明らかになった。

表 IV-7 『中国民主諸党派人物録』による民主同盟の主な人物の学歴

	博士	修士	学部	他	総計	%
米国	25	11	6	0	42	25.3
カナダ	1	0	0	0	1	0.6
英語	5	3	4	0	12	7.2
仏国	2	0	3	2	7	4.2
独国	4	0	1	0	5	3
欧米国家	37(22.4%)	14(15.1%)	14(15.1%)	2	67	40.4
日本	1	0	19	2	22	13.3
ソ連	1	0	4	0	5	3
留学	39(23.5%)	14	37	4	94	56.6
国内大	0	3	46	5	54	32.5
欧米系大学	31					18.7
名門国立	14					8.4
他大	8					4.8
学堂	2					1.2
資料なし	映画関係者6人、画家2人、医師1人、大学教授2人、工商1人、記者1人、政治家5人				18	10.8
総計	39	17	83	9	166	

出所：蔣景源編『中国民主諸党派人物録』（華東師範大学出版社　1993年）により作成。

①民盟を代表とする民主諸党派は、知識人からなる党派であったということ。
②民盟、農工などの民主諸党派は、基本的に留英米学生に支配されていた政党であったということ。

特徴的なのは、民主諸党派の幹部の多くは、高い学歴の知識人であったが、民主同盟の主要人物166人について見てみると、大学卒が147名（88.6％）となっており、そのうちで、留学経験者が93名（56.6％）、国内大学の卒業者が54名（32.7％）である。留学先の内訳については、図IV-1「民主諸党派の幹部の留学歴（国別と学位）」のとおりである。

また、学位取得者については、博士号37名（全体の22.4％）、修士号14名（同15.1％）、学士号14名（同15.1％）となっている。留学経験者は、日本留学が専門学校レベルにとどまっていたのに対し、留米は大学や大学院レベルの留学を中心としていた。特にハーバード大学、コロンビア大学など一流大学の卒業者が多かった。

学歴なしの者や不詳の者も、18名のうち、映画関係者6人、画家2人、中医1人、大学教授2人、工商1人、記者1人、政治家5人であることから、彼らの知識レベルが低すぎるということはないと判る。

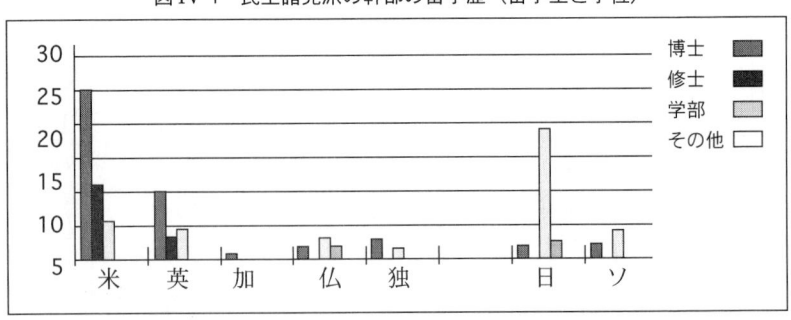

図IV-1　民主諸党派の幹部の留学歴（留学生と学位）

出所：蔣景源主編『中国民主諸党派人物録』（華東師範大学出版社　1993年）により作成。

(4) 農工民主党の指導者についての分析

　農工民主党は、章伯鈞による「第三党」が発展したものである。各民主諸党派の中でも最も独立性と「政党」性を備えていたものの一つであり、唯一、独立武装をしていた。1949年以後、非軍事化によって、その発展は停止し、後に医薬衛生と科学技術文化界の知識人の中に限って発展した[81]。

　農工民主党の武装に関しては、まず、1948年9月に「政治決議」が通過し、「思い切って人民を発動して武装に参加させ、武装組織をする」という決定がなされた。広東には4つの部隊を創設して、合わせて2,600人が武装した。また、上海と江浙地域においては、農工民主党が党員を国民党軍および国民党の地方組織の内部に潜り込ませて、地下「民主連軍」を組織し、2つの軍団と1つの直属師団として編成する準備をした（結果、直属師団だけが改編を受け入れた）。こうして、建国前夜までに、農工民主党は合わせて1万人余りを武装せさた（「民主連軍」を含めず）[82]。

　しかし、1949年10月に組織発展の停止を決定し、党務を整理した。その後の初期における党の整頓の中では、それまでの登録者7,476人だけが登録をした[83]。また、武装がすべて改編されたことは言うまでもない。続けて、さらなる組織整頓により、新党員の登録が再開された。

表 IV-8 の説明と分析

　『中国民主諸党派人物録』に採られた農工民主党の主な人物は66人いる。そのうち16人は、1957年以前に死亡したか1937年以後に出生し出生して、20歳未満であるため、数には入れない。よって、分析する人数は50人になる。

　農工民主党の主な人物で学歴のある者は48人（96％）で、全員が大学卒以上であった。そのうち、博士5人（10％）、修士3人（6％）、学部40人（80％）となっている。民盟と同様に、学歴の高さが浮き彫りとなった。

　留学経験者は23人（46％）で、約半分を占めることになる。そのうち、欧米国家への留学生は16人（留学経験者の70％、全体の32％）、またそのうち、博士5人（10％）、修士3人（6％）、留日は7人（留学経験者の30％、全体の14％）であった。

表 IV-8 『中国民主諸党派人物録』による農工民主党の主な人物の学歴

	博士	修士	学部	総計(%)
欧米国家	5(10%)	3(6%)	8(16%)	16(70%、全体の32%)
日本	7(30、全体の14%)			
留学	23(46%)			
国内大	25(50%)			
国内外国系	8(16%)			
他大	17(34%)			
資料なし	2(4%)			
総計	5(10%)	3(6%)	40(80%)	50

出所:蔣景源主編『中国民主諸党派人物録』(華東師範大学出版社 1993年)により作成。

　国内の大学卒は25人(50%)となっている。そのうち、教会大学や清華大学など直接外国(特に欧米国)から影響を受けた大学の卒業者が8人(16%)、その他の大学が17人(34%)となっており、直接欧米国家からの影響を受けた大学の卒業者が24人(48%)であった。

(5) 民主諸党派指導者の職歴と学歴についての分析

　表IV-9「民主同盟と農工民主党の指導者の職歴」を見ると、民主同盟の主要人物166人のうち、大学教授が109名(65.7%)、その他の教育者が17名(10.2%、大学での教員経験者6名、研究所の研究員5名、その他の教育者6名)で、学者、教育者が全部で126名(75.9%)に達している。また、農工民主党の主要人物50人のうち、大学教授が33人(66%)、大学で教べんを執ったことがある者が5人(10%)で、合計38人(76%)に達している。

　これらの統計から見ても、民主諸党派が知識人の党派であったことは明らかである。

表IV-9 民主同盟と農工民主党の指導者の職歴

職歴	民主同盟(166人)		農工民主党(50人)	
大学教授	109	65.7%	33	66%
大学教員全体	126	75.9%	38	76%

出所：蔣景源主編『中国民主諸党派人物録』（華東師範大学出版社　1993年）により作成。

　続いて、表IV-10「民主諸党派幹部の学歴（留学経験者）」を参照することにする。まず、留学先別で見ると、英語圏国家（米、英、カナダ）は55名（59％）、欧米諸国（米、英、カナダ、独、仏）67名（71.3％）、日本22名（23.4％）、ソ連5名（5.3％）となっている。

　英語圏国家留学経験者55人のうち、博士号取得者は31人（80％）、修士号取得者は14人（100％）、学士号取得者は10人（27％）となっており、欧米諸国（米、英、カナダ、独、仏）67人（72％）のうち、博士号取得者は37

表IV-10 民主諸党派幹部の学歴（留学経験者）

	博士	修士	学部	その他	総計	％
米	25	11	6	0	42	44.7
英	5	3	4	0	12	12.8
カナダ	1	0	0	0	1	1.1
英語圏　55						59.0
仏	2	0	3	2	7	7.4
独	4	0	1	0	5	5.3
西欧(大陸)国家　12						12.8
日	1	0	19	2	22	23.4
ソ	1	0	4	0	5	5.3
総計	39	14	37	4	94	100.0
％	41	14.9	39	4.3	100	

出所：蔣景源主編『中国民主諸党派人物録』（華東師範大学出版社　1993年）により作成。

表IV-11 民主諸党派幹部の学歴（国内）

国内の欧米系大学	98	70%
国内その他の大学	22	15.7%
旧学堂	2	1.43%
資料なしか不詳	18	12.86%
総計	140	100%

出所：蔣景源主編『中国民主諸党派人物録』（華東師範大学出版社 1993年）により作成。

人（95％）、修士号取得者は14人（100％）、学士号取得者は14人（38％）であった。また、比較のために、表IV-7「『中国民主諸党派人物録』による民主同盟の主な人物の学歴」を参照すると、教会大学や清華大学など欧米系大学の卒業者が31名で、直接欧米諸国からの影響を受けた大学の卒業者は98名に達する（59％）。さらに表IV-11「民主諸党派幹部の学歴（国内）」を見ると、民主諸党派幹部の国内の学歴も、国内の欧米系大学卒が98名に達する（70％）。

表IV-12「民主同盟と農工民主党の指導者の学歴と職歴」を参照すると、民盟と農工両党の主な人物の学歴で「大学卒業以上」が89.1％と96.0％であった。当時の中国においては、教育を受けるにしてもそれは浅いものであった

表IV-12 民主同盟と農工民主党の指導者の学歴と職歴

学歴	民主同盟	農工民主党
留学	56.4%	46%
留学＋教会系大学	72%	66%
大学	89.1%	96%
職歴		
大学教授	65.7%	66%
大学教員全体	75.9%	76%

出所：蔣景源主編『中国民主諸党派人物録』（華東師範大学出版社 1993年）により作成。

ために、大学卒業というのは、中層以上の知識分子であったと言える。民主諸党派は知識人の党派であった。また、国民党や共産党と違って、民主諸党派における「大衆化・土着化」がなく、終始、知識人党派であった。

以上の各分析から、民盟と農工の極めて高い一致性が浮き彫りとなった。これらの特徴は、民主諸党派の共通の特徴であったとも言えよう（表Ⅳ-12「民主同盟と農工民主党指導者の学歴と職歴」参照）。

5. まとめ

以上、民国期における各重要政党指導者の学歴状況について分析した。ここから分かるのは、ほぼ予想どおり、職業軍人の党内地位が、少なくとも1950年代までは、明確でなかったということである。軍人の党内地位が上昇したのはおそらく1960年代以後のことだったと考えられる。

また、中国共産党内部でも世代交代の現象が発生していたはずである。これは主に、1927年時点の中国共産党が、既に第2の国民党になることに見切りをつけ、より「国民党的な方向」へと歩き始めたことを悟ったことを示している。この年に、中国共産党は、蔣介石により攻撃を受け、壊滅的な打撃を蒙った。蔣介石は、初期段階で勝利を収めてからは、急速に欧米に傾倒して、ソ連の不興を買った。これが、中国共産党内部で、欧州・ソ連留学生が台頭する好機を与えることになった。その後、中国共産党が農村や地下に潜ると、留学生を含む高学歴の人材の補充は、残されたソ連、コミンテルン参加国などの限られたソースに頼ることになった。

また、留日学生と北京大学の関係は、意味深いものであった。早くは五四運動当時あった2種類の知識階層は、いわゆる「急進民主主義者」と「自由主義者」という関係であったが、前者は、留日学生と国内の最高学府である北京大学が中心となり、後者は留欧米学生と外国系の清華大学や各ミッション系大学を中心としていた。胡適などは北京大学にいたものの、出身は清華大学であった。北京大学が新文化運動の中心や、中国の「最高学府」として有名であったことは、その点と関係があるのかもしれない。最高学府である

ために、その教授陣に多くの清華出身者がいたことも自然と言えば自然なことである。前者は大衆路線を強調し、革命闘争心が強く、情熱的で行動がスピーディーであり、後者は学問や文学革命を追求し、政治的には保守的で段階的な改良を望んだ。また、前者は国民党や共産党と共に参加する可能性が濃厚で、後者は政治に参加したとしても政治家の顧問役を務めるのみであった。

　留米学生について言えば、同盟会から国民党、共産党といった政党の成立において、基本的に何の功績もなかったのはなぜだろうか。1930年代になって、留米学生が政党建設の上で活躍し始めたのも、意味深いものであった。民主諸党派の一部は新しいものではなく、旧政治勢力の再組織化であったから、この場合も、留米学生は創立にかかわったのではなく、一種の参加であったと言えよう。

　以上、中国共産党、国民党、民主諸党派に関する分析結果は、本研究第3章での分析結果と驚くほど類似している。大体において、留日学生が創った国民党と共産党に対して、民主諸党派は英米に留学した学生が創ったものであるということが言える。国民党、そして共産党は成立初期においては主に留日学生によって組織された。しかし、共産党は、後に農村・農民の党となり党員は急速に増えていき、「土着化」を通じて「留日学生の党」とは言えなくなった[84]。

　これに対して、中国国民党革命委員会（国民党左派〔留日学生が比較的多い〕）と台湾民主自治同盟を除く民主諸党派は、長期にわたり、「土着化」が見られず、一部の留日学生が含まれてはいたものの、基本的には留米学生に支配されている政党であった。

第3節　帰国留学生の文化教育と学術研究の分野における状況

　本節では、文化教育と学術研究の分野における帰国留学生の状況について分析する。文化教育と学術研究の2つの分野の中で、留学生はある時は重複

して存在し、このような人々は研究内容も互いに通じ合う部分がある。しかし、彼らが所属する組織の性質の違いから（学術研究事業はますます純粋な知識と専門的な方向性を持つ）、社会に与える影響も異なり（文化教育事業は、なおいっそう社会との接点が多い）、彼らが国家の政治組織から受けた影響も全く同じではない。文化教育と学術研究を2つの分野に分けて分析する上で重要なことは、上記の内容を考慮に入れることである。

　本節において、文化教育分野の分析で重要なことは、中華民国時代の中国の教育機関、すなわち大学、特に国立大学と有名私立大学をモデルとして扱った点である。近代中国教育史の中で、かつて重要な役割を果たした教会系大学は、多くの「準留学生」を養成したばかりでなく、欧米への留学生の多くがこのような教会系大学から留学した人々であり、同時に、このような学校は帰国留学生が最も多く集まる場所でもあった。しかし、資料に限りがあるために、本研究では彼らを改めて取りあげることはせず、ここでは一般の私立大学として分析するだけに止めた。以下の分析によって、民国期の国立大学や有名私立大学の校級指導者（学長や校長と同格の幹部）の学歴の状況から、帰国留学生が近代中国教育に深く関係していたということが証明された。また、科学研究分野での分析では、最高科学研究機関としての中央研究院をモデルとし、分析を通じて中央研究院第1回学士院会員の学歴状況から、帰国留学生が近代中国科学研究に深く関わっていたことが指摘される。

1. 帰国留学生の教育・科学分野における概況

　周知のように、留日学生は軍事や政治だけでなく、中国の教育の基礎作りにも貢献をしている。清末に新式の教育が始まった時に、最大の問題は教師不足であった。予科、速成学校、師範学校などで学んだ数千人の留日学生は、そのほとんどが日本の中学か高校レベルのものであったが、卒業の有無にかかわらず、帰国後は新式学校の教師として、その量的不足をある程度は補った[85]。欧米への留学生の多くが、大学教授や科学者となったのに対して、留日学生の中にはこうした人材は少なかった。

一般的に言えば、留日学生と留米学生は、中国の近代教育においてそれぞれ異なった役割を担っていた。留日学生が初等・中等教育（特に師範教育）の、また留米学生は高等教育の中心的担い手となった。そのために、留米学生は、学者になった者が多い。留米学生の中で大学の学長になる者も多く、特に名門大学の北京大学や清華大学などの学長に就任した。その他、中国の最初の科学団体の多くは留米学生が創設したものである。例えば、中国最大にして初の民間科学機関であった中国科学社もその中の一つである[86]。黄新憲によれば、1924年までに清華留米学生の620名の中で教育界に入った者は、33.78％を占めた。ジャーナリストになった者が11.10％、技師になった者5.80％、政界入りした者が2.24％、軍関係に就職した者が0.64％であった[87]。

　これにより、中国社会では、欧米への留学生が「大知識人」だとすれば、留日学生は「小知識人」と呼ばれた。また、前者には、自由主義者が多いが、留日学生のような急進分子は少なかった。急進分子が必ずしも共産党員ということではないが、留日学生の多くが革命家となっていた。林語堂は、留日学生の中国社会の中下層での活動に対して、深く憂慮を感じ、「すべての小学校の教師は全員共産主義を受け入れた」と指摘しているが、これは当時の社会状況を反映したものである。

2. 中華民国期の大学学長の学歴についての分析

　中華民国期の中国高等教育機関（高等院校）は、おおむね北洋政府と国民党政府の2つの時期に分けられる。前期を1912－28年とし、後期を1925－49年とする。その間、3年間の重複する時期が存在する。そのために、民国期の中国高等院校は北洋政府と国民党政府系列の2種類に分かれていたとする学者もいる[88]。しかし、実際に高等院校自体（特に私立大学の中の教会大学[89]）、政府から独立して存在し、はっきりとこの2つの系列に区別できるとは考えにくく、この2つの時期に大学自体の状況は安定していた。本研究では、高等院校のこの相対する独立性まで考慮し、国民政府期の中国高等院校を分析対象として、帰国留学生の中国高等教育の中での地位や影響力につ

いて分析した。なぜならば、この時期は比較的期間が長く、前の時期よりもはっきりとした結果が表れているためである。

　学校の規模や性質から考えると、国民政府期の中国高等教育機関には、大学、独立学院、専科学校の3種類があった。一般には、3つ以上の学院を備えているものを大学とし、3つの学院に満たないものを独立学院とした[90]。また、学校の運営方式から考えるならば、国立、省立、私立の3種類に区別される。第2章でも中国の教会大学についてすでに紹介したが、中国近代教育史上、教会大学は長い歴史を持ち、大学自体が一つの体系を確立している。この状況は、1920年代中期まで基本的には変わらなかった。しかし、中国の民族的高等教育体系の絶え間ない発展と完成が近づくにつれて、教会大学の勢いも下降気味になった。1920年代の教育権回収運動は、教会系教育体系にとって大きな打撃であり、独立した教会系教育体系は、この打撃で突き破れたわけではないが、1927年以後多くの教会大学が改組し、中国人の手によって経営がなされた。また抗戦期には、多くの大学が相次いで内陸に移転し、連立した。戦後になると、その大部分が再び元の場所に戻り、それと同時に新たな大学が設立された。こうして、1949年までに全国に専科以上の高等学校が207校、国立大学が47校、私立大学が85校（1949年まで）存在した[91]。

　また、学長の存在しない大学もあった。例えば、内陸に移転して連立した西北連合大学（北平大学など1937年に西安で合併して成立した、後の国立西北大学の前身）や、北大、清華大、南開大によって昆明に成立した西南連合大学などがそれにあたる。このような学校は校務委員制を採用し、そのうちの校務委員常委が一般的には2－3人おり、実際には学長の役割を果たしていた。そのために、本章の分析では、学長と副学長、校務委員長、副委員長、校委会常委等の「(大学)学長級指導者」の人々を統計に入れた。この「学長級指導者」の範囲が大きくなればなるほど、この統計の代表性も広がる。

　表IV-13「民国期大学学長などの「学長級指導者」の学歴状況」から明らかになったのは以下の点である、国立大学は、一般的に正規のものであり、規模も大きく、学科が多く設置され、同時に意識して留学生を「学長級指導者」として重視し起用した。私立大学の帰国留学生は比較的に少ないが、その中

でも留仏学生の比率は比較的高く、これは教会系大学に留仏学生の比率が高いことに関係あることが考えられるだろう。留ソ学生は2名で、ドイツへの留学生も少ない。この点において、国立大学とは明らかに対照的である。これもまた、国立大学が、ドイツ色を色濃く反映させている国民政府の影響を受けているものの、中国の民間社会とドイツとの接点はあまり多くないということを証明していると言えるだろう。また、教会系大学卒業生について、表IV-13の2名の名が挙げられる。これは、私立大学と国立大学の性質の違いを示すものである。全体的に見ても判るように、教会系大学卒業生が、仮に留学経験がないとしたら、中国高等教育界の中で、彼らは一般の国内の大学と比較して特別な存在ではないのである。

　また、表IV-13に満州国と汪兆銘南京政府の大学の指導者を含めていないことを考えると、この統計は留日学生にとっては不利であると言える。もし彼らを統計の中に含めたならば、留日学生の比率は、もっと高い数値を出していただろう。

　総括すると、国立大学の学長級指導者は安定しておらず、頻繁に交代し（これは、国立大学が政府から受ける影響が強いことに関係しているのか）、そのために、国立大学の校級指導者の合計人数は多い。しかし、別の見方をすると、実際に、人数自体は、それほど多くはなく、こういった人々は、代わる代わる各地の大学に赴き学長になるというケースが比較的多かったことを証明している。それとは逆に、私立大学の指導者は比較的安定しており、頻繁な交代もなく、何十年もの間に1人か2人だけしか学長が就任しなかった大学もあり、たとえ交代したとしても少人数が交代で就任しただけであった。

表IV-13の説明

　私立大学の統計について、少し説明を加える必要がある。そのうち、代表的私立大学の48ヶ所についてのみ統計に利用した。削除した37の大学については、下記のような性質を持つ。

　①創立後にすぐ国立大学に変わった大学（すでに国立大学の統計に含まれている）。

表 IV-13　民国期大学学長などの「学長級指導者」の学歴

	国立大学 （47校）	私立大学 （85校中48校）	総計 （95校）	％
日本	31(17.5％)	23(15.4％)	54	16.6
米国	65(36.7％)	43(28.9％)	108	33.1
仏国	11(6.2％)	11(7.4％)	22	6.7
ソ連	0	2	2	0.6
独国	22(12.4％)	2	24	7.4
英国	18(10.2％)	6(4％)	24	7.4
ベルギー	1	0	1	0.3
カナダ	3	0	3	0.9
スイス	2	0	2	0.6
北大	1	0	1	0.3
他大	4	3	7	2.1
教会	0	2	2	0.6
専門	5	11(7.4％)	16	4.9
不詳	1	14(11.4％)	15	4.6
科挙	1	3	4	1.2
無資料	12	31(20.8％)	43	13.2
総計	177	149	326	100

出所：民国期大学「学長級指導者」の名簿は、『中華民国時期軍政職官誌』（郭卿友主編、甘粛人民出版社　1990年）に基づくものである。

備考：学歴状況は徐友春編、『民国人物大辞典』（河北人民出版社　1991年）、『中華留学名人辞典』による。また、この辞典の中で不足している資料は、『中華留学名人辞典』、『中華民国史辞典』、『中国民主諸党派人物録』などによって補足した。

②成立してまだ4年未満の大学（まだ本科の卒業生が出ていないか、卒業生が極めて少ない）か、成立して4年以上を経ているが、その期間に名称が変わり、場所が移転したなど、学校の発展に大きく影響を受けたものも、ここでは取り上げない。

③明らかに影響力の少ない大学。このような大学のほとんどが辺地に建てられ、規模は小さく、体制も整備されていない。しかし、この種の大学のうちで、例えば晏陽初の郷村建設学院[92]などは、中国の教育史上に比較的大きな影響を及ぼしていたため、ここでは統計の範囲としておく。
④同じ大学が異なった名前で経営している学校。

資料の限界により、私立大学指導者の資料のうちで、28％が手に入らず、表中に列出した数字は十分に精確な訳ではない。ただ、共に参考にしたい。

そのほかに、満州国と汪兆銘南京政府系列の大学は今回の統計には含めず、後ほど別に補足したい。

3. 国立中央研究院院士の学歴についての分析

以下では、中華民国期の科学研究における帰国留学生の状況について分析する。科学研究分野での分析は、科学研究に関して最高機関であった中央研究院をモデルとし、分析を通じて中央研究院第1回学士院会員（「院士」、1948年選出、中央研究院が大陸に存在した時期の学士院会員）の学歴状況から、帰国留学生が近代中国科学研究に深くかかわっていたことを指摘する。

留日学生は、近代中国において多くの政党、政府、軍を自分の勢力圏とすることができたが、留米学生の場合は、このような勢力圏を持っていなかったものと考えられる。しかし以下の分析では、国立中央研究院が留米学生の勢力圏であったことが明らかとなった。

(1) 中央研究院

日清戦争以後、中国は西洋の学問を重視するようになり、同時に科学研究機関と学術団体を設置し始めた。当時、康有為は上海で強学会を設立し、まだ1年も経たないうちに、北京や全国各地に様々な学会を築き上げ発展させた。これら学会の中では、湖南省の南学会が特に有名である。民国以来、政府は学術機関の設置をいっそう重視し、知識を身に付けて帰国した留学生は、その中で、この新しい動きを実現していった。北洋政府は、1912年に北平

で地質研究所を設立し、その研究員の中には欧米から帰国した留学生が際立っていた[93]。1917と1918年に、南京国民政府は、相次いで、国立中央研究院と国立北平研究院を設立した。これにより、中国は自国において比較的完備された科学研究機関を有することになった。

全国でも最高の科学研究機関として考えられた国立中央学術研究院の成立は、当初、孫文によって1924年に正式に提起されたものであった[94]。1927年に、「中華民国大学院」(翌年「教育部」と改められた)が設立され、30名以上の専門家が招聘され、中央研究院の企画に参加した。また同時において、大学院院長蔡元培が、中央研究院院長に任命された。それは当時、「中華民国大学院中央研究院」と称されたが、翌年には正式に、「国立中央研究院」(「中央研究院」と略称)と改称され、その初期には、理化実業研究所、社会科学研究所、地質研究所、気象研究所が設置された。その任務は、科学技術の指導、連絡、奨励、科学研究を行うこととされており、各所には研究目的の研究組ごとに、主任1人と研究人員(研究員、副研究員、助理研究員)を置き、さらに研究生を受け入れ養成した[95]。こうして、中央研究院が一応の設立を見た。しかし、中央研究院設立後、国内外での混乱が相次ぎ、その発展にとって多大な障害をもたらした。当初計画に入れられていた多くの活動も、完全に中断されてはいなかったものの、その進行に支障をきたすことになった。

戦後の1945年より、それまで棚上げにされていた計画が一斉に始まった。中央研究院は、院士制の実行を決定し、中国各地から各研究分野において著名な専門家を院士として招聘した。全国的な選出と協議の結果、1948年の第1回目の選出において、中央研究院評議会[96]は、合計81名を院士とした。そのうちで理数系(数学、物理、化学、地質、工程学、気象学)28名、生物系(動物、植物、医学、薬学、生理学、農学)25名、史・文学系(哲学、中国文学、歴史、言語学、法学、政治学、経済学、社会学)28名となった。1949年以後、国民党政府は大陸から台湾へ撤退することとなり、中央研究院も台北に移された。これは現在まで継続され、台湾の最高科学研究機関となっている。一方、大陸の中国共産党政府は、1949年にそれとは別に中国科学院を創設した。第1回中央研究院院士の一部が国民党と共に台湾に移り、大陸に

残った学者は、後に中国科学院院士（学部委員）となった。
　中央研究院は当時、全国最高の学術機関であり、学院内外で最も優秀な学者が院士を受け持っていたために、それは一種の終身的な名誉職であるとされ、各分野での最高峰とされた。彼らの状況から、当時の中国科学研究の実態を知ることができる。

表IV-14の説明
　その他、上記の表中に記載できなかった状況は次のとおりである。
①第1回院士の年齢が比較的若く、ほとんどが45歳前後であり、帰国時期は1910－30年末までとばらつきはあるが、1930年代の帰国者が最も

表IV-14　第1回国立中央研究院院士の学歴

	数理・生物	人文	総計	％
日本	4	4(14.3％)	8	9.9
米国	33(62.3％)	16(57％)	49	60.5
仏国	2	2	4	4.9
ソ連	0	0	0	0
独国	4	2	6	7.4
英国	5	4(14.3％)	9	11.1
ベルギー	2	0	2	2.5
スイス	1	0	1	1.23
北大	0	1	1	1.23
他大	1	1	2	2.5
不詳	3	2	5	6.2
総計	53	28	81/87	100

出所：第1回における81名の院士名簿は、『第2次教育年鑑』に基づくものである。
備考：学歴状況は、『中華留学名人辞典』による。この辞典の中で不足している資料（約20人分前後）は、『中国民主諸党派人物録』などによって補い、その上で手に入らなかった4人の資料は不詳とした（「不詳」の項目は計5名であるが、そのうち1人は学歴が不明であり、あとの4人は資料さえ手に入らなかった）。

多い。

②2つ以上の国にまたがって学習する者は、小人数で、比較的高い学位（学士か修士）を修得していたために、両国とも統計に含めた。したがって、人数合計の統計は87人となり、実際の総人数である81人を上回った。

(2) 第1回中央研究院院士の学歴についての分析

　ここでまず読み取れる事は、表中における留学帰国者の比率が非常に高いという点である。仮に、「不詳」の者をすべて国内大学の卒業生だとしても、留学しなかった院士は全院士人数の10％にすぎない。次に注目すべき点は、第1回院士のうち、ほとんどが国内の欧米系大学での学歴を持っていることである。また、その中でも清華（清華学校と清華大学）の出身者が最も多く、次いで聖約翰、嶺南、金陵など教会系大学出身者が多く、その他の国内大学出身者はそれほど多くはない。

①第1回の院士合計81人のうちの90％以上が、以前に国外に留学した経験を持ち、留学先としては米国が第1位である。

②米国への留学生は圧倒的に多く（60.5％）、この傾向は自然科学の分野で顕著なだけではなく（62.3％）、同様に人文科学分野でも57％に達している。さらには、すべての3組20学科それぞれに留米学生がいる。

③次いで多いのは英国への留学であり（11.1％）、英国への留学院士は、数学・地質学（3人）と政治学・社会学（3人）が主で、また、帰国時期も早い。

④日本への留学では史学・文学分野の割合が高く（14.3％）、自然科学分野は比較的少ない。日本への留学院士のうちで、蘇歩青（数学）と羅宗洛（植物学）だけが、純粋に日本への留学者であり、李四光（地質）と李書華（物理）は、後にイギリスとフランスにもそれぞれ留学している。

⑤ロシアへの留学生は表中に見られない。これはおそらく、ロシアでは革命の理論を教育しているという事と、専門的な教育があまり行われていなかったことに起因している。

⑥ベルギーへの留学生総数は少なかったが、表中で2名となっていること

は、逆に意外だと感じられる。

以上の分析を総合して言えることは、民国期における国の高級研究人員の大多数が、西洋の教育を受けた留学生で、特に欧米への留学生であった、ということである（合計87.6％に達する）。

(3) 第1回国立中央研究院院士の政治傾向

ここで注目すべき点は、中央研究院第1回における81名の院士のうち、ごく少数だけが政治団体（民主諸党派）の活動に参加していた者を除く、1957年当時、あまり批判を受けなかったという事実である[97]。1957年の右派知識人の中では、欧米への留学生が大多数であった。これらの留学生は、早くから民主諸党派に参加しており、後に民主党の指導者となる。しかし、院士は、民主諸党派への参加が1949年以後に目立って表れるようになる。実際、院士の多くは専門分野にのみ関心を寄せ、政治傾向に関してはあまりにも無関心であった。したがって、第1回国立中央研究院院士（後には中国科学院の「学部委員」）は、1957年当時、それほど激しい攻撃は受けなかったのである（第5章付録参照）。

4. 帰国留学生の中国における科学技術の近代化に対する影響

以下では、1949年以後、米国を中心とする西洋国家による中国の科学技術に対する影響が依然として存在していたこと、またこうした影響の大部分が、かなりの程度は20世紀の初頭－1950年代初めまでの時期に西洋国家に留学したり働いた経験のある人々によるものであったという事実があり、彼らは中国の科学技術と高等教育の発展における最も重要な勢力であったことを説明する。

(1) 著名な科学者

李佩珊は山東科学技術出版社から出版された『中国科学家辞典』[98]に挙げられている877人の中国の著名な科学者について調べたところ、彼らの専門は、

表IV-15 『中国科学家辞典』による留学経験のある科学者の留学先と人数

順位	国家(地区)	科学家人数	%
1	米国	393	59.3
2	英国	91	13.7
3	ドイツ	54	8.2
4	フランス	35	5.3
5	日本	34	5.1
6	ソ連	28	4.2
7	カナダ	6	0.9
8	スイス	6	0.9
9	ベルギー	6	0.9
10	その他	9	1.5

出所：李佩珊「帰国留学生在新中国科学技術発展中的地位和作用」により作成。

あらゆる科学技術の領域に及んでいることが明らかとなった。そのうち、留学生は662人で全体の75.5％を占めており、留米学生が393人で第1位を占め、英国への留学生91人（第2位）を加えれば、その比率は63％になる[99]。また全体的に見れば、留学経験のある「科学者」の90％が、北米か西欧への留学生であった。残りは、留日学生と留ソ学生がそれぞれ4－5％を占めている。

同様に、1993年7月に武漢で出版された『新中国留学帰国学人大事典』によると、日本留学で博士学位を修得したか、帰国後に教授、研究員、高等専門職を担当した者は460人であり、辞典に収録されている7,000人の学者のわずか6.6％を占めているにすぎなかった[100]。

この数字から明らかなように、欧米への留学生、特に留米学生は、（留日学生と比べて）帰国後に科学技術の領域において重要な貢献を果たしている人々が多い。これはある側面から見れば、留米学生は比較的時間をかけて自然科学と技術を学んでいたのに対して、留日・留ソ学生は必ずしもそうではなかったという事実の反映であると言えよう[101]。

帰国した留学生が1949年以後、依然として大きな影響力を持っていたので

表 IV-16 科学者の留学の年代と年齢（− 1950 年）

留学の年代	科学者人数	出生年代	相当する年齢	
			1949年	1978年
1920年以前	35	1891 − 1900	49 − 58	78 − 87
1921 − 30	95	1901 − 10	39 − 48	68 − 77
1931 − 40	200	1911 − 20	29 − 38	58 − 67
1941 − 50	302※	1920 − 35	24 − 34	53 − 63

出所：李佩珊「帰国留学生在新中国科学技術発展中的地位和作用」により作成。
備考：※1950年以後に帰国した者も数に含める。

あるかという問題については、別の側面から分析を加えることができる。それは、彼らの年齢である。統計によれば、1949年の時点において、留学経験のある科学者662人のうち、595人の年齢が25 − 50歳であった[102]。従って、1957年の時点においては、彼らの年齢は32 − 57歳ということになるが、これは、1950年代末期において、彼らが「働き盛り」の時期であったことを示すものである。

(2) 留学経験のない科学者

『中国科学家辞典』によれば、215人が留学経験を持っていなかったのであるが、彼らについてはどのように評価すればよいのだろうか。彼らは、国内の大学で高等教育を受けた後、長期にわたって国内における高等教育と科学研究に従事した人々である。彼らは、留学したことはなくても、その多くは外国訪問の経験があり、元留学生と師弟関係にある者も多かった。その専門については、地質学者と工学者が比較的多く、彼らの専門は、中国における産業発展の需要に応じたものであり、初期の留学生の専門分野も、地質学や工学などの分野が多かった。ここから推測されることは、留学生が比較的早くから取り組み、研究が強化された専門領域においては、国内の人材も次第に育ってきていたということである。言い換えれば、国内の研究者が強い分野は、比較的早い時期に西洋から導入された科学技術の影響が大きい分野で

あったということである。こうした影響を媒介したのが帰国した留学生たちであった[103]。

(3) 中国科学院学部委員

中国科学院学部委員制は1955年に制定され、1957年と1981年に2回の増補が行われている。1955年に、長時間にわたる選考と討議を経て、172人の自然科学者と技術者が学部委員に選出された（このほか社会科学の学部委員が61人いる）。1956年前後に多くの留学生が帰国し、そのうちの何人かは高いレベルの科学者であったことから、1957年5月には中国科学院自然科学と技術科学の学部委員が191人に増やされた。しかし、直後に「反右派闘争」が始まったために、9人の学部委員は「右派」として追放されてしまった。その後、1977年に学部委員制が復活すると、1981年に再び学部委員が補選され、総数は400人となった。学部委員の職責は変化しているものの、その地位は、中国における公認された最高の学術称号とされている[104]。

また、学部委員の中で留学した経験を持つ者の比率は、『中国科学家辞典』に収録されている877人よりは高い。1955年に選出された172人の委員のうち、156人（90％）は留学経験があり、1957年の191人の委員については、174人（91.1％）がそうであった（留米学生101人、58％）[105]。また、1981年の補選後の委員の中では、留米組は予想よりも高い比率を占めており、増加していたのである。すなわち、344人の留学経験を持つ委員のうちで、204人（60％）が留米学生であり[106]、その多くが1940年代に出国し、1940年代後半－50年代中期に帰国した者であった。

上の数字から、1949年以後、米国を中心とする西洋国家の中国科学技術に対する影響が依然として存在していた。またこうした影響は、かなりの程度、20世紀初頭－1950年代初めまでの時期に、西洋国家に留学したり働いたりした経験のある人々によるものであったのである。つまり彼らは、中国の科学技術と高等教育の発展における最も重要な勢力であった。

欧米の中国における科学技術の発展に対する影響は、留欧米学生によってもたらされたものであったことが明らかとなった。彼らは、中国における科

表IV-17　中国科学院学部委員

学部委員学科	1955年		1957年		1981年		
	総人数	留学経験者	総人数	留学経験者	総人数	留学経験者	留ソ
数学	9	9	10	10	19	15	2
物理学	19	19	24	24	55	51	7
天文学	1	1	1	1	6	2	0
化学	19	18	21	20	67	62	4
生物学	33	32	35	34	55	51	1
医学	15	10	18	13	16	13	1
農学	12	11	12	11	18	17	0
地学	24	19	27	22	75	51	5
技術科学	40	37	43	40	89	82	5
総人数	172	156	191	174	400	344	25
％	90		91		86		

出所：李佩珊「帰国留学生在新中国科学技術発展中的地位和作用」[108]により作成。

学技術の発展の中で、長期にわたって重要な地位を占めていた。この点は、1949年－80年代初期まで一貫して持続している。留学生は、中国の高等教育と科学技術研究において、中国人の科学思想と科学観念に対して積極的な影響を及ぼしている[107]。さらに、これらの領域において、留米学生の役割と影響力は、留日学生（および留ソ学生）よりも明らかに大きいということが理解できる。従って、中国における科学技術の近代化において、特に留米学生の役割は、最も顕著で重要であったということが言える。

第4節　結　論

第3章では、帰国留学生の南京国民政府権力構造内での地位、役割および政治傾向を集中して分析した。そこで本章では、分析範囲を南京政府以外に

まで拡大し、中国社会の各主要領域に対するさらなる分析を通して、第3章の分析結果を検証した。

1. 帰国留学生と近代中国の軍隊

1905－10年前後の間に、留日学生は徐々に中国南方と長江流域の各新軍、とりわけ保定軍官学校と雲南陸軍講武堂において主導的地位を占めていった。これらの軍事学校は中国近代の軍事史において極めて重要な位置を占め、新軍、国民党軍をはじめとする近代中国軍の最高級の将校のほとんどは軍事留日学生、そしてその教え子であった。特に国民党軍において最も影響力が強かったのは、日本への留学経験があり、軍組織のピラミッドの頂点に立つ者たちであった。

軍事留日学生は、帰国後、直接的に上部構造に作用し、政権のために働いた。後に中国の統治者となり、中には最高位の独裁者となった者もいた。日中戦争と反共の動きの中で、国家がおおむね　介石の下に統一されていったため、軍事留日学生の反共傾向が顕著である。

軍事留日学生は、ただ単に日本の軍事思想と制度を中国軍部内に導入したのみならず、彼らの大多数が軍部において重要な地位を占めて、当時の軍による各種行動を直接指揮し、さらに軍をよりどころとして政界の支持を取り付け、中国社会全体に影響を与えていたのである。

2. 留学生と中国革命

近代中国の新知識人としての留日学生の愛国主義運動が高まり、留日学生は次第に「反清・反日民族主義」に傾く。革命組織が大量に出現し、最初の活動の基盤も主に日本にあった。「中国同盟会」の主要幹部は、そのほとんどが留日学生であった。辛亥革命は、彼ら留日学生によって組織、発動され、その指導の下に推進されたものであった。

留日学生は、当時の社会思潮と政治活動において、知識、綱領、指導と組

織などの面で重要な貢献をなした。日本で近代政治思想学説を学び、政治的にも鋭い感覚を持ち、長期にわたる準備活動を通じて、革命の機を熟させたという点でも重要な役割を果たし、留日学生が「中国統一の基礎」を築いた。

3. 留学生と近代中国の政党

　留学ブームが起こる以前、中国には真の意味での「近代的政党」は存在していなかった。近代中国における初期の政党の大部分は、留日学生によって創られたものである。国民党中央の上層部になればなるほど、留日学生が集中しており、各期の党主席（委員長）などの最高権力者は、例外なく留日学生が握っていたのである。

　中国共産党の早期の党員の中にも留日学生が多かった。次に多かった留仏組は後の中国共産党の中心的存在となった。前3回の中共中央執行委員会の中で、留日学生が最大勢力で、留仏や留ソが第5回から急激に勢力を伸ばしたのである。

　国共両党においては、多くの留日者が存在したが、国民党の留日者の多くは、事実上は軍事関係の留学生であった。これは、中国共産党の留日者の多くが文科系の出身者であったことと比べると大きな相違である。また、中国共産党内の留日学生の多くが「理論型」であったのに対して、留仏学生は「実践型」の傾向が強かった。前者は早期に共産主義運動の隊列から外れてしまったものが少なくなかったのに対して、後の多くは中国共産党の中央幹部となった。

　民盟を代表とする民主諸党派は、基本的に留英米学生に支配されていた知識人の党派であった。留欧米学生は急進主義には反対し、彼らの好む政治団体は、組織的に固まっておらず、革命性が強力でないものであった。中共中央に英米への留学者の名前を見いだすことはできず、同様に教会系大学の出身者もない。国民党、特に共産党は、成立初期においては主に留日学生によって組織されたのだが、その後、「土着化」を通じて「留日学生の党」とは言えなくなった。これに対し、民主諸党派の多くは、長期にわたり、「土着化」が

見られず、基本的には留米学生に支配されている政党であったのである。

4. 留学生と中国の高等教育、科学研究

　留学生は中国の近代教育の基礎づくりにも貢献をしている。欧米への留学生の多くが、大学教授や科学者となったのに対して、留日学生が初等・中等教育の中心的担い手となったのである。

　当時、国家最高の学術機関であった中央研究院の院士の大多数が、欧米への留学経験者であった。第1回の院士のうち、米国への留学生は60.5％、次いで多いのは英国への留学生の11.1％であった。中国における科学技術の近代化において、特に留米学生の役割は、最も顕著で重要であったということが言える。この点は、1949年－80年代初期まで一貫して持続している。

5. 第3章と第4章の総合統計

　第3章と第4章の統計を総合してみると、興味深い現象を見ることができる。それは、帰国留学生の活動領域が「軍－党－政－教育－科学研究」の順に活動の場を持っていることに対して、「日－ソ－独－仏－英－米」それぞれに国別の形があるという点である。これは、留学生を留日型、留米型、中間型に分類することが可能であることを示している。つまり、留日学生は、軍や党など国家の権威的な組織に対する比率が高く、教育と科学研究など社会的自治的組織に対する比率が低くなっている。その一方で、留米学生は、留日学生と全く逆になっている。つまり、政治権威や権力に対する傾向性が、留日と留米を両極として形成されているのである（「図IV-2」参照）。

表IV-18　第3章と第4章の総合統計（人数）

	軍 （表IV-1）	党 （表IV-4）	政府 （表III-10）	教育 （表IV-13）	科学 （表IV-14）
日本	27	140	64	54	8
米国	1	55	56	108	49

上記の表IV-18を百分率で整理した後に得られたものが、次の表IV-19である。

表IV-19　第3章と第4章の総合統計（百分率）

	軍	党	政	教育	科学
日本	96.4	71.8	53.3	33.3	14
米国	3.6	28.2	46.7	66.7	86

上記の表IV-19をさらにグラフ化したのが、次の図IV-1である。

図IV-2　中華民国における留日学生と留米学生の政治傾向

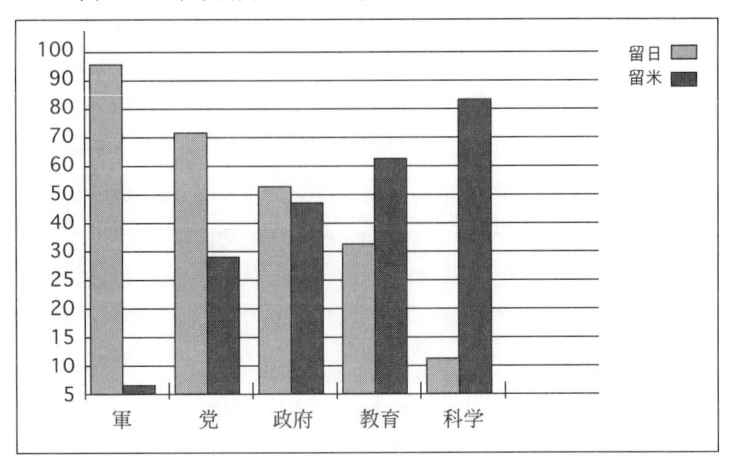

この現象は、決して偶然ではない。第1章の「分析方法」の中でも既に述べたように、本研究の留学生に対する統計は、従来より厳しい基準に基づいて行われた。本研究の留学生（特に留日学生）の人数に対する統計数値は、今までよりも低くなっている。しかし、それでも留日学生については、軍隊と政党の領域において、非常に高い統計結果が出ている。一方、留米学生も教育・科学研究の領域において高い統計結果が出ている。またこれは、決して年齢の分布によるものではなく、留日学生の年齢は、1940年の時点においては、ほとんど60歳以下（蒋介石は53歳）で、留米学生はさらに若かったのである（胡適は49歳）。

　南京政府内の異なる留学生集団、特に留日学生と留米学生の権力構造上における異なる志向や異なる地位や位置づけが、対比・対立の関係となっている。確かに、異なる志向が異なる地位や位置づけを導いたためであるのか、あるいは異なる地位や位置づけが異なる志向を導いたためであるのかをはっきりとさせることは困難である。これはまるで、鳥が先か卵が先か、という問題のようなものである。しかし、ここで必ず記憶に留めておくべき点は、このような対比や対立の関係が、同一の政府組織内で展開されているということであり、これにより、このような対比や対立には前提と背景が存在し、協力により正常な運営を維持するものだということである。留日学生と留米学生という二大勢力が、ここで妥協点を見いだしたということである。つまり、留日学生は中華民国の建国者であり、民国政権の中で主人にも似た地位を持ったが、国家の大業は大きく、留日学生がすべてをなすことはできず、必ずほかに有能な人材を必要とするのである。

　この点をいかにして成し遂げたのか、疑問を禁じえないところである。政府組織の構造から言えば、民国「軍政」期の「党軍」と「訓政」期の「党天下（以党治国）」を通して、実現がなされた。この現象は、決して民国期に限られたものではなく、中国共産党の執政まで、相当長い期間を経ても根本的に変わることはなかった。

　しかし、その後の共産党政権は、多くの面で南京国民党政権とは全く異なるものの、その中華民族の復興や国家建設の段階における基本方針の上では、

それほど大きな差はなかった。特に、改革開放以後、共産党は次第にマルクス・レーニン主義を放棄し、認識と行動の両面においても日増しに孫文思想へと回帰している。ここに、今日の改革開放の成功に、少なからざる当時の留学生たちの努力の跡を見ることができるのである。

注

1) 田宏茂『国民党中国の政府と政治1927－1937』140頁。フェアバンク・フォイヤーワーカー編『ケンブリッジ中華民国史1912～1949』中国語版（下）中国社会科学出版社　1993年　141頁　注(3)
2) 王汎森「戊戌前後思想資源の変化：日本因素を例として」『二十一世紀』1998年2月号　総第45期
3) 「中国陸軍」『遠東評論』1909年8月　171頁
4) 章玉良「教育の興起」徐泰来主編『中国近代史記』（中）（教育志）　217頁
5) バウエル（Powell）は『中国近代史記軍事力量的興起』という書物の中で、武昌蜂起が勃発した時点で各種の軍事学堂は全国で70校あったと記しているが、『1912年中国近代史記年鑑』では陸軍小学堂27校（バウエルは25校）、測絵学堂15校、陸軍中学堂4校、および陸軍軍事官学堂、陸軍貴冑学堂となっている。
6) Edmund S.K. Fung, The Military Dimension of the Chinese Revolution, University of British Columbia Press, 1980, p.17
7) Ibid., p.17
8) Ibid., p.17
9) 北洋軍は一般的に、袁世凱に対して鉄壁の忠誠心を持つ軍隊であるとみなされているが、最近の研究では、北洋軍は袁世凱の統制下に置かれており、内部的な統制は強かったものの、決して一枚岩ではなかった、ということが明らかにされてきている。
10) Edmund S.K. Fung, The Military Dimension of the Chinese Revolution, University of British Columbia Press, 1980, p.229
11) 蔣作賓『蔣作賓回憶録』台北　1967年　6－8頁
12) 蔣方震（字百里）は日本留学の後、短期間ドイツへ留学している。留学期間の長さから言えば、彼はやはり留日組と言わねばなるまい。
13) Edmund S.K. Fung, The Military Dimension of the Chinese Revolution, University of

British Columbia Press, 1980, p.92 − 93
14) ジョルダン（John. W. Jordan、中国名は「約翰・朱爾典」）、英外交官、駐華公使（1906 − 20年）。
15) Edmund S.K. Fung, The Military Dimension of the Chinese Revolution, University of British Columbia Press, 1980, p.101
16) Ibid., p.100 − 101
17) 1905年から帰国留日学生が増加し、徐々に日本教習に取って代わった。日本教習の勢力は1911年にはほとんどなくなったと考えられた。黄新憲、『中国近代史記留学教育的歴史反思』四川出版社　1990年　83頁
18) D. スーダン『雲南陸軍の興衰（1909 − 1925）』55頁。全国政協文史資料研究会編『辛亥革命回顧録』第3巻　366頁
19) このほか2名の者の学歴は不詳、Edmund S.K. Fung, The Military Dimension of the Chinese Revolution, University of British Columbia Press, 1980, p.335
20) Ibid., p.224
21) そのうちの95人は日本陸軍士官学校第3期の留学生である。郭營生校補、『日本陸軍士官学校中華民国留学生名簿』(沈雲龍主編、近代中国近代史記史料叢刊續編第37、文海出版社有限公司印行) 8頁
22) Edmund S.K. Fung, The Military Dimension of the Chinese Revolution, University of British Columbia Press, 1980, p.224
23) Ibid., p.90
24) Ibid., p.90
25) この数には武器の製造を学んだり、日本軍の演習を視察したり、軍隊管理や高級参謀としての知識を就学しに来た人々も含まれていると考えられる。
26) 日本陸軍士官学校が発行した『日本陸軍士官学校中華民国留学生名簿』の中では590人である。しかし、郭營生によれば、その名簿は75人（うち第六期の62名を含め）漏れており、総勢は665人と見なす。郭營生校補、『日本陸軍士官学校中華民国留学生名簿』（沈雲龍主編、近代中国近代史記史料叢刊續編第37、文海出版社有限公司印行）。
27) Edmund S.K. Fung, The Military Dimension of the Chinese Revolution, University of British Columbia Press, 1980, p.93.
28) Ibid., p.94
29) 劉馥『現代中国近代史記軍事史』　112 − 113頁
30) 中央軍官学校は1929 − 37年の間に毎年平均約3,000人の学生を卒業させて

いる。劉馥『現代中国近代史記軍事史』55 − 58、81 − 89、145 − 152 頁
31) ここで言う「行武」とは、学校において訓練を受けていない者を指し、「兵卒」から始まって、戦功によって昇進してきた者のことを指している。また「緑林」出身とは、以前の山賊のことを指し、後に投降したり軍隊に編入したりした者を指している。
32) 郭卿友主編『中華民国期軍政職官誌』甘粛人民出版社　1990年
33) 劉国銘『中国国民党二百上将伝』蘭州大学出版社　1994年
34) 王成斌主編『民国高級将列伝』(第1・2・3集) 解放軍出版社　1988 − 89年
35) 王俯民『民国軍人志』広播電視出版社　1992年10月第一版。この書物は大量の資料を中心としたものである。民国期の軍人について全般的な資料を掲載している。掲載の基準：北洋軍閥期の正規軍の師長、重要混成旅の旅長、南方政府の国民政府期の軍長、整編師師長、日中戦争期の軍長と殉国した師長、解放戦争期の軍長およびそれ以上の軍人。総勢一千三百名前後。
36) 党軍の一部であり、具体的にはそれが黄埔系軍隊である。
37) ほかには「特級上将」もある。これはいわゆる元帥に相当する者である。だが、それは蒋介石1人にしか授与しなかったものである。
38) 1949年以前、21人が一級上将に昇進しているが、その中で1936年以後に昇進したものが2人（程潜1939年、陳誠1947年）いる。また、35年に一級上将と二級上将に昇進した者の中で奉系が4人を占めた。これは明らかに、いわゆる「東北易幟」への報償であろう。
39) 劉国銘『中国国民党二百上将伝』前言　蘭州大学出版社　1994年
40) 同上
41) 郭卿友主編『中華民国期軍政職官誌』甘粛人民出版社　1990年　1199頁
42) 胡宗南は1948年大陸で、羅奇は1949年末に台湾で「二級上将」に着任した。
43) 王暁鐘編『1955年授衡的元帥、大将、上将』北京三連書店　1984年
44) 星火燎原編輯部編、『中国人民解放軍将帥名録』解放軍出版社　1986年
45) すなわち中華人民共和国大元帥。一度も授与されることはなかった。
46) 中共軍が1927年に成立した後、間もなく軍校を開いたが、拠点が不安定だったため、正規のものにはならなかった。抗日戦争期、延安で「抗大」ができたが、これも正規のものではなく、短期軍事訓練のためのものであったと言えよう。抗大は総校および15の分校を持っており、総勢20万人を訓練した。そのため多くの共産党幹部もそこで訓練を受けていた。しかし、中国政府ではここで受けた訓練は「学歴」と認められなかった。郭卿友主編『中華民国期軍政職

官誌』（甘粛人民出版社　1990年）第4巻、八「日中戦争期軍事院校」参照。
47）劉志強「帰国留学生と20年代の収回主権運動」、留学生叢書編委会編『中国留学史萃』中国友誼出版社　1992年　161－163頁
48）朱建華、宋春主編『中国近現代政党史』黒龍江人民出版社　1987年　20頁
49）同上　23頁
50）馮自由『中華民国開国前革命史続稿』上巻　45－47頁
51）張難先『湖北革命知之録』1946年　55頁
52）朱建華、宋春主編『中国近現代政党史』黒龍江人民出版社　1987年　33－34頁
53）朱建華、宋春主編『中国近現代政党史』黒龍江人民出版社　1987年　36頁
54）実藤恵秀『増補版・中国人日本留学史』くろしお出版　1981年　32頁
55）同上418－420頁に「清朝末期に日本において発行せられた中国雑誌目録」ががある。
56）フェアバンク編『ケンブリッジ・晩清史1800－1911』中国語版（下）中国社会科学出版社　1985年　530－532頁
57）李喜所「日清戦争後50年間留日学生の日本観およびその影響」『東瀛求索』第8号　1996年　67頁
58）実藤恵秀『増補版・中国人日本留学史』くろしお出版　1981年　511－516頁
59）張海鵬「中国留日学生と祖国の命運」『東瀛求索』第8号　1996年　26頁
60）実藤恵秀『増補版・中国人日本留学史』くろしお出版　1981年　146頁
61）清朝制度下では湖広総督は元来、湖南、湖北、広西の三地方を治める。清朝後期、広西は管轄外になった。
62）張之洞は『勧学篇』で「西学は甚だ繁、およそ西学の切要ならざるものは、東人（東洋人、日本人のこと。筆者）すでに節してこれを酌改す」、「我れ径を東洋（日本）に取らば、力はぶけて、効すみやかなり」、「東文は中文に近くして通暁しやすし」と述べている。つまり、日中両国ともに漢字を用いているということ、文化上の「同文」の国ということであった。
63）張灝「思想変化と維新運動1890－1898年」フェアバンク編『ケンブリッジ・晩清史1800－1911』中国語版（下）中国社会科学出版社　1985年　356頁
64）こうした人々は軍人の身分に属していた可能性がある。
65）鄭福林主編『中共党史知識手冊』北京出版社　1987年　795頁　附表1
66）重複を除いて計算すれば、実際の数字は43％である。
67）鄭福林主編『中共党史知識手冊』北京出版社　1987年

68) 例えば、1945年の第7回大会で共産党中央委員として選ばれた陳潭秋は、実は既に1943年新疆の迪化（ウルムチ）で盛世才に殺されていた。
69) 1949年当時、いわゆる民主諸党派は12の党派があった。そのうち、救国会は、自ら解散した。1949年10月、三民主義同志連合会、国民党民主促進会と国民党革命委員会の三党が会議をし、新たに国民党革命委員会として合併された。
70) 民主諸党派の登録党員数は、1950年初で11,540人、1951年初で20,000人、1953年初で40,000人。王邦佐『中国共産党統一戦線史』上海人民出版社　1991年　420－422頁
71) 王邦佐『中国共産党統一戦線史』上海人民出版社　1991年　438頁
72) 党の運営費用はすべて国家財政から拠出された。王邦佐『中国共産党統一戦線史』上海人民出版社　1991年　422頁
73) 同上　437頁
74) 同上　422頁
75) 1949年10月における党の整頓の中では、7,476人が登録をした。于剛『中国各民主党派』中国文史出版社　1988年　321頁
76) 朱建華、宋春主編『中国近現代政党史』黒龍江人民出版社　1987年　640頁
77) 同上　1987年　641頁
78) 三党：第三党、中国青年党、国社党；三派：救国会、中華職業教育社、郷村建設派。同上、458－459頁
79) 同上、461頁
80) 蔣景源主編『中国民主諸党派人物録』華東師範大学出版社　1993年
81) 于剛『中国各民主党派』中国文史出版社　1988年　314頁
82) 王邦佐『中国共産党統一戦線史』上海人民出版社　1991年　404頁
83) 于剛『中国各民主党派』中国文史出版社　1988年　321頁
84) 「留日学生によって創られた党」とは言えるであろうが。
85) 張海鵬「中国留日学生与祖国的命運」『東瀛求索』第八号　1996年　27頁
86) 黄新憲『中国留学教育的歴史反思』四川出版社　1990年　141頁
87) 同上　134頁
88) 郭卿友主編『中華民国時期軍政職官誌』付録1　甘粛人民出版社　1990年
89) 教会系大学は、従来独自の教育体制を作り上げた。その多くはアメリカで登録した、つまり、中国に存在する外国の大学であった。1930年代以後、一部の教会系大学は中国政府に登録をするようになったが、聖約翰大学は1947年まで未登録であった。

90) 郭卿友主編『中華民国時期軍政職官誌』甘粛人民出版社　1990年　2002頁
91) 郭卿友主編『中華民国時期軍政職官誌』付録1　甘粛人民出版社　1990年
92) 1940年中華平民教育促進会によって、初めて四川省巴県に創立され、「中国郷村建設学院」と呼ばれた。実際には1949年に大学となり、「郷村建設学院」となった。
93) 丁文江、1911年（英国）；翁文灝、1912年（ベルギー）；李四光、1920年（英国）；章鴻釗、1911年（日本）。もう一人は米国人グラボー(A. W. Grabau)である。
94) 教育年鑑編纂委員会編『第2次中國教育年鑑（四）第六編　学術文化、第七編　師範教育』(沈雲龍主編、近代中國史料叢刊續編第37、文海出版社有限公司印行)　2頁
95) 同上　4頁
96) 中央研究院の評議会は、国家最高の科学評議機関ともなった。初期には院長が国内の専門家30人を招聘してこれを構成し、院長が評議長を兼任した。
97) 筆者の修士論文、Contradictions in Development ── Anti-Rightist Campaign and Contemporary Chinese Politics. Sophia U. 1995.3
98) 山東科学技術出版社『中国科学家辞典』全5冊　1982－86年
99) 李佩珊「帰国留学生在新中国科学技術発展中的地位和作用」留学生叢書編委会編『中国留学生史萃』中国友誼出版社　1992年　183－184頁
100) 張海鵬「中国留日学生与祖国的命運」『東瀛求索』第八号　1996年　33－34頁
101) 黄新憲『中国留学教育的歴史反思』四川出版社　1990年　134頁
102) 李佩珊「帰国留学生在新中国科学技術発展中的地位和作用」留学生叢書編委会編『中国留学生史萃』中国友誼出版社　1992年　184頁
103) 同上　184頁
104) 1977年、中国科学院から中国社会科学院が分立し、さらに1993年、中国の院士制度が改革されて科学院とエンジニア学院（工程学院）の二院制となった。また、「学部委員」から「院士」の名称が復活した。
105) 李佩珊「帰国留学生在新中国科学技術発展中的地位和作用」留学生叢書編委会編『中国留学生史萃』中国友誼出版社　1992年　186頁
106) 同上　187頁
107) 王奇生『中国留学的歴史軌跡：1872～1949』湖北教育出版社　1992年　137－141頁

108）李佩珊「帰国留学生在新中国科学技術発展中的地位和作用」留学生叢書編委会編『中国留学生史萃』　中国友誼出版社　1992年

第5章
帰国留学生の政治傾向の形成

　以上、第3章と第4章では、南京政府内外の帰国留学生の政治傾向に対して統計分析を行ったが、本章では、このような政治傾向の形成要因を分析する。ここで、2点についてまず説明する必要がある。第1に、本章の分析は、留日と留米を中心として比較分析を行ったものである。第2に、これらの形成要因を列挙することを最重要課題とし、各種形成要因の相互関係の詳細は、今後の課題とする。

第1節　マクロ的要素とミクロ的要素

　本章では、2つの角度から、留日学生と留米学生を中心とする帰国留学生の政治傾向について、中国の革命と近代化の過程に与えた影響と受けた様々な要素の影響について分析する。第1は、留日・留米学生個人として、および一つの社会集団として備えている性質である。本研究では、この性質を、留学生の中国近代化の過程において現れたミクロ的要素と呼びたい。第2は、留日・留米学生がその役割を発揮する際に受けた外部環境からの影響である。本研究では、この影響を、留学生の中国の近代化過程において現れたマクロ的（あるいは環境的）要素と呼びたい。ここでミクロ的要素とは、留日・留米学生が備えている個性や性質、知識や技能および事物を見る時に表れる立場、観点、方法であり、比較的長期にわたって持続するもので、彼らの政治傾向に影響を与えるものである。また、マクロ的要素とは、留日・留米学生と彼らがいる環境との客観的な関係であり、そのために、これらは、主観的な意志によって動かすことはできず、かなりの部分が「必然性」によって左

右されるものである。また前者は、比較的安定して長期にわたり作用するが、それは変化しないという意味ではなく、多くの場合、後者からの影響を受けて変化を生じさせる。それだけではなく、ミクロ的要素は、それ自身も絶えず変化する。例えば、国外にいる時の留学生と帰国後の留学生は生活環境が異なり、帰国直後の留学生と帰国後すでに一定の期間を経た留学生も同様ではない。一般的に言って、留学生は帰国後に伝統文化による「同化」作用を受け、その「異質性」が次第に弱められ、徐々に自国の文化に接近していく。そこで本研究では、最初に国外から帰国したばかりの留日・留米学生が持つこのようなミクロ的個人的な要素を分析することとする。

　ここでミクロ的要素を分析する場合、一つの問題に直面する。それは、留学生個人の資質や性格とその留学先で受けた影響をいかに区別するかという問題である。一般的に言うと、この二者の間には、共通している部分も多いが、異なる部分もあり、これらに関して、今後さらに深い分析が必要であろう。しかし、第1段階において、本研究ではこれについて詳細な分析はせず、留日・留米学生の差異を簡単に羅列するにとどめる。また、今後、歴史的事例を分析する際に、中国近現代史において、留日・留米学生が果たした役割、あるいはそれと密接な関係を持つ事件に直面するであろうが、その際、本研究では、当該事件において、留日・留米学生の行動が、過程と構造の二方面の影響をかなり受けているために、この事件をマクロ的な事件、ミクロ的な事件と呼ぶこととする。ミクロ的要素は、特定の個人にとっては重要であるが、ある事件においてマクロ的要素が主導的な役割を果したとすれば、これはミクロ的な要素が圧迫されて、完全には作用しなかったためである。その際に、本研究では、この事件をマクロ的な事件（構造）と考える。総じて、この2つの要素は、共に絶えず変化するものであり、これらは互いに影響し合い、相互に浸透、変化するのである。その最も顕著な例として、留日・留米学生は共に教育救国の思想を持ったが、様々な原因によって、留米学生の多くが文化教育事業に従事し、留日学生の多くが政治、軍事に着手して革命という手段を選び、救国富民の理想を実現しようとする傾向があったということが挙げられる。留日学生は、教育救国の思想を持たなかったわけではな

いが、環境的（マクロ的）要素の影響で、それを実行することができなかったのである。

第2節　ミクロ的分析

1. 留学の経歴と海外で受けた教育

「留学」という学歴

　学歴には、実質的意味と象徴的意味の2つの側面がある。民国期の中国高等教育界にいわゆる高度な学歴社会があった原因は、大学というある種独特な社会組織において、その構成員の能力や学識を測るものさしとして用いるために、学歴が適していたこと（この点は、古今東西にも例外はないだろう）だろう。これと同時に外国（特に欧米国家）の学歴には、大きな象徴的意味があった。欧米で学んだ博士は、年齢や学力を問わず、往々にして帰国すれば、瞬く間に大学教授になれたのであり、まさに「一足で天国に到る」という具合であった[1]。しかし、これにより、多くの問題が生じた。特にその適性問題であり、優秀な研究者は必ず優秀な教員になれるとは限らないように、たとえ学問があり実力に長けていたとしても、大学の教員として適正かどうかは別問題なのである。しかし、当時は中国社会全体に、そのような「風」が吹いていたのである。

　時が経つにつれて、帰国した留学生に集団意識、師弟関係、交友関係などが生まれ、彼らは助け合い結束した。このように、ある面でいったん根を下ろし、一定規模の勢力を形成してしまえば、通常、長期にわたってそれを継続していくものなのである。

　言い換えれば、民国期の留学という学歴は、比較的際立った存在であり、一般的な学歴の範疇では推し量れないものであった。その社会的シンボルと政治符号として意味するところは、一般的な学歴よりもはるかに勝り、その他の時期の留学という学歴とも比べようのないものであった。例えば、日本

に渡ったものは「反清排満」、（フランス）勤工倹学の輩は社会主義分子、留米組は第3の道を行く政治的には傍観者と見なされるようになった。

　軍事学校の卒業生は、さほど仔細な学歴の区別（学士、修士、博士など）はなかった。逆に、学歴が昇進の障害になることもありえたのである。蒋方震（百里）のように、日本士官学校（歩兵科）を成績第1位で卒業し、天皇に謁見し、軍刀を賜るような栄誉は、世人の注目を集めた。しかし、これもたまたま「成績第1位」の一人というだけであって、第2位や第3位であったとしても、成績そのものは第1位と比べて大きな違いはなく、あまり注目されなかった。それは、軍事学校の卒業生は、軍入隊後、一般的な状況では戦績、軍功によってのみ階級を上げることができるためであった。しかし、この「日本士官学校成績第1位」により、帰国後、東三省監練公所の総参議などの軍職を授与され、さらに保定軍校校長や陸軍大学代理学長などの最高位軍職をも約束されたが、蒋方震は、これにより軍事教育に「埋没」してしまい、紙の上での軍経験しか積むことができず、終生戦場で勇猛さを表すことはできなかった。中国近代史において著名な軍事家（「兵学泰斗」）と称されたものの、わずか57歳で突然病死した後、陸軍上将（一級上将、二級上将の次、上から第3位の軍職）の位を追贈されるにとどまった。

　他の面から見れば、軍事学校以外でも、高学歴が逆に、留学生の科学研究、文化、教育以外の事業への参与に障害となる可能性がある。

　このような事例は、早期の中国共産党幹部に、特に多く見られたことである。中国共産党は、当初、日本留学経験のある学者によって設立された党であった。陳独秀や李大釗などは全て、北京大学の教授であった。しかし、1927年国共合作が崩壊し、内戦が勃発した後、知識人は、次第に高級幹部の中でも珍しい存在となっていった。この点については、中国共産党の農村への戦略移転もその一因であったと解釈できるだろう。いわゆる、毛沢東の言うところの「農村による都市の包囲」路線がこれに当たる。問題は、その後も中国共産党の指導部である政治局において、知識人成員の非自然的減少やその相対的な勢力と地位の低下が見受けられた点であり、これら全てを農村への戦略移転に帰結することはできなくなっていた。知識人が少数派となってい

く中国共産党という組織の中で、学究の徒が一人、また一人と離れ、第2線、第3線へと退いていった。こうして1927年以後、中国共産党は、急速に非知識人の政治集団へと変貌していった。

留米学生は、その多くが政治権威とは無関係の立場に立ち、個人主義的思想と自由主義的傾向を有していたものと考えられる。しかし、このような傾向の形成は、米国留学という経験だけではなく、留米学生の個人的な出身背景、即ち出身の社会階級とも関係がある。当時、米国留学を目指したのは、貧しい農村出身者（国費）か、裕福な上流階級に育ち、一家の財産を継承する立場の者（私費）が多く、政治よりも純粋な学問としての科学に強い興味を抱いた若者たちであった。これに対して留日学生は、天下国家を重大事とした私費留学の可能な中産階級家庭の子弟が中心であった。日本についても私費留学が多かったのは、経費との関連があったが、それ故に、留日学生は学問のために海外で長期滞在する者が少なかった。これは、祖国との距離が、ヨーロッパや米国への留学生よりも遥かに近かったためであろう。一方、国費留米学生には資金の保証があり、貧困層が多かったものの、留日学生よりも学問的に優秀で勤勉な者が多く、学者や教授になる者が多かった。

また、留米学生の一部は、中国から遠く離れた米国にある正規の学校で真面目な学生生活を送る中で、母国の政治との関係を断絶することになった。留日学生は中国と日本との間を容易に往来できたが、留米学生は修学期間中、一度も帰国をしないのが一般的であった。米国留学によって自由主義や個人主義などの価値観を受容して帰国した留学生たちの多くは、中国の古い観念に違和感を覚え、次第に反発するようになっていったのである。

留日学生と留米学生との重要な相違は、留米学生は比較的真面目な学生であり、学校にきちんと通い、勤勉な者が多かったために、学位を取得した者が多かった。留日学生は、日本社会と政治活動を通じて学んだとも言えよう。この点から言えば、留日学生の多くは「政治留学」であり、彼らはかなり「政治化」された集団であった。また留米学生が比較的狭い学校中心の生活を送っていたのに対して、留日学生は、ネットワークの発達した「社会的」・「政治的」集団と見なすこともできる。留日学生の活動は、日清両国における「反

動的」政府との闘争の必要もあり、勉強に専念することが困難な部分もあったであろう。彼らは、しばしば「一斉帰国」運動を起こすなど、政治的に敏感かつ行動的であった。

政治思想面

　留日学生と留米学生との間には、異なった特徴があり、前者が急進的であるとすれば、後者は穏健的である、と一般化されてきた。しかし、これはどこまでが事実と言えるのであろうか。あるいは、一部急進的な留日学生が、終始存在していたというべきなのだろうか。

　留日学生と言っても多様な人々が含まれ、留学の時期とその社会階層（の支配的傾向）に応じて、留日学生の一般的特徴が形成されてきたのである。「急進主義」というのもその特徴の一つであるが、こうした傾向は、存在したとしても一時的なものであった。また、留米学生の特徴にもある種の急進的な側面が存在するが、その表現はあまり顕著なものでも一貫したものでもないために、「急進的」と呼ばれることが少ない。むしろ留米学生の特徴は、「安定的」と言うべきかもしれない。これは、彼らが社会階層としては留日学生よりもより安定した立場にあったことと、ある程度関係があるだろう。

　以上のような情況を見れば、留日学生が(1)西洋的な自由主義や個人主義に対してあまり尊敬の念を抱いていなかったこと、(2)止むを得ない情況の下で、自然と権威主義的な選択に傾くようになったことが理解できる。留日学生は、留米学生よりも中国の実際情況をよく理解しており、思想面でもより実践的であった。さらに、両者は政治行動の面でも大きな相違があった。一面では、留日学生は特に集団的資質に優れ、組織的団結を重視し、迅速に行動を起こす傾向があった。これに対して留米学生は、個人性を重視し、あまり統制が強くなく、学術組織を好み、自由な気風を重視した。そして、こうした特徴は、「救亡図存」（国家の滅亡を救ってその存続を図ろうとする）という民族的危機にある中国の実情にはあまり適合しなかった。

　また、留日学生に見られる理論と実践の乖離も、ある程度は彼らの日本留学経験がその背景にあると考えられる。日本の近代史は、「奇跡を創る」歴史

でもあり、そこには多くの「秘密」や「謎」が含まれている。特に明治前期の啓蒙運動は、外国人から見れば理解し難いものであった。しかし、伝統と近代を対立させるのではなく、両者の統一の中で国家の発展を追求するものであると考えるならば、それは不思議でないばかりか、非常に理性的・合理的な思想である。特に英米流の個人主義ではなく、国家と君主の権威を中心に国民社会を統合し、民族国家の発展（近代化）を目指すべきだとする加藤弘之のような思想は、後の留日学生ともかなりの部分で重なるものである。留日学生の言説にも、多くの「自由」や「民主」といったスローガンを眼にすることができるが、行動の上ではそのような態度は一貫しておらず、実際に彼らが目指したのは、祖国の「国家」主導の近代化だった。

留学生の政治的性格

　近代の留米学生は、米国の強国化の基礎として、科学技術の進歩と民主政治の発展を挙げていた。しかし、民主政治については、当時の中国の国情とは大きな距離があったために、「留米学生の文化的選択の重点は、科学技術の面に置かれることとなる。こうして、20世紀の中国における科学技術の主要な担い手として、彼ら留米学生が指導的・中心的地位を占めることとなった」のである[2]。

　一般に、留日学生が受けた近代政治思想面における訓練は、留米学生よりも「劣る」との偏見がある。それは、米国などの西洋国家は、近代政治思想の正統（本家）と見なされていたためである。日本は、急速な近代化を実現したとはいえ、しょせんは新参者であり、実際にはかなり「封建的」な要素を残していた。しかし、留日学生が受けた近代政治思想の影響は、一般に考えられているよりも大きなものであったと考えられ、その背景として次のような点が挙げられる。

　(1) 英、米、仏などの西洋国家は、すでに国家社会の定形化が完了し、大革命の時期はすでに過去となっていた。政治運動に伴う民主化の潮流はすでに衰退期に入り、保守化の傾向が進んでいた。

　(2) 日本は後発国であり、当時は自由民権運動が起きてからまだそれほど

時間が経っていなかった。

これは、留日学生が留米学生などと比べて個人主義や自由主義に対して特に敏感であったということを意味するものではない。問題は、留日学生には2つの大きな特徴があったということである。一つは、言論が過激であり、何の「主義」であっても、その極みにまで突き進む傾向があった。研究者は、留日学生が、常に宣伝において急進主義の傾向があったために、その思想的急進性を強調しがちなのである。もう一つは、理論と実践がしばしば乖離する傾向があった。これは、留日学生の多くが、「行動型」の部類に属していることとも関係があり、その思想が最終的に、行動上の便宜性に帰着し、それに従属してしまうのである。あるいは、留日学生は多くの個人主義と自由主義の思想的影響を受けていたにもかかわらず、その思想的な基盤が弱いために、現実によって左右されてしまう傾向があった。彼らは、民主主義を目的とするか手段とするかという選択にぶつかった時に、容易に後者へと傾いてしまった。つまり、往々にして、富国強兵と民族復興という目標のために、民主主義を手段として捉えたのである。そこで彼らが追求したのは、「行動の哲学」であった。

日本のような方式は、近代化「成功」のカギであると認識され、多くの留日学生が、日中両国の相似性[3]を根拠に、中国も日本と同じような発展の道を歩むことが可能であるとの啓発を受けた。しかも、これが唯一の選択であると考えられた。さらに、彼らは、伝統の中から近代化の要素を模索することで、「内発的」な発展の道を主張したのである。

しかし、これは簡単な問題ではない。留日学生は、時には日本の成功例によって西洋に学ぶことと西洋化の必然性を証明しようとしたが、留米学生とは違い、彼らの「西洋に学ぶ」という考えは、かなり中体西用か和魂洋才的な前提を伴っていた。彼らは、「全面西洋化というような言葉があるが、それは単なるスローガンにすぎない。それは部分的に西洋から学ぶための手段である。中国のような後進的で巨大な国家にとっては、全面西洋化によっても部分的な西洋化しかできない。部分的に西洋化しようというのでは、始めから西洋化などできない」とも主張した。つまり、「全面西洋化」というのは、

単に過去を正すという方法にすぎないということなのである。

このほかに、「民主主義」ということについても、近代以来、中国人にとっては国家の富強を達成するための一種の道具であったが、それは民衆を教育して覚醒させることに主眼を置いているのであって、それができなければ必要のないものなのである。中国において、政治実践から独立して民主主義の価値をそれ自体として認識していたのは、少数の留米学生だけであった。しかも、彼らの求めていた「民主」とは、権力分立および政党政治を中心とする制度的民主政治というよりは、知識人の政治意思の表現および社会自由を中心とする政治民主の傾向が強かった。こうした彼らの思想は、過度の個人主義から政治的無関心へと流れていく傾向もあったのである。

2. 留学の目標（出発点）と形式

近代中国人の米国か日本への留学は、その出発点においては共通点が多いが、形式においては大きな違いがあった。特に日本留学は、大体において「志願」によるものであり、自ら主導的、積極的に行われた。日本人の中にも熱心な人々がおり、特に1920年代には、米国の中国における教育事業の発展に感銘を受けて、日本もこれにならって米国と競争すべきだと主張する者がいたが、全体的には、日本留学の主導権は中国人が握っていた。

当時の中国社会で、学問は薬に似たところがある。「わが国はいま深刻な病気にかかっている。学問を薬となし、外国へ留学に出洋するわが子弟は、なお薬を求める病人と同じである」[4]と指摘する人物もいた。このような状況の下で、日本への留学生派遣において、地方間で競争が起こるほど熱気が高まった。留学する学生が急増しただけでなく、その学問の内容も広範なものとなっていった。留米学生が科学技術の分野に集中していたのに対して、留日学生は政治、軍事、経済、思想など、必要なものは手当たりしだい何でも学び、それを実際に役立てようとした。留米事業においては、米国側が一貫して主導権を握っており[5]、米国留学については、中国人の態度もそれほど積極的なものではなかった。

イリノイ大学の学長エドモンド・J・ジェームズ（Edmund J. James）は、フランクリン・D・ルーズヴェルト（Franklin D. Roosevelt）大統領に宛てたメモの中で、次のように述べている。

　中国は現在革命に直面しており、中国の青年たちに教育を与え、各方面に支援を与えることができる国は、精神的・経済的影響の上で最大の成果を上げることができるだろう。仮に米国が30年前に中国の学生の潮流を自らの方に引き寄せ、それを継続・拡大することができていたら、現在我々は最も平和的かつ巧妙な方法で中国の発展をコントロールできたであろう。…ビジネスは精神的な支配に続くものであり、軍事力による支配よりは安定的である[6]。

3. 留学生の帰国後における留学先との関係

　留学生は、常に国内外両勢力の狭間で、ジレンマに陥っていた。しかし、留日学生、特に軍事留学生は、かなりの程度、この苦境を免れることができた。その原因は、まず、日中戦争の勃発とも関係する。日中戦争は、表面上、留日学生の留学先との密接な関係を断ち切り、彼らに不利に働いたようにも見えるが、実際には、このことが彼らを断固たる抗日の立場に立たせ、道義上、後には退けない形で、対日戦に臨むことを余儀なくさせ、その結果、却って彼らに対するいわゆる「国家民族に対して忠か不忠か」という疑問を軽減することになった。この点は、留米学生が、「米帝と腐れ縁が切れない」として、ことあるごとに「叛徒」や「特務」といったレッテルを貼られていたのと比べ合わせてみると、大きな開きがある。
　米国に留学すれば親米的となるということは公認の事実となったが、日本留学経験者の場合は、戦争によって日中両国の関係は敵対的となり、知日は即ち親日、親日はつまり漢奸であるとされ、人々は、漢奸となるか抗日となるか、二者択一の選択を迫られた。例えば、汪兆銘の南京偽政府は、まさに漢奸として批判された人々が溢れた場所であった。こうして漢奸となった者

以外は反日的態度をとった。しかし、この二者の間にいた、一部の中間層には、事実上の親日派や日本に好感や希望を抱いている人々もいたのであろう。

　国家の近代化と社会発展の角度から見た時、留学生は先進的な思想と社会潮流を代表し、まさに社会発展の進みつつある方向にあったと言える。しかしまた、社会の中にあってしばしば「異分子」視されて、伝統との間に矛盾と衝突を引き起こしており、時には全く相容れない状態にまでなることもあった。どの国から帰国した留学生でも多かれ少なかれこの問題に直面しており、その程度と様態において相違があったにすぎない。しかし、留日学生だけは、その他の留学生とは異なり、近代中国史において主役の座を占めることとなる。この点においては、より積極的な評価をするべきであろう。

　本研究では、留学生の軍隊における地位と役割について、より踏み込んだ分析を行い、留日学生が帰国後、社会に「根を下ろした」ことを明らかにした。このため、留日学生の性質と中国近代史の主流とは、ほぼ完全に一致することとなる。即ち、中国近代史においては、政治的・軍事的手段やその要素が、極めて大きな意味を占めることになった。このことは、蒋介石を代表とする国民党政権の浮上とそこにおける政治・軍事権力の中心として行われた政治行為からも読み取ることができる。軍人が政治に干渉し、諸々の軍事手段に訴え、兵力を擁することで己の重要性を増大させて、政治権力を争奪した。ある意味、清朝の統治は、革命によってではなく、新軍によって打倒されたのであり、その後の中国は、軍閥割拠の時代に突入したと言える。蒋介石政権もまた、この影響を免れなかったのである。

　留欧米学生と比較した時、留日学生は、帰国の時期にも、社会における位置づけにも、吸収と同化の過程にも相違が見られる。留学生の各集団間には矛盾や衝突も存在した。この種の矛盾や衝突の原因は、最終的には個々人の性格に帰すことができるだろうが、もっと全体的に言えば、こうした矛盾や衝突は、留学生集団間の社会的背景や知識的背景などに起因し、これらの諸背景は、留学生集団が帰国して実力を発揮するときになってから表面化した。

　また、留学生と留学先との関係の問題は依存的でもあり、同時に自律的でもあった。総じて、彼らはその留学先の国に対して好感を持つが、その持ち

方は国によって異なる。それには様々な要因があるが、特に留日学生は、日中両国間の不幸な歴史によって、その自律性が相対的に高く、留米学生は反対に低くなっていった。いわゆる、「米国に留学すれば親米となり、日本に留学すれば反日となる」である。

「日本に留学すれば反日となる」という理由は、専ら日中両国間の不幸な戦争に帰せられていたが、しかし、このほかにもいくつかの原因が考えられる。まず、「日本に留学すれば反日となる」という状況は、戦争以前に既に存在していた。雑誌『支那』のある文章では、これについて、「多くの反日家が日本帰朝学生の中から出ている。併し又同時に最も熱心な親日論者も彼らの中にいる」と言及されている[7]。留日学生の自律性が比較的高いというのも、まさにこの意味で言っているのである。彼らは大体において、大衆に溶け込むことができ、その際には客体性よりも主体性のほうが強かった。そのため、中国社会が抗日に向かった時に、彼らは、抗日の最前線に立つことができたのである。言い換えれば、主体性を持ち得たために、彼らは、より全面的に近代中国の諸特徴を体現することができたのであり、この点で留欧米学生のように、長い間にわたって特殊な存在となり、異分子集団と見られて近代中国のある特定の特徴のみを体現するにとどまったのとは異なった。

この意味から言えば、留学生のこの主体性の形成には一定の過程があり、この形成過程は、留学生集団間の相互関係からの影響をも含めた様々な要素の影響を受けている。留日学生は、帰国時に留米学生が受けたような熱烈な歓迎や手厚い待遇を受けることがなく、留欧米学生のように、強い自我意識や優越感を持つこともなかった[8]。しかし、彼らは人数が多く、集団を形成して互いに通じあうことも比較的容易であり、また世に出るのも比較的早く、他の競争相手もそれほど強力ではなかったために、各方面において目覚ましい成果を上げることとなった[9]。

4. 政治観と発展観の違い

留学生の経歴と受けた教養の内容的な違いは、留学先で身につけた価値観

による直接的影響だけではなく、外国の異質の価値観をどのように受け入れるかという態度の違いも重要な要因の一つとなっていた。例えば留日学生は、日本の発展の成功を鑑みて、段階的な国家発展を擁護するようになった。ここにおいて彼らは、国民党と共産党の権威主義政治を容認した。つまり、国家の急速な発展のためには、権威主義的な体制の方が、むしろ有利であると認識し、国民党と共産党の「一党独裁」のサポーターになった留日学生も少なくなかった。総じて、留日学生は、中国の伝統的な価値観が、彼たちの日本で身につけた価値観と違っても、「政治的」配慮を優先させて、それが国家の発展に有利であると考えられる限り、政治的現実を容認できた。一方、留米学生には、米国の個人主義と自由主義思想が浸透しており、国共両党の独裁政治を支持することができなかった[10]。

　総括すると、留米学生と留日学生は、それぞれ違う人生を持ち、異なる政治コースを歩いた。留米学生は、「知識救国」、「科学救国」を信仰していたために、文学、教育、科学研究などの建設的な事業に従事し、一方、留日学生は、古い社会体制を打ち壊して新中国を作るために、古い伝統文化と社会体制を一新させようとしていた。このように、同じ政治の道に足を踏み入れた人々でも、留米派は社会改良の推進を目指す政治上の改革派であったのに対して、留日派は社会革命の推進に力を入れる政治上の革命派であった。こうした要因により、留米学生の多くは民主諸党派に参加し、留日学生の多くは国民党と共産党に参加するようになった。彼らの一般的な志向性を概括すれば、留米学生の理想主義（自由主義、個人主義、西洋崇拝）に対して、留日学生は現実主義（権威主義、国家主義、民族主義）であったと言えよう。

第3節　マクロ的分析

　本節では、マクロ的＝構造的な側面から、中国の国内的・国際的環境が、留日・留米学生に与えた影響について説明し、特に1957年の反右派闘争を中心とした歴史的時期に分析を加えることとする。

前述のように、中国の近現代史上、清王朝と国民党政権は多くの留学生を派遣したが、その中で、日本に留学した学生の数が最も多かった。日本留学を終えた多くの留学生は、その後、様々な政治、経済、文化、教育的活動に参加し、彼らの多くが中国のエリートになっていった。言い換えれば、20世紀中頃まで、各国に留学した学生のうち、日本に留学した者が、中国の各分野で最も多くの貢献を為し、最も深い影響を及ぼした[11]。

　現在までの研究では、1957年の反右派闘争を、中国の知識人の問題と位置づけてきた。しかし、留日学生について言えば、反右派闘争において、「右派」のレッテルを貼られた者は非常に少なかったことが明らかになった。筆者が独自に作成したおよそ1,300名に上る著名な「右派」の個人的経歴を網羅した資料[12]によれば、現在のところ、留学生でありながら「右派」に名を連ねたと確認されるのは300人程度であるが、その中で留日学生は馬哲民や陳銘枢など17人だけである。また、留日学生の人数や政治的影響力を考慮すれば、留学生全体の中で「大右派」と見なされた者は、「意外に少ない」という結果が出てくる。

　半世紀余にわたり、日本への留学者数は、欧州や米国への留学者数をはるかに上回るものであった。しかも1949年以後は、中国と米国が敵対国になったために、帰国希望の留米学生が帰国を断念せざるを得なかった例が多い[13]。第2章で述べたように、1854年から1953年に米国の各大学が受け入れた中国人留学生20,906人であったが、数多くの学生（2,000人余[14]）が現地に留まったのに対して、留日学生は基本的に全員帰国したという事実を踏まえると、1950年代中期の中国国内においては、留日経験者数は留米学生の6倍以上にも達していたものと推測される（留米帰国者を18,000人、留日帰国者を110,000人と計算する。1945年から1949年の留米ブームで、約5,000人が渡米）[15]。しかし、1957年の反右派闘争の中で、なぜ、右派となった留日学生が少なかったのであろうか。多くの学生が日本から留学を終えて帰国し、活躍していたのにもかかわらず、反右派闘争の際に、彼らはどこへ行ってしまったのであろうか。さらには、1957年当時、彼らはどこで何をしていたのか、反右派闘争に対してどのような考えを持っていたのか。これらは

研究すべき課題であろう。

1. 国民党と共産党の争い

　政治的方面から言えば、帰国した留学生が最も不満を抱いたのは、国共の対立抗争の問題であった。これが、当時の深刻な経済的・社会的問題を背景としていたことは言うまでもない。
　日中戦争が中国共産党の命運を救ったという議論があるが、これには、以下の2つの事実を認識する必要がある。第1に、共産党内おける留日学生の割合が、国民党におけるよりも低かったということである。両党とも留日学生によって創られたが、共産党の方は、後に「農民化」の道を歩むことになる。このため、1930年代から留日派指導者の共産党内における勢力が弱まり始めると、それ以後は、彼らが指導的地位を回復することはできなかった。第2に、日本も「共産党を助けて国民党を滅ぼす政策」を採ったわけではなく、日本は各時期において、常に国民党と一定の接触を保っており、特に1930年代から1940年代にかけては逆に共産党とほぼ絶縁状態にあった。戦争によって共産党の地位が客観的に有利となり、政権と全国の統一を獲得することができた事実は否定できないが、問題はその事実をどのように評価するかということである。これは次のような視点から考察できる。
　(1) 戦争は、近代中国の発展を遅らせ、国民党政権が相対的に「早熟すぎる」ことになる結果をもたらした。同盟会—国民党の誕生が早かったために、その様々な努力が、「早すぎる制度化と階層化」をもたらした。そのため、必要な時期に完全な国家統一に向けて下層から社会的勢力を組織することができなかった。1930年代中期以後、国民党内で留米派の地位が上昇するようになったことがその表れである[16]。
　(2) 戦争によって、国民党は非常に困難な立場に置かれた。国民党は、政治的に中国を統一することを目指すと同時に、経済発展と政治民主化の要求にも応えなければならなかった。これは、国民との約束であったのである。国民党の支持者たちは、長期にわたってその「約束」が果たされないことに

不満を抱き、動揺する者や、さらには中国共産党を支持するようになる者も現れた。それは、1940年代の民主諸党派の態度が代表的である。羅隆基、章伯鈞、梁漱溟などは、かつて共産党に対して不満と敵意を抱いていたが、国内的・国際的条件の下、合作と支持を表明せざるを得なくなった[17]。

(3) 国家を統一するには、強大な政治的・軍事的勢力が必要である。一方で、国家を建設し、経済発展を図るためには、安定と制度化が求められ、法律と科学技術も必要である。しかし、この2種類の戦略は異なっており、前者には徹底的な政治的・社会的動員、特に社会の下層からの推進力が必要であり、後者には中間層の支持が必要である。1940年代の国民党は、この点で窮地に陥り、前に進む（国家を建設し、経済発展を図る）ことも、退く（中国共産党のように、社会の下層からの推進力を獲得する）こともできなかった。これは、国民国家の統一・建国と建設・発展という2つの段階の対立を反映していた可能性がある。このため、社会の上層、中層、下層間の対立矛盾が深刻化した。特に後発の国民国家にとって、建国と発展の問題に関しては、厳密に歩むべき順序の問題が存在した。国民党は、この「発展の順序」についての認識は十分であったが（これは孫文の著作『建国方略』[18]などからも明らかに見出すことができる）、それだけでは当時の現実を自己に有利な方向に変えることができるとは限らなかった。

また、以上の視点は、帰国留学生の分析に対しても有効である。留米と留日学生が中国の近代化と発展において果たした機能やそれが体現した構造は、対照的なものであった。彼らは、「革命」と「建設」という2つの異なる機能と精神、あるいは近代化における後発的国民国家の成立と発展という異なる段階と過程を代表していた。彼らは異なる人材であり、この意味では、政治と革命に翻弄された留日学生は、近代中国における留学生の一種の「逸脱」現象であり、これに対して留米学生は、清朝が留学生を派遣した初期の目標（近代化）を継続して体現していった。

こうした相違が生じた背景としては、以下のような問題が指摘される。第1に、上述したような「順序」の問題であるが、このような前後関係には、いくつかの表現形式がある。まず、地域間の不均衡と対立、例えば、都市などの、

経済が発達し国家の発展傾向を代表している「中心地区」と、大多数の農村のように、貧困と戦乱の下で「革命」情況が続いている「周辺地区」との対立である。次に、社会階層間の不均衡、即ち上層と下層の矛盾である。中国共産党支配地域の人民から見れば、国民党地区の役人や金持ちの生活ぶりは退廃的で、国家・民族の利益などを無視していると考えられていたことがある。

また、1949年以前の中国の知識人は、やや紋切り型の区分ではあるものの、左（共産主義者）、中（自由主義者）、右（国家主義者）の3つに分けられる。知識人左派の多くは共産党に加わり、中道派は民主諸党派に加入、右派の多くは蔣介石について台湾へ渡った。また、一部の、例えば胡適のような自由主義者も台湾へ同行したが、大多数の中道派は残り、その中の多くは、1957年時に「右派分子」とされたのである。これらの人々は共産党支持者ではないが、打倒国民党独裁という政治上の点からは共産党に協力したのであり、1949年以後には、共産党から信頼されないまでも、少なくとも平穏な暮らしができると思っていた。

留日学生で右派になったものは多くないのだが、その原因について注目すべき点としては、2点が挙げられる。(1)彼らの中の政治意識の強い者が、まず率先して革命家になった。その中で、国民党に加わった一部の者たちも、1949年にはすでに台湾へ移った。(2)1957年という時期から考慮すれば、留日学生の年齢は既に60代になっており、民主諸党派の典型的な右派よりも10歳以上も上であった（表V-2参照）。

2. 時代的要因：留学生の年齢と帰国時期

表V-1「中共第8回全国大会中央政治局委員」から、1957年の時点で、中国共産党のトップ17人の平均年齢は59.3歳であり、表V-2「民主同盟における"右派"幹部の年齢」から、同時点で、民主同盟（民盟）の「右派」幹部18人の平均年齢は53.8歳であったことがわかる。また、表V-3「民主諸党派指導者の年齢」によれば、同時点で、8つの民主諸党派の主席（主任）の平均年齢は77.13歳であった。

興味深いことに、8つの民主諸党派の主席（主任）の中では台盟主席の謝紅雪（56歳）だけが「右派」になっている。これを見ると、1957年の「右派」は、50歳代で気骨のある中年民主諸党派の幹部であり、彼らは血気盛んで、決して中国共産党に頭を下げるようなことがなかったことが浮かび上がる。民盟の「右派」幹部もほとんどが50歳代の中年であり、その中で馬哲民（68歳）が留日組で一番年上であった。
　また、大部分の留日学生が1937年までに帰国したのと違い、留米学生の帰国は1960年代まで続けられた。多数の留米学生が祖国に帰ってきたからと言って、直ちに中国の地縁や血縁に頼った政治社会に溶け込むのは難しかったであろう。しかし、当時の留米知識人の多くが、50歳すぎで血気盛んであり、自己の理想を強く持ち、政治上でも中国共産党の指導者には受け入れがたい「意見」を多く持っていたために、「右派」の列に加えられてしまった可能性がある。
　言い換えれば、「右派」にされた留米学生の多くは、帰国の時期が留日派より遅く、国内事情に適応する上で一歩遅れた形になった。彼らは、国外で身に付けてきた知識を基に、自分が知っている「中国の現実に即した」と考えるやり方で、中国共産党の「新しい社会」を評価した。それ故、彼らは当時の社会の中で、一般の「人民」とは政治的、社会的、思想的に大きく乖離したグループになってしまった。
　これに対して留日学生は、留米学生よりも帰国が早く、日本で学んできた思想や制度は、中国の伝統的な政治体制との違いにおいて、米国の場合ほどは大きなものではなかったこともあり、1957年の時点で、彼ら留日学生も、当時の中国社会の中で異分子ではあったが、留米学生のように、「人民の敵」とされるまでには至らず、大部分が伝統的体制に統合されていった。逆に留米学生は、伝統的体制から大きく乖離していっただけでなく、その主張も直接的であった。さらに、統合される時間も不十分で、1957年の段階で、留米学生と中国の政治・社会体制（伝統と社会主義の両面を含む）との距離は、埋めがたいほどに乖離したものになっていた。

表V-1 中国共産党第8回全国大会中央政治局委員の学歴と年齢

氏名	生没年	学歴	年齢(1957年)
毛澤東	1893−1976	師範	64
劉少奇	1898−1969	講武堂ソ	59
周恩来	1898−1976	仏	59
朱　徳	1886−1976	独	71
陳　雲	1905−1995	小学	52
鄧小平	1904−1997	仏	53
林　彪	1906−1971	黄埔	51
林伯渠	1886−1960	日／ソ	71
董必武	1885−1975	ソ	72
陳　毅	1901−1972	仏	56
羅榮桓	1902−1963	青島	55
李富春	1900−1975	仏	57
彭　真	1902−1997	中学	55
彭徳懐	1898−1974	講武堂	59
賀　龍	1896−1969	行武	61
劉伯承	1892−1986	ソ	65
李先念	1909−1992	無	48
平均年齢（1957年）59.29			

出所：中国共産党第8回全国大会中央政治局委員名簿を鄭福林主編『中共党史知識手册』（北京出版社　1987年　744頁）により作成。

備考：学歴・年齢などの状況は蔡開松、于信風主編、『二十世紀中国名人辞典』（遼寧人民出版社、1991年）による。この辞典の中で不足している資料は『歴届中共中央委員会人名辞典1921−1987』（中共党史出版社、1992年）などによって補足した。

第3節　マクロ的分析

表 V-2　民主同盟の「右派」幹部の年齢（1957年）

	姓名	年齢		姓名	年齢
1	章伯鈞	62	10	曽晤輪	58
2	羅隆基	59	11	費孝通	47
3	葉篤義	36	12	黄薬眠	54
4	沈志遠	54	13	潘光旦	58
5	馬哲民	68	14	李伯球	43
6	郭翹然	56	15	陳仁炳	48
7	潘大逵	55	16	彭文応	43
8	銭端昇	57	17	黄琪翔	59
9	韓兆鶚	67	18	銭偉長	45
平均年齢 53.8					

出所：『右派言論集』[19]、『批判中共「党天下」言論集』[20]、『在歴史的旋渦中－中国百名大右派』[21] などより作成。

政治学の中で「政治統合力」というのは、いくつかの政治的要素を国家全体にまとめる能力であり、ある要素を他のものと合体させる能力である。国家の統合能力が弱ければ、外から入ってきた異分子的な政治成分とその力をうまく消化・吸収することができず、その成分と力が、社会の中で高い独立性を持って自生的に発展するようになる。逆に、統合力が強い場合（1989年当時）は、外からの要素をうまく「吸収消化」することが可能となる。1957年の中国では、長期の日中戦争と国共内戦で国家が分裂し、1949年の後、間もなく朝鮮戦争が勃発した。1949年から1957年まで、国家の統合力再生の時間は、わずかに5年間のみであった。そこで、1957年を、一種の深刻な後遺症を残した「強制的政治統合」と呼ぶことができるであろう。

このほかにも、年齢の差による考え方の違いについても、まだ検討の余地があるかもしれない。しかし、年齢によって説明できるのは、ごく一部の問題（例えば世代的な傾向）だけであり、全体の問題ではない。その背後には、まだ明確にしなければならない、もっと深刻な問題が隠れているが、それは今後の課題となるであろう。

表V-3 民主諸党派指導者（主席、主任委員）の年齢（1957年）

党派	姓名	年齢
民盟	張　瀾	85
	沈鈞儒	82
民革	李済深	71
	何香凝	79
民進	馬叙倫	73
九三	許徳珩	67
民建	黄炎培	75
工商聯※	陳叔通	81
台盟	謝紅雪	56
平均年齢 77.13		

出所：『右派言論集』、『批判中共「党天下」言論集』、『在歴史的旋渦中 —— 中国百名大右派』などより作成。

備考：※「工商聯」は民主諸党派ではないが、常に民主諸党派と並列される。ここにおいても、中国政界・学界の慣行に従うこととする。

3. 帰国後の生活方式の違い

　留学生は帰国後、それぞれ異なる社会・文化・政治活動に参加し、同時に徐々に異なる経済的利益集団に次第に溶け込んでいき、最後には異なる政治集団を形成した。この一連の分化は、留学生個人の性格や知識、経歴、志向などとも多いに関係がある。また、上述のような留学先や時期による分化が起きたことにより、留学生の意識、世界観、人生観にも、さらなる相違が起こった。

　すでに指摘したように、米国や欧州に留学した者たちが帰国後に選んだ道は、大学教授や、実業家、エンジニアといった職業であり、社会の上層に収まったのである。一方、留日学生たちは、上・中・下層全てに属した[22]。総じて言えば、国外留学者は、中国社会において優秀な人々であったが、彼らへの社会的評価は留学の形態においても若干の相違があった。例えば国費留

学生は、帰国後、大多数の者が良いポストに就くことができたために、階層支配を形成しやすかったが、社会の上層部にいると、甘えの構造により、既得権の擁護者になってしまう傾向があった。

　留米学生の下層は、個人的・社会的な問題について常に不満を抱いていた可能性があるが、中・上層の留米学生は、国民党政府の下で、1930年代の中国の政治的統一と経済発展について大きな希望と信頼を持つようになる。このため、次第に政治的に保守化していき、時には意識的に蔣介石の国民党政府を擁護し、平和・統一・発展といったスローガンを唱えた。彼らも、蔣介石の独裁政治と思想的統一路線が、個人の自由に対する脅威になると考え、国民党の「反動」的政治には反感を持っていたが、自身が社会の特権階級であることには変わりなかった。そのため、蔣介石政権には多くの問題があるにしても、軍閥や共産党よりはましであり、孫文により創立された「中華民国」の正統を継承しているという事実は、それが近代以来、中国人が共同で奮闘し獲得した成果であるために、必要なのはいっそうの「革命」ではなく、「改革」と「発展」なのだと認識された。国民党政府は、内部から変革し、国家の近代化の推進力となるべきものであって、暴力的に「打倒」すべきものではないと考えられた。

第4節　留日・留米学生の帰国後の関係

　留学生間の集団的な対立、衝突という問題は、これまで長い間にわたり注目されてこなかった。しかし、この問題は中国の近代史においてかなり重要な意味を持つものである。これまで、これが重視されてこなかった理由としては、この問題が、近代における中国の知識人と政治権力集団の対立、衝突と同時期に現れ、留学生内部の矛盾がそれによって覆い隠されてきたためであると考えられる。

　しかし、この問題を分析する際に特に注意すべきことは、留学生内部、国共両党、知識人と国家といったいくつかのレベルにおける社会的、政治的な

対立関係が相互に交錯し、影響し合っているために、それぞれを切り離して個別的に論じることができないという点である。例えば、留日学生と留米学生との矛盾は、ある程度までは、社会における知識エリートと国家における政治エリートとの矛盾という枠組で捉えることができるが、それは問題の一つの側面にすぎない。

帰国後の留米・留日学生の相互関係の歴史については、1910年代以前においては、帰国後の留日学生や留米学生はそれほど大きな影響や勢力範囲を形成していなかったため、両者の間には、まだ特別な関係がなかった。互いに意識をし、関係を持ち始めたのは、五四運動期であるが、ここで、留日と留米学生の帰国後における相互関係について、以下のように、時期区分ができると考えられる。

(1) 1910年代後半から五四運動期までは、基本的には協力関係であった。この時期、留日と留米学生は共に、当時の反帝国主義、反封建主義運動を唱えたが、その後の新文化運動段階から、両者の対立が次第に現れてきた。五四運動期の代表的人物の動向がこの問題を説明している。陳独秀と李大釗は社会主義を信じ、共産党の成立に力を注いだ。そして魯迅は、執筆の主体を小説から散文へと、更に「雑文」と呼ばれた、すべての物事を批判する漫筆へ変え、「筆」を「銃」に変えた。一方で羅家倫と傅斯年はそれぞれ米国と欧州へ留学に行き、胡適は教授生活を続行し、時には古本を鑑賞したり、白話詩を書いたりした。

(2) 20世紀初めから、中国自身の教育近代化における進歩により、日本の近代教育制度が中国の模倣するモデルとなった。日本の影響は、小・中学校教育の学制改革に表れただけではなく、高等教育においてもある程度の影響を与え、特に中国の北方など西洋の教会大学の勢力が元々強くなかった地域においては、次第に「日本モデル」が形成されるようになった。1920年代から1930年代にかけて、学制が転換され、「教育権回収運動」が行われた時期には、留日学生と留米学生の対立が表面化した。

(3) 日中戦争期は、協力しながら対立した時期であり、留日学生が最も苦

痛に感じた分裂状態の時期である。この段階において、留日学生は分化され、一部は徹底的な抗日の立場を採り、他の一部は汪兆銘政権に参加した。後に明らかになったことだが、汪兆銘政権の政府メンバーには留日学生が多く、そのメンバーの名簿は、「留日学生の同窓会名簿」と言ってもよいほどであった[25]。さらに、それ以外の一部の人々の態度は、比較的曖昧で、どちらにも属さなかった。例えば周作人は「漢奸」と非難されることもあるが、最近の研究では、彼は民族主義的立場の下に、当時の「偽政府」と異例の「合作」をしたのだとされている[26]。

(4) 1940年代後半、戦後期は、留米学生の一時的な「大活躍」の時期であった。この時期において留日学生は、独自の政治勢力としては、次第に弱体化していった。

(5) 1949年以後より1950年代後半は、留米学生（民主諸党派の形式を採って）と中共の対立が主要な形になった時期である。この段階では、留日学生は政治団体としては、基本的に存在しなくなっていた。

また、高等教育領域においては、第2章で述べたように、最初から西洋人に掌握され、その中でも教会大学は、長期にわたり、上位を占めていた。そのため、この領域では、留日学生は終始、主要な地位を占められなかった。高等教育領域での影響力が顕著であったのは、米国と留米学生の影響であった。1920年代に行われた「教育権回収」運動の中で、教会教育は大きな打撃を受けたが、これによって米国の影響力が弱まることはなかった。むしろ、日中関係の悪化、特に日中戦争の勃発によって、教会大学が再び徐々に自身の陣地を強固なものとし、しかもこうした状況は、戦後も継続して発展した。これが中国の高等教育領域において、「ブルジョア的傾向」が比較的強くなった理由の一つとなっている。そうした中で、免除された義和団賠償金による留米学生は、帰国後、米国の教育制度を高く評価し、中国政府に米国式教育モデルを学ぶように強く働きかけた[23]。こうして、1920年代を軸として、中国教育のモデルは、日本式から米国式に変わっていったのである。

中国の教育モデルの変化過程における、留日と留米学生の関係やその役割

は、どうだったのであろうか。留米学生は、西洋諸国の在中国教育機構、特に教会大学の大きな支持を得て、高等教育の大きな陣地を留日学生の手から奪い取った。しかし、元々の人数が非常に少なかったために、それ以上の勢力拡大はできなかった。これに対して留日学生は、その影響が辺鄙な農村地域も含まれる中国の中・下層社会に及んだために、初等教育という陣地を守ることができた。

またこのほかに、中国共産党が、1949年の「解放」後、高等教育の分野における「資本主義勢力」に対して、一貫して不満を持っていたことは、それが反右派闘争や文革の背景となっていたことからも明らかであるが、これら「資本主義勢力」は、帰国した留米学生によって主導され、構成されていた。この時、大衆化した共産党は、もはや留日学生とも大きな距離があったため、留日学生の留米学生に対する伝統的な不満をどのような意味で、あるいはどの程度継承していたのかについては、今後、より詳細な検討を必要とするだろう。

しかし、それでも留米学生と比べて、留日学生が中国の一般大衆とより近い関係にあり、彼らと一定の共有認識を持っていたということは言えるであろう。この点では、中共と留日学生との思想や意識における隔たりは、留米学生に比べれば、遥かに小さいものであった。

この時期において、留日と留米学生の関係は、次第に緊張が増し、相互に対立を始めた。この相互対立は、時には互いに罵るまでに至り、互いに相手を軽視する傾向が強くなった。留米学生は、留日学生が無学無能であり、また学んだものに価値がなく、その思想が保守・前近代的であり、世界の潮流に追い付いていないと考えており、一方、留日学生は、留米学生があまりにも理想主義と「舶来主義」であり、中国の国情を理解しておらず、実際には彼らがやっているのは「洋奴主義」、「追随主義」である、と批判した。

両者の相互攻撃の形式も異なっていた。留日学生は、人数が多く、時には民衆と手を組んで、留米学生に対して集団的攻撃を行った。留日学生の批判は、常に「××主義」に反対するということを名目にし、例えば個人主義や、自由主義、資産階級思想と、西洋生活様式などに反対するといったことで

あった。逆に、留米学生は、留日学生に対して、個人的な人身攻撃を行うことが多かった。例えば個人の資質、道徳、学問や、思想などの面において攻撃した[24]。

ここで留学生（留日学生）を、中国の伝統か共産党政治のどちらか一方と同一視することはできないが、彼らの間では、立場を共有できる問題に関しては統一戦線を結び、その利益と目標を追求することができた。一方、留米学生と中共との矛盾は、ますます尖鋭化した。そのピークが、「反右派闘争」であった。

総じて言えば、本研究が分析している歴史的時期において、留日学生は留米学生よりも政治権力との関係が密接であったということが言える。留日学生の政治活動が、彼らの留学時期においてすでに始まっていたということを考慮すれば、少なくとも、彼ら自身の要因は無視できないものであろう。

また、留日学生の社会的・政治的階層としての地位が、1920年代後半から衰退し始めたことには、主に2つの要因が挙げられる。第1に、一部の上層の留日学生が、中国の最高権力に関り始めたこと、極端的に言えば、中国の権力者となったことである。これにより、留日学生内部での分化が起こり、権力圏の外にいる人々は、政治的な反対派を組織し、国民党政府と対抗するようになった[27]。日中戦争が始まると、こうした傾向が加速化され、内部分化がいっそう進み、留日学生としての集団的凝集性が、ますます浸されるようになった[28]。第2に、留日学生の年齢との関係である。特にエリート（政治だけでなく、社会的・学術的エリートを含む）の年齢が高くなってきたことである。一般に、留学のピークの時期にずれがあることから、前述したとおり、留日学生の年齢は、平均して留米学生よりも10歳ほど高いと言われている。特に地位の高い人々の年齢は、すでに1940年代初期の時点において、50歳以上になっていることが多かった。この問題は、時期が下るにつれてより顕著となり、1950年代初期においては決定的な要因となった。

第5節 結　論

　本章では、留学生の政治傾向の形成要因を、第1は、留学生個人として、および一つの社会集団として備えている性質から、第2は、留学生がその役割を発揮する際に受けた国内的・国際的環境からの影響から分析した。

　留米学生と留日学生は、それぞれ違う人生を持ち、異なる政治コースを歩いた。即ち、どのような国家を建設するのか、どのような方法を使うべきなのか、誰が国家の指導者となるのかなどの国家発展の問題について、両者の立場は異なっていた。これらは、この二種類の政治勢力を導くそれぞれの政治リーダーたちの留学経験とも関係したものと考えられる。

　留日学生は特に集団的資質に優れ、組織的団結を重視し、迅速に行動を起こす傾向があった。これに対して留米学生は、個人性を重視し、あまり統制が強くなく、学術組織を好み、自由な気風を重視した。

　留日学生は、留米学生よりも中国の実際情況をよく理解しており、思想面でもより実践的であった。彼らは、日本の発展の成功を鑑みて、段階的な国家発展を擁護し、当時の政治的現実を容認できた。その思想が最終的に、行動上の便宜性に帰着し、それに従属してしまうのである。留日学生の多くは国民党と共産党に参加するようになった。一方、留米学生には、米国の個人主義と自由主義思想が浸透しており、多くは民主諸党派に参加した。

　留学生は帰国後、それぞれ異なる社会・文化・政治活動に参加し、同時に徐々に異なる経済的利益集団に溶け込んでいき、最後には異なる政治集団を形成した。この一連の分化は、留学生個人の性格や知識、経歴、志向などとも多いに関係がある。米国や欧州に留学した者たちは、帰国後に選んだ職業により、社会の上層に収まった。一方、留日学生たちは、上・中・下層全てに属した。このため、留欧米学生と留日学生の帰国後の生活方式には大きな違いが見られた。

　留米学生は、文学、教育、科学研究などの建設的な事業に従事し、一方、留日学生は、古い社会体制を打ち壊して新中国を作るために、古い伝統文化と社会体制を一新させようとしていた。この意味では、第4節でも述べたが、

留日学生は近代中国における留学生の一種の「逸脱」現象であり、留米学生は近代化の初期目標を継続して体現化していった。

　日中戦争が留日学生を断固たる抗日の立場に立たせ、道義上、後には退けない形で、対日戦に臨むことを余儀なくさせ、彼らの祖国に対する忠誠心への疑問を軽減することになった。この点は、留米学生と比べ合わせてみると、大きな開きがある。留日学生は、日中両国間の不幸な歴史によって、その自律性が相対的に高く、留米学生は反対に低くなっていった。留日学生が主体性を持ち得たために、全面的に近代中国の諸特徴を体現することができたのであり、留欧米学生のように、長い間にわたって特殊な存在となり、異分子集団と見られて、近代中国のある特定の特徴のみを体現するにとどまったのとは異なった。

　1910年代以前においては、帰国後の留米・留日学生の間には、まだ特別な関係がなかった。両者が互いに意識をし、関係を持ち始めたのは、五四運動期である。1910年代後半から五四運動期までは、基本的には協力関係であった。1920年代から1930年代にかけて、留日学生と留米学生の関係は、次第に緊張が増し、相互に矛盾や対立を始めた。日中戦争期は、協力しながら対立した時期である。1940年代後半は、留米学生の一時的な「大活躍」の時期であった。1949年以後から1950年代後半は、留日学生は独自の政治勢力としては、基本的に存在しなくなっていた。

　本研究が分析している歴史的時期において、留日学生は留米学生よりも政治権力との関係が密接であったということが言える。この背景としては、留日学生の方が、一般的に高い政治意識と志向性を持ち、比較的早くに帰国し、その人数も多く、集団性が強かったために、容易に強力な政治組織を作ることができたという点がある。しかし、留日学生自身の要因（政治意識）か、国内の政治的環境の要因（政治的近代化の空白と必要性を留日学生が埋めることができたこと）か、あるいはこの両者が同時に作用し、留日学生に中国近代史上における政治的重要性を与えていたのかについては、まだ十分に明らかとなっていない。

注

1) 国内に競争相手が少ないことも原因として挙げられる。
2) 李喜所「甲午戦争後50年間留日学生の日本観及びその影響」『東瀛求索』第八号1996年　67頁
3) 同文同種や近代化の後発国であることなどは、今日の観点からすれば不正確な点もあるが、当時はこのような「常識」を背景に政治的行動が行われた。
4) 張柵・王忍之編『辛亥革命前十年間論文選集』三聯書店　1978年　386頁
5) 清華大学校史編写組編『清華大学校史稿』中華書局　1981年　2頁
6) 清華大学校史編写組編『清華大学校史稿』中華書局　1981年　3頁
7) 乾精末「支那海外留学生帰朝後の現状」『支那』昭和4年6月　第20巻第6号　75－76頁。
8) 陶希聖「潮流與点滴」(台北『伝記文学』1964年) 64頁
9) 唐徳剛『胡適口述自伝（胡適的自伝）』華東師範大学出版社　1983年　53頁
10) これが、「ブルジョア右派と人民との矛盾は敵対的矛盾、対抗的で調和できない、生きるか死ぬかの矛盾」と毛沢東が発言した要因の一つではないだろうか。
11) 汪向栄『日本教習』三聯書店　1988年。日本語版『清国お雇い日本人』竹内実監訳　朝日新聞社　1991年　228頁
12) 筆者の修士論文、*Contradictions in Development —— Anti-Rightist Campaign and Contemporary Chinese Politics.* Sophia U. 1995.3
13) 許瓏「奔向光明的時刻―建国前後的留学生回国潮」留学生叢書編委会編『中国留学史萃』中国友誼出版社　1992年　105－106頁
14) China Institute in America, *Survey of Chinese Students in American Universities and Colleges in the Past One Hundred Years*, p.28-33. 阿部洋「中国人のアメリカ留学―― その現状と史的背景」阿部洋編『米中教育交流の軌跡 ―― 国際文化交流の歴史的教訓』霞山会　1985年　47頁
15) 王奇生『中国留学的歴史軌跡 ―― 1872－1949』湖北教育出版社　1992年　44－45頁
16) 第3章第4節「帰国留学生の南京国民政府歴代政府における勢力変遷」参照。
17) 許紀霖『無窮的困惑―近代中国二人の知識人の歴史旅程』三聯書店　1988年　173－175頁。
18) 孫文『建国方略』の「自序」参照。『孫中山選集』人民出版社　1957年　79頁
19) 東北工学院馬克思列寧主義教研室編『右派言論集』社会主義教育系列参考資料　Vol.2. 1957年

20) 易重光編『批判中共"党天下"言論集』香港自由出版社　1958年
21) 姚杉爾『在歴史的旋渦中－中国百名大右派』朝華出版社　1993年
22) ここで、本当の意味での社会の下層になったものは極めて少数であり、ここで言う下層とは、相対的なものである。
23) 黄新憲『中国留学教育的歴史反思』四川出版社　1990年　135頁
24) 阿部洋『中国の近代教育と明治日本』第11章「アメリカ留学の社会的優位性」福村出版　1990年
25) 王奇生『中国留学的歴史軌跡 ── 1872～1949』湖北教育出版社　1992年　126－128頁
26) 李劫「作為唐・吉訶徳的魯迅和作為哈姆雷特的周作人」『中国研究』1996年第18期
27) しかし、必ずしも留米学生と共闘関係にあったというわけではない。
28) ただし個人レベルでは、留日学生というアイデンティティは、依然、強固なものであったようだ。

第6章
結論と今後の課題

第1節　結　論

1. 研究方法

　留学生は、その学びに特徴があり、帰国後、各自が異なる領域でその特長を発揮し、誇れるような成績を取得したのだが、これらは言うまでもないことである。本研究では、専門的な知識以外に、彼らの活動に対して影響のある各種要素、その中でも特に政治傾向面の要素に重点を置いて検討を加えた。そして、この分析を行う際、本研究では、よく見られるような分析対象である個人の思想的主張などについて直接分析を行うという方法を採らず、分析対象の特定の社会階層や領域の中での位置づけを行う方式を通して、その集団の特性を確認するという方法を採った。このような方法は比較的遠回りであり、直接性が不足し、さらに全ての分析対象の個性をカバーできないという欠点が存在することは認めざるをえない。しかし、このような方法にも優れた面があり、こうした方法により得られた集団の特徴についての叙述は、比較的客観的で全面的であり、対象の思想的主張などについて行う直接分析には備わっていない優越性がある。本研究では、上述した二種類の方法それぞれに優れた面があることを決して否定はせず、相互に代替できないものであり、今後、条件が許せば、この二つの方法を併用するのが最も良い。しかし、本研究では各留学生集団の特性を分析し確認することを主眼としているため、主に分析対象の特定の社会階層や領域における位置づけを行うことを通して、その集団の特性を確認するという方法を採用したのである。

2. 帰国留学生の中国近代化に対する貢献

　人数及び組織力を後ろ盾として、留日生の影響力は中国社会のほぼ全ての面に及んだ。留日生の特に軍事、政治及び人文方面における影響は多大かつ深く、その中でも最大の貢献は、中国国民党と共産党の創建を通して、中国統一のために思想と組織面における基礎を打ち立てたことにある。このため、多くの留日生が、民国期全体で、為政者の地位に就いた。しかし、中国の近代化に、統一後も、大きな好転は起こらず、留日生は常にこれに対する責任を求められたため、留日生の祖国に対する多大な貢献は、色あせてしまったのである。今後、中国の近代化の前進に伴い、留日生の祖国統一の基礎を打建てた貢献は、適切な再評価がなされるであろうことを信じている。

　また、留米生の中国近代化についての貢献も多方面にわたる。留米生は特に科学研究と高等教育などの領域において優勢を誇っていたため、彼らの活躍は南京政府の外交と教育などの部門において、留日生と遜色なく、伯仲していた。しかし、留米生の祖国に対する貢献は時代の制限を受け、長期の戦乱と革命により、彼らは自分たちの特長を全て発揮することができず、反右派闘争や文化大革命では、大きな被害をこうむった。そして、中国の改革開放期においては、彼らの中の大多数の人がみな、すでに老齢化してしまっていたのである。だが、そうではあっても彼らは新中国の科学研究と高等教育を支える一つの橋梁として高い評価を得、同時に、1950年代においては、留ソ生が教えを請う恩師となり、また、一部の長寿者は、1970年代の米国との外交関係樹立といった外交活動を通して、中国のために国際環境を転換させており、これらの功績もいつまでも残るものである。

3. 南京国民政府内の帰国留学生についての三次元の立体分析

　本研究の第3章では主に、縦（上・中・下層）と横（国防、内務、外交、教育などの各部）、時間（歴代政府）というこの三つの軸をめぐり、南京国民政府内の帰国留学生について三次元の立体分析を行った。そして中でも、縦、

横というこの二次元は、本研究の帰国留学生についての政治傾向及び彼らの国家権力構造における地位と直接的な関係がある。本研究の第3章の分析で分かるように、留日生は縦でも横でもその強烈な権力傾向を明らかにし、軍事留日生及び保定軍校のような軍校出身者も同様に強烈な権力傾向を明らかにした。また、本研究では、分析の中で工夫を凝らして軍事留日生について分離した処理を行い、その結果、このような傾向が完全に軍事留日生により導かれたものではなく、一般的な留日生も強い権力傾向を備えていたことを発見したのである。そしてこの傾向は、本研究の第4章の分析においても裏づけを得ている。

4. 各留学生集団の政治傾向と国家権力構造内での地位

本研究の第4章の分析を通して分かるのは、民国期の中国社会の各領域の中で、留日生と留米生が「軍－党－政－教育－科学研究」という配列でそれぞれ「軍政高教科低」と「教科高軍政低」という完全に相反する特徴を現したことであり、この特徴はすなわち本研究「図IV-2 中華民国における留日学生と留米学生の政治傾向」の中で現した「X型」の交差配列でもある。また、本研究の統計方法、つまり「軍－党－政－教育－科学研究」という配列は、留学生集団の政治傾向及び彼らの国家権力構造における地位を際立たせることを目的として設計したものである。帰国留学生の「軍－党－政－教育－科学研究」という配列における優勢順の方向は、例え彼らの政治傾向により決定されるものであるとは言えなくても、彼らの国家権力構造における地位との間には、一種の正比例関係があるということは言え、すなわちこのような配列が直接的に彼らの政治傾向を測る一種の指標として用いることができるということでもある。

そして、彼らの「軍－党－政－教育－科学研究」という配列における優勢順の方向から分かるのは、帰国留学生の中に、同様に比較的強い政治傾向を明らかにした者には、留ソ生や一部の留仏生（それは主に留仏勤工倹学の者たちであったと推測される）がいたことである。相反して、権力傾向が明ら

かでないのは留米生であり、留米生と比較的近かったのはイギリスやカナダ等のいわゆる英語圏国家から帰国した留学生であった。また、この二つの極の間にいたのがドイツやフランス、ベルギー、スイス等の大陸の西欧国家からの留学帰国者であった。これは、留学生を留日型、留米型、中間型に分類することが可能であることを示している。

5. 本研究の分析結果の適用性の問題

(1) 適用対象。本分析の適用対象は、帰国留学生だけではなく、同様に一部の非留学出身者、特に本文で「准留学」と呼ばれた教会大学の出身者及び当時の国内各主要高等教育機関、特に保定軍校、北洋大学及び北京大学、清華大学などのような出身者にも適用される。

(2) 適用の程度。まず、本研究は、統計手段を用いて異なる帰国留学生集団の性格に行った定性分析であり、これにより得られたのは、集団としての留学生の「最小公倍数的性格」に属する。そして、この「性格」を一人一人の留学生個人の上にあてはめる時、ある程度の偏差が現れるかもしれないが、これは主に個人と集団との間の偏差であり、本研究で採られた分析方法そのものが克服できない偏差である。次に、統計の精確性の問題については、本研究では主に留日と留米帰国者を優先確保したため、本研究の分析結果をその他の留学生集団及び国内の教育機関出身者集団に適用するとき、おそらくいくらか割り引いて、保留の態度をとることが適当だろう。

(3) 適用範囲。本研究は一種の政治分析に属し、指摘しているのは主に、帰国留学生の留学生集団としての政治傾向及び彼らの国家権力構造における地位であり、これにより得られる各留学生集団の性格は主に、政治的性格である。また、本研究は政治傾向を一つの基準として留学生の類型を区分したものであり、別の区分を用いれば、おそらく本研究とは異なる類型が得られるだろう。

第2節　今後の課題

1. 研究手段としての統計の限界

　統計は結果についてのものであって、過程についてのものではない。事物や事件は一つの過程であるために、それはまるで発酵するかのように、たとえ現代科学の手段であっても完全に再現することは困難なのである。学歴などは確かなものであるが、職位や権力とは必ずしも一致するとは限らない。例えば、ある一人の人物がかつてある役割を果たしたことにより、ある種の手柄を立て、それによって認められて、ある職位を獲得したとする。しかし、この職位は、その果たした役割（政策決定理論の観点から見れば、これは影響力の発揮、即ち権力の行使である）に対する一種の評価と報奨にすぎず、彼はこの職位でもっと大きな役割を発揮するかもしれないし、何もできないかもしれない。つまり、統計そのものは、この面での事実について正確な明示を与えることはできない。

　このように、単純な統計データでは明らかにすることができないものがある。本研究の統計を通して、軍事留日学生と保定軍校卒業生の活躍は見ることはできたが、南京国民政府について、また同様に、重要な黄埔系軍人の役割について言えば、見ることができなかった。

　このような観点から出発すれば、本統計の結果が反映しているものには、本統計の範囲と食い違いが生じ、時間的に言って、上述した10－20年の格差がある。そのために、いわゆる1927－49年の南京政府メンバーについての実際の統計状況は、主に、おそらく10年さかのぼって、南京政府成立前後10年の状況（1917－39年）であり、さらに少し悲観的に考えれば、20年前の辛亥革命期か、その少し後の国民革命期の状況であろう。

　しかしこの問題は、本研究独特の問題ではなく、全ての歴史学研究、さらには全ての人文科学研究に共通の問題であり、本研究では、これほど多くのものを扱い切れないのである。本研究の最終目標は、正確な統計にできるだけ近づけるように努力することにあるだけで、統計の結果がいったい何を意

味しているのか、本研究の結果をいかにして既存の研究成果と結びつけるかに至っては、筆者自身としても、今後のさらなる研究課題としたい。しかし、より多くの問題については、それぞれの領域の学者に委ねるほかないであろう。

2. 留学生の留学期間

本研究で分析した一部の問題には、筆者の能力と本研究の範囲を超えていたものがあった。例えば、留学生の留学期間を1年半以上と定めたが、これは決して科学的な根拠に基づいた基準ではなく、妥協の結果であったと認めざるをえない。実際、「1年半以上」というのは、厳しい基準ではないと言うべきである。それは、国外において1年半という短い時間では、何かを系統的に学ぶことが難しいためである。

しかし、筆者は、多くの留学生の個人資料の中には、留学期間と具体的な学習内容に関する記述が欠けているものがあることに着目した。特に大多数の留日学生は、「留日」か「日本に留学した」という記述があるだけであった。そこで本研究では、この中の多くの人が1年半以上という基準に達していなかったのではないかと推測しているが、彼らを留学生として処理せざるをえなかった。そのため、もし留日学生を基準とするならば、その基準を1年まで下げるのが最も良い方法なのだと考える。しかし、1年というのは留米学生にとって言えば、公平さを失うことになる、つまり当時は船に乗ってアメリカへ赴き、1回往復すれば数ヶ月を要した時代であったことを忘れてはいけない。

3. 権力構造と政治傾向の関係

もう一つの問題は、本研究の処理において、権力構造と政治傾向の間に「ブラックボックスによる操作」の問題が存在したことである。本研究では、それぞれ権力構造と政治傾向の問題をはっきり分け、同時に権力構造と政治傾

向の間にある種のプラスの相関関係が存在していたという証拠を明らかにした。これにより、本研究では、両者が「相互決定」の関係であると曖昧ながら発表している。しかし、両者がいかにして「相互決定」するものであるかは、まだはっきりとしていない。つまり、両者の「相互決定」関係の内容と方式が分からないのである。この点については、今後、さらなる研究が待たれるところである。

第3節　おわりに

　半世紀近い時間の中で、留学生の総人数は15万人近くにも上った。15万とは膨大な数であり、これは他の国では見られないものである。しかし、960万平方キロメートル以上の国土（当時で言う「外モンゴル」、1946年正式に独立したモンゴル国を含めない）、50余りの民族、4.5億人の国民という20世紀前半の中国の規模から見ると、この人数は、依然としてほんの一握りでしかない。また、長年の国内外の混乱によって、留学生の行動や影響力は制限されてきたために、彼らの知識が完全には活かされなかった。

　しかし、中国近代史全体から考察すると、中国の近代化事業は、全てにおいて限界があり、参加できる人数や地区もまた、小さな範囲のものになってしまう。この範囲の中で、留学生たちは、中国の近代化運動のために重要な「伝える、助ける、導く」といった機能を発揮した。この意味合いから見れば、近代留学生の歴史における機能は、大きな影響力を持つものだったことが分かる。

　近代化は、過程と結果の2つの方向から考えられる。多くの国家が近代化に力を注ぎ、様々な理由によってある時は成功し、またある時は失敗する。正確にはその過程において、国家と民族が、国を繁栄させるために惜しみない努力を費やすのは言うまでもないことである。しかし、成功して初めてそれは注目を集め、高い評価を得られるものであり、民国期に限って問うてみるならば、中国の近代化事業は成功してはいないと言えるだろう。しかし、中国の近代化は、現在も依然として進められており、近代以来の留学生の

様々な苦労が、現在と今後の中国の近代化事業の礎として、次第に認識され、注目を集めている。近代留学生が、中国の近代化事業に尽力してきたことは、決して無駄ではなかったはずである。わずかな期間である中国近代史にかかわらず、また民国期に限定することなく、近代留学生が、中国の近代化事業のために創り上げてきた歴史的貢献は、未来にも続いていくものなのである。

附　録

1. 支那海外留学生帰朝後の現状[1]

　　　　　　　　　　　　マスター・オブ・アーツ　乾　精末

　支那人にして外国に留学したる帰朝学生の現状に関し正確なる詳細を得る事の不可能なるは申すまでもないが、最近外務省情報部より発表された支那人名鑑および一九二五年度の支那年鑑の人名録を参照すると大体右の如き状勢にある。しかし一個人にして数個の職業に従事し又は数個の職業を経歴した者に対しては、最後のそして主要なるものを採録した。
而して此の統計に據ると略ぼ次の如き結論を得る。
　一、支那に於ける帰朝学生の大多数は日本に於て教育を受けた者であり。米国は貧弱なる第二位、英國は第三位にある。
　二、留日学生は政治、行政、軍事、警察および司法的事務に従事する傾向あり、外交界に入る者は西洋留学生に比較して小数である。此は勿論彼等の語学上のハンディキヤップに依るものである。
　三、西洋留学生の相当数が教育界に入って居リ、又技術的活動をなしてゐる者も相当に多い。
　四、概算であるが支那には三千人以上の西洋帰朝学生があり、其中約八百人が北京及其附近に居る。又西洋帰朝学生倶楽部の会員が三百五十人あり、其中三百人は北京市に居住してゐる。
　五、此も概算であるが日本に留学した帰朝学生は約二萬人に達し、其中三千人は速成師範科即ち速成教育をうけた者である。早稲田出身者が第一位にあり北京市のみで三百人ゐる。法政および明治も其数が接近してゐる。
　六、拳匪事件の後日本に行った学生が多かった。併し此日本への学生流出は近年実質的には減少してゐる。

表附録-1 国別帰国留学生総数:「外務省報告」、「支那年鑑」

	政治,公職	外務	軍事,警察	教育,宗教	政論家	司法,法律	技師	商工業	銀行業	医学家	外務省報告	外務省報告%	支那年鑑	支那年鑑%
	#291	#19 *7	#215 *19	#70 *7	#42 *3	#55 *6	#14	#18 *1	#13 *3	#11				
日本	*38	18 13	3 2	9 11	2 5	2 1	9 8	5 1	1 0	1 2	758	83%	83	46%
米国	35 20	10 4	0 0	3 2	4 0	2 3	1 2	2 1	1 2	2 0	86	9%	63	35%
英国	12 6	3 3	0 0	1 0	1 0	0 0	0 0	0 0	0 1	0 1	38	4%	19	10%
フランス	8 1	2 0	6 1	1 0	0 0	1 0	0 0	0 0	0 1	0 0	15	1.6%	7	6%
ドイツ	3 2	0 1	0 0	0 0	0 0	0 0	0 0	0 0	0 0	0 0	15	1.6%	5	2%
ロシア	1 0	0 1	0 0	1 0	0 0	0 0	0 0	0 0	0 0	0 0	1	0.1%	1	2%
ベルギー	1 0										2	0.2%	2	0.6%
総計	414 38.8%	81 7.4%	246 22.4%	107 9.8%	57 5.2%	0 6.4%	36 3.3	29 2.6%	21 1.9%	16 1.5%	915	100%	180	100%

出所:乾精末「支那海外留学生帰朝後の現状」『支那』昭和4年6月 第20巻第6号 75-77頁。
#外務省報告による、*支那年鑑による

表附録-2 国別帰国留学生総数：「外務省報告」＋『支那年鑑』

	政治, 公職		外務		軍事, 警察		教育, 宗教		政論家		司法, 法律		技師		商工業		銀行業		医学家		外務省報告		支那年鑑		総計	
日本	325	39%	26	3.1%	234	27.8%	77	9.2%	45	5.4%	61	7.3%	14	1.7%	19	2.3%	16	1.9%	11	1.3%	758	83%	83	46%	841	77%
米国	55	37%	31	21.8%	5	3.4%	20	7.4%	7	4.7%	3	2%	17	11.4%	6	4%	1	0.6%	3	2%	85	9%	63	35%	149	13.6%
英国	18	31.6%	14	24.6%	0		5	8.8%	4	7%	5	8.8%	3	5.3%	3	5.3%	3	5.3%	2	3.5%	38	4%	19	10%	57	5.2%
フランス	9	39.1%	6	26.1%	0		2	13%	1	6.5%	0		0		0		1	4.3%	1	4.3%	15	1.6%	7	6%	23	2.1%
ドイツ	5	25%	2	10%	7	35%	1	5%	0		1	5%	2	10%	1	5%	0		0		15	1.6%	5	2%	20	1.8%
ロシア	1		1		0		0		0		0		0		0		0		0		1	0.1%	1	0.6%	2	0.02%
ベルギー	1		1		0		2		0		0		0		0		0		0		2	0.2%	2	1%	4	0.04%
総計	414	38.8%	81	7.4%	246	22.4%	107	9.8%	57	5.2%	70	6.4%	36	3.3%	29	2.6%	21	1.9%	16	1.5%	915	100%	180	100%	1095	100%

出所：前表により筆者が作成。

1. 支那海外留学生帰朝後の現状

七、従って現在重要なる地位にある多くの中年日本帰朝学生があるのも、此に代るべき若い日本帰朝学生は甚だ少数である。

八、日本帰朝学生は多数であり、従って欧米に留学した者に比して素質が選択されてゐない。

九、多くの反日家が日本帰朝学生の中から出てゐる。併し又同時に最も熱心な親日論者も彼等の中にある。

分　析

　この2つの統計（支那年鑑と外務省報告）の結果には、大きな差が生じている。しかも、興味深いデータがある。1つは、教育と宗教の領域において、留日学生の人数が欧米留学生を上回っていることである。そしてもう1つは、各領域の数と合計数が異なることである。例えば、日本の欄はそれぞれ748人と80人、米国は85人と63人、英国は37人と20人、仏国は14人と7人、独国は15人と4人であるが、最後の総計の人数は902人と111人である。おそらくこの「ミス」は、計算方法により生じたものであろう。つまり、同一人物が二つ以上の領域に属している可能性がある、ということである。しかし、表の作者による明確な説明はなく、さらに分類項目の設定基準が不明である。例えば、「政治および公職」と「外務」がどうして別の項目になるのかが疑問である。また、ロシアとベルギーの人数が極めて少ないため、それが全体の傾向を表すものとはあまり感じられない。しかし、精確な統計とは言えないが、1920年代の帰国留学生の概要は、見ることができる。

　表附録-1でまず目立つのは、留日学生の人数が多いことである。『支那年鑑』によれば46％と約半分を占めており、『外務省報告』によれば83％で圧倒的に多い。その次は留米学生で、『外務省報告』によれば35％と三分の一を超える。2つの統計の平均値は、留日学生が77％、留米学生が13.6％となっており、この二カ国で9割を超えるのである。

　また、留日学生は、政治と公職が一番多く、39％となっており、軍事と警察も比較的多い。留日学生が少ないのは、技師や商工業、銀行業、医学家、外務である。

留米学生は技師が一番多く（留ドイツ学生も同様）、次いで商工業や銀行業、医学家、外務も多い。そして逆に、政治と公職、軍事と警察が少ないのだが、教育と宗教も少ないのは意外である。また、統計作成の際、都市在住の留学生を対象にしたようで、そのため、留ソ学生の状況が充分に反映されなかった可能性がある（1920年代中期においては、国民党と共産党の革命に参加していたため、地方に赴いた者が多かった）。

　「教育、宗教」を除けば、この表の統計は、本研究第3－4章の統計とほぼ一致している。昭和4年（1929年）以前のこの統計（「外務省報告」は不明だが、「支那年鑑」は1925年）で「教育・宗教」に留米学生が少ないことについて考えられる理由は、1920年代中期まで留米学生がこの両領域についてはまだ優勢ではなかったということが挙げられよう。とは言え、教育と宗教が少ないのは意外であり、この2つの項目を分けて統計しなかったのも残念なことである。

2. 反日排日の黒幕要人[2]

滬城学人

　成都事件を契機として北海、漢口、上海と支那の排日暗殺テロは全面的に暴露して来た。英支の諸紙にこれ等の事件に対しては個々の小事件と見做して何等の政治的意義を認めず、却ってこれに対する日本側の措置態度に何物かを包藏するかの如き誣謗を洩らしてゐるが、これ等諸事件に一環の脈絡のあることは兇行の手口、時間、場所等の類似性、および犯人の逃亡の巧妙さなど科学的に観れば…排日抗日の根源をなす国民政府の要人達を歴然指名して之れが罷免を断固として要求するの強硬方針を有するとさへ見られてゐる。今左にその主なる要人の素描を試みて見よう。

馮玉祥

　嘗ては西北軍系の盟主として、閻錫山氏を中心とする山西派、廣東・廣西兩系、四川・貴州兩軍系と共に反蔣系の頭目であった馮玉祥氏も、山西、廣西兩派と共に財閥的背景を有しなかった封建性殘滓の濃厚な軍閥であったが、…又馮玉祥氏は抗日排日の實に第一級の人物であり、今や燎原□火の如く燃え上りつつある抗日排日運動に火蓋を切らんとしつつある支那の人民戰線（学生救國會、婦女救國會、工人救國會、その他の何々救國會と稱する團體および國民党左翼、共産党、学生、知識階級、急進分子や左翼文化團體、フアッショ團體等多数が其の構成メンバーである）の先頭に立たんとの野望に燃えてゐる。元来馮玉祥氏は民族主義戰線の人物であるが、民族主義戰線が抗日排日運動と同意語に解釋してゐる支那今日の情態であるから、馮氏の排日抗日思想も相當根深いものであらう。

李宗仁

　用兵家の白崇禧氏と背腹の関係であり、反蔣運動の大立物として廣西派の領袖である。李宗仁氏は生粋の廣西出だけ、其の排日抗日思想は熾烈である。廣西民衆は其の公約として抗日の徹底、抗日領袖の擁護、抗日軍の活動の不妨害、抗日軍々需品供給を掲げ、之れを宣誓してゐるが、廣西軍の中央政府抗争中には専ら抗日を蔣介石氏に要求してゐる。彼も亦民族救国に抗日にありとなすの迷蒙を執拗に持つ要人である。

白崇禧

　李宗仁氏と謂へば必ずや白崇禧氏を連関して考へられる。白崇禧氏は桂系の霊魂と謂はれ、その智嚢は廣西の寶である。…又蔣介石氏と並び稱せられる支那用兵家の第一人者である。其の反蔣精神は中央の廣西和平後の今日に於いても兎角云々されるほど深い。和平條件の 1 つとして白氏は蔣介石に向って将来必ず日中戦争をすると云ふ約束をとったと云はれてゐる程だ。現在決して蔣介石氏に心服してゐると見られない。然しこと抗日に関する點に於いては李宗仁氏と同一歩調であり、蔣介石氏の態度如何によっては結合せ

ぬとも限らない。

孫科

　支那のレーニン孫文氏の御曹子として学をアメリカに修めた孫科氏も、抗日要人の一人であり、之れを<u>乃父孫文と結び考へる時轉た感慨無量</u>なるものがある。孫科氏を中心とする太子派…孫科氏の抗日も、太子派の窮境打開策として、機を見るに敏なる孫科氏が共産党系に接近して行った事によって理由づけられ、機に臨んでは常に其の口に抗日を云爲する點などは其の<u>大衆への人気取り政策</u>であらうが、一面には幼時から<u>欧米に教育を受けて欧米派共有の反日本イデオロギー</u>を有って居る爲であらう。殊に満州事変後の彼は国府内親蘇派の巨頭として活躍して居り、<u>彼の反日は親蘇と結びつくこと</u>によって一層尖鋭化してゐる。

宋子文

　蔣介石氏の統業を達成せしめたるものは、その背後に浙江財閥てふ一大金融ブロックを有したればこそである。…宋子文氏は此の財閥を牛耳リ、欧米資本家團に対し中央政府を代表する第一人者である。むべなる哉、彼は蔣介石氏夫人宋美齢氏の實兄、蔣介石氏には義兄に当る。若しも支那の社會国家に変革がなかったならば、彼は支那の世界的財政家、実業家たらしめたかも知れない。<u>アメリカのハーバードおよびコロンビアの両大学に学び、萬事がアメリカ仕込み</u>の彼も、其の保守的な本質に拍車をかけられ、遂には変革過程の渦中に立たねばならなかった。…

　宋子文氏の抗日思想は嘗て國民政府最高顧問<u>ボロヂン氏の深刻なる影響</u>によるものとも謂ひ得るであらうが、他面<u>欧米資本家團と深い繋り</u>をもってゐる彼にして見れば思想的な根柢以外に何者かがあることは察知するに難くはない。世界経済會議に出席する時に於いて、其の船が横濱に寄港したが、一歩も上陸しなかつたといふ潔白性を有してゐる…。

孔祥熙

　孔祥熙氏も、宋子文と共に蔣介石氏の財政的両腕の一人であり、且は共の夫人宋靄齡氏は宋慶齡氏、宋美齡氏　（一字抜け、原文ママ）宋子文氏の最上姉である姻戚関係である。氏も亦アメリカ仕込みのインテリで其の出は支那の神樣孔子の七十五世の後裔と謂われる。山西オーバリン大学校長兼教授といふ教育家出であることも珍らしい。孫文氏の革命運動に際し北方に於て之れに呼応したのが政治に足を突込んだ始めである。十二年には孫文氏と共に日本に渡リ、駐日支那青年会幹事として亡命の革命党員の保護に当った事もある。之れを考ふれば日本の眞情をよく知ってゐねばならぬのであるが、抗日排日の黒幕要人の一人として存在してゐること奇怪至極である。之れも宋子文氏と同一歩調をとらねばならぬし、矢張リ欧米資本家との結びつきからとも解せられるし、大衆の人氣を政治的生命の一として重大視する支那に於いては一の方便かも知れない。

陳果夫、陳立夫

　國民党内に於ける蔣介石氏の独裁を強化工作する形成分子の中に最も目覺しい活躍をなして來つつあるＣ・Ｃ團をリードするものに陳果夫・陳立夫両氏である。蔣介石政権の強化と共に国際的政治線上に浮び上リ、其の主要工作は獨伊のファッショ理論を模倣し、支那独特のフアシスト理論の完成にあって、此の點に於て必然抗日排日の思想を生むのである。

　…陳果夫氏はかつて蔣介石氏も其の部下であつた革命の先輩陳其美氏の甥であり、…陳立夫氏は、陳果夫氏の實弟で、学をアメリカに修め、其の新知識を以て實兄を輔佐している。…

　排日抗日線上の要人は以上の外に監察院長于右任、第十九路軍蔣光鼐且万および蔡鋌鍇等々甚だ多いが之れは他日に讓って、此等要人を統御する御大蔣介石氏の抗日排日事件に対して採れる曖昧なる態度を考察してみよう。…偉大なる相場師蔣介石氏は、売るも買ふも虚々實々、併も之れが何れも時宜を得てゐるのであるが、其の政権がナショナリズム化して來た今日、昨日

表附録-3　中華民国政治家が反日になる主要な原因

	ナショナリズム	人気取り政策	親蘇	欧米資本との結びつき	米国仕込み
馮玉祥	抗日戦線の先頭に立つ野望	抗日戦線の先頭に立つ野望			
李宗仁		廣西民衆との公約			
白崇禧		廣西民衆との公約			
孫科		太子派の窮境打開策、人気取り政策	親蘇と結びつく		欧米で教育を受け、反日イデオロギー
宋子文			ボロヂン氏の影響	欧米資本と深いつながり	米国の大学に学び、米国仕込み
孔祥熙		大衆の人気を重大視する		欧米資本家との結びつき	米国仕込み
陳果夫 陳立夫	支那ファシスト理論の完成にあって				米国で学ぶ
蔣介石	政権のナショナリズム化	国民の人気取り政策			
9	3	6	2	2	4

出所：滬城学人「反日抗日の黒幕要人」(『支那』昭和11年　第27巻第11号　149－152頁) より作成。

の敵のスターリン、共産党と結托し、排日抗日を國民の人気取り政策でやってゐるのであらうか。…

　以夷制夷の国民的本能からして大芝居を目論んでゐる蔣介石氏にしても、先輩孫文氏が共産党を以て国民党の拡大強化に利し、後に至って却って之れに悩ましめられた辛い経験からしても、前轍を踏まぬ心構へこそ必要であらう。

3. 貴重な原型

(1) 天児慧の「三つの原型」

　天児慧は鄧小平のフランスでの留学（勤工倹学）を三つの原型作りと概括し、1920年10月に勤工倹学でフランス入りし、1926年1月ソ連に入るまでの5年余りで、「三つの貴重な原型」を形作ることになると指摘する。この「三つの貴重な原型」とは、

　　一つは、共産主義思想との出会いであり、抑圧された民族や階級の解放のために自らを捧げる決意をしたことである。（中略）二つめの貴重な原型は、組織活動を開始してまもなく、支部の中で責任ある仕事を担い、組織者、職業革命家としての様々な経験を身につけていたことである。（中略）そして三つめは、彼が青年期に外国暮らしを体験し、幅広い視野から中国を、あるいは革命運動、社会建設の問題を考える眼を養っていたことである。[3]

　毛沢東の国際的経験はソ連訪問のみだった。そのため、死後「国際的感覚がない」としばしば批判された。逆に周恩来、鄧小平などの留学組は国際感覚の良さで好評を得ている。過去の経験、知識、教養がその後の人生に大きな影響を与える。中でも特に二十歳前後の一時期が人生観及び思考法の形成期であって、そのとき身につけたものが特に重要とされる。「それほどその後の生涯の基本的な考え方、生き方、人間関係のあり方に強烈な影響を与える『原型』ともなる時期である。」[4] 筆者は生涯での20歳前後の時期を「思政期」[5]、つまり「政治的思春期」と呼んでいる。

(2) 思想、主義との出会い

　早期の留学生の中、厳復がイギリスで天演論（進化論）の洗礼を受けたことすでに周知のことである。近代留学生は思想の面で中国と世界の掛け橋という役割を果たしてきた。

近代留学生が海外で出会った主な思想、主義は以下のようなものがある。
①マルクス主義、社会主義、共産主義、レーニン主義

これらの思想は最初は日本から受け入れた。代表的な人物は陳望道(留日、以下「日」とする)、陳独秀(日)、李大釗(日)、周仏海(日)、李達(日)などがいる。のちにはフランス、ドイツから受け入れる。代表的人物は、李石曾(日、仏)、周恩来(日、仏)[6]、鄧小平(仏)、朱徳(独)などである。最後はソ連から受け入れ、代表的人物は瞿秋白(モスクワ東方大学教員)、王明(陳紹禹)などである。

②トロツキー主義

上述したように、中国共産党から派遣されてソ連または東欧国家で学ぶ場合、大体は共産主義以外の思想との接触は少なく、思想の面での新たな原型つくりは困難であった。しかし、他の思想との出会いが完全に不可能なわけではなかった。その一つはトロツキー主義である。

ソ連から受け入れる思想、主義等は、特に留学生が参加した組織の分裂によるものが目立つ。留ソ学生のトロツキー主義の受容は、主に中国共産党からモスクワの中山大学、東方大学に派遣された共産党員及び、共産主義青年団員の一部である。彼ら(区芳、梁干橋、陳亦謀、劉仁静等)はソ連でトロツキー派に参加したため、ソ連から追放されて帰国した後、中国共産党反対派を組織した(1928年初頭)。後に陳独秀、彭述之など中国共産党から除名された人たちも自分のトロツキー派組織をつくり、他の留ソ学生(趙済、劉胤、王平一、徐乃達、閔蔭昌、解叔達等)もいくつかの小さなトロツキー派の組織を立ち上げた。これらの組織は1935年5月1日、トロツキーの手をもって統一された。しかし中国共産党反対派は、間もなく国民党の厳しい取締りによって幹部が逮捕、投獄され組織が破壊されたため、大きな活躍はなかった。

言うまでもなく、トロツキー主義はソ連共産主義から派生してきた思想流派の一つである。

③アナキズム

最初は日本から受け入れたものである。代表的人物は呉稚暉(日、仏)、李

石曾（日、仏）、張継（日）、師復（日）、劉師培（日）、区声白（仏）などである。これらのアナキストの一部は日本から追放された後、フランスへ渡った。そしてその後も組織活動を続けたが、中国当時のアナキズム理論は特に留日学生の師復による部分が多いため、「師復主義」[7] と呼ばれたこともある。

④国家主義

日本、フランス、ドイツから受け入れた。代表的人物は曾埼（日、仏）、李璜（仏）、左舜生（仏）、余家菊（英）である。ドイツの哲学者ヨハン・ゴットリープ・フィヒテの国家主義を中国社会に適合させるため、国民党右派と一緒になって反共産主義のキャンペーンを行った。彼らは「少年中国学会」及び「中国青年党」を組織し、一時期大きな政治勢力（醒獅派）となった。

⑤プラグマチズム

米国から受け入れた。代表的人物は胡適（米）である。後に社会改良主義に発展させた。

⑥その他、社会改良主義、戴季陶主義

社会改良主義は最初は日本から受け入れた。代表的人物は張東蓀（日）、梁啓超（日滞在）等である。戴季陶（日）は留日から帰国後、孫文に追随し、その秘書を務めた。孫文の死後、孫文思想の正統的後継者と自認し、三民主義を国民党の意識形態に合わせて改造し、国民党右派の思想である「戴季陶主義」と呼ばれるようになった。

以上に述べた内容からわかるように、思想主義の大半日本から受け入れたものであり、諸国の中でも、とりわけ日本の影響が強かった。このため、現代中国社会科学用語の中には大量の日本語がそのまま使用されることとなった。実際、日清戦争以降の、戊戌変法運動及び辛亥革命期の思想界に外国のものを紹介してきたのはほとんどが留日学生だった。逆にそれらの思想の本家、つまり欧米から帰国した留学生は蚊帳の外であった[8]。

1910年代中期から留欧米学生が中国思想界の話語権（解釈権）を掌握したことにより、彼らはそれらの思想の制度的伝達者として認められたが、中国社会への影響は留日学生が既に与えた以上、留欧米学生の社会的影響は限

定的であった。つまり、後にその思想のもとをたどるとき、欧米留学生の登場により、紹介の初期の段階のいくつかの誤りは訂正されたが、主に学術界の内部で行われたため、社会的影響は限定的であった。中国の近代思想に大きな影響を与えたのは日本だった。このことを我々は今でもあまり気付いていないようであり、日本の影響が過小評価されている[9]。

(3) 留日型と留米型の比較

以下、天児慧の「三つの原型」を、留日学生と留米学生が代表する各集団の留学生にあてはめて見ることにする。

①留日型

留米学生は若いときから米国に行く者が多い。「庚款留米」(第2章第3節参照) の場合は学部に入るため、清華からの留米学生の年齢は大体20歳前であった[10]。もっと前には留米幼童があり、年齢はもっと幼い。英語は日本語より習得が時間がかかるとされ、若い頃からの積み重ねが必要とされたし、また、留米は専門分野としての勉強が中心で、特に自然科学の勉強は順を追って一歩一歩進める必要があるとされたからである。留米学生と比べると留日学生は年齢的に幅広く、一部の国公費生を除く私費生は特に年齢が高い人々が多く、科挙試験で最高位の「進士」になってから渡日する人も少なくなかった[11]。

この三つの原型は留仏勤工倹学だけではなく、他の国への留学、例えば留日、留独、留ソなどにもあてはめることができる。ここから誕生したのは本研究でいう留日型の人材である。つまり、革命思想及び組織活動型の人材である。これらの人材の手で国民党、共産党、及び民主諸党派の一部が作られた。そして、中華民国と中華人民共和国の基礎が築かれたのである。実藤恵秀は留日学生が中国統一の基礎を築いたと評価した。確かにこの基礎は中華民国の崩壊と中華人民共和国の誕生によって、一度崩れたが、中国共産党と国民党の双子の関係[12]、それから共和国と民国の一蓮托生の関係から見れば、実藤の結論は今日になってもなおその正確さが保たれていると言える。

しかし、この部分の人材の損失は激しい。辛亥革命等清朝政府との戦い、

北伐等北洋軍閥との戦い、共産党との戦い、そして日本との戦い等、内外の敵と戦わなければならない中、人材がどんどん失われていった。国民党の留日学生の損失が特に大きいのは、抗日戦争の時の汪兆銘南京偽政府の成立による分裂のためである。親日派とされるものは即座に粛清されていった。この人材の損失はヨーロッパから帰国した留学生によってある程度補填された。
　中国共産党、民主諸党派は、留日学生にフランス、ドイツおよびソ連から帰国した留学生が加わることによって、補填された。しかし留日学生の大半は1927年以降、党から離れた以降は、ソ連からの帰国した人材によってわずかな一部が補填されただけだった。
　1950年代、年齢的原因により、留日学生は歴史舞台から去った。新しく補填されたのは留ソ学生だった。しかし、1950年代以後のこの部分の人材は、上述した留日型の人材とは大きな違いがある。この部分の人材については、天児慧の三原型の中の三番目、つまり国際的な視野という原型がほぼそのまま使えるが、その他の部分は大きく変える必要がある。
　まず、思想面でいえば、ソ連または東欧国家で学ぶ場合は新たな原型作りは困難である。ソ連留学は留学と同時に組織的な訓練活動でもあるため、既存組織の中におかれて、その一部分として活動するしかなかった。このように、留ソ学生には独自の組織がないため、これら新しい人材は組織型の人材だと言えるが、革命型の人材ではないことは明白である。
　そしてさらに一つ大きな違いがある。つまり専門知識に関してである。彼ら（例えば、江沢民の場合）はまず中国の大学で学び、卒業後または卒業直前、ソ連へと向かい、ソ連の大学または研究機関で学び、ソ連の地方の工場に派遣されて作業の現場で知識と経験を身につけたのであった。そしてそのまま国内の同種の工場に派遣されることになる。こうした人材は専門知識の中でも技術の面で長けている。またそのような工場を管理するという経験も身につけている。つまり、技術官僚型人材ができあがっていくのである。
　これら留ソ学生の時代は、国家統一がおおむね達成され、もはや革命的人材が必要ではなくなったため、こうしたテクノクラートが時代に呼応したのである。このような意味で言うと、留日学生が代表する革命的な人材は再生

しなくてもよい時代に入った。ただし、こういう人材についてはあまり注目されていない点がある。つまり彼らは国内の大学で勉強した段階で、清華大学、交通大学などに代表される欧米系または欧米化程度の高い大学の出身であること、そのため彼らは共産党の幹部であると同時に留学生との関係もある程度保ちやすいと言えることである。留ソ学生は実にバランスのうまくとれた人材、時代の要求にぴったり応えることができるような人材として養成されてきた、まさに「又紅又専」の人材と言える。彼らは1960‐70年代、中国社会の基盤で力を発揮し、1980年代に頭角を現した。1990年代に至っては、党と国の高位を独占するという成功をおさめた。

②留米型

天児慧の三原型に登場する鄧小平の例は、留日型の留学生、つまり日本、フランス、ソ連への留学生の大部分にあてはめることができるが、本研究で言うもう一方の留学生、つまり留米学生が代表する人材には一部しかあてはめることができない。留米学生について、この三原型に照らして見てみよう。

思想との出会い

大多数の留米学生は科学で思想を救うとの思想を持ちながら、専門分野での研究に没頭し、専門家として育成されてきた。その中のわずか一部に、胡適のような人物がいた。彼らは専門分野での勉強、特に自然科学への興味が低く、国内にいた時の本来の思想から強く影響を受けていて政治にも興味があり、やがて専門分野での勉強を捨てることになる[13]。胡適の場合はコーネル大学でのりんごの栽培の研究をやめて、コロンビア大学で哲学を選んだ。そこでデューイの実用主義（プラグマチズム）と出会った。このように、一部の留米学生は、思想と出会うよりも自分が求める思想が見つかったという点から言えば、留日学生とよく似ている。

組織活動

前述のように、留米学生は組織的活動にそれほど熱中しなかった。これは彼ら自らの組織自体が少なかった上、あってもサロンのような緩やかなものであったためである。また、米国の広さにより、各地に分散され、全米一流大学に入学したため、互いに連絡が少なく、組織も他の留学生ほど発達しな

かったためである（留日学生の半分は首都圏に集中していた）。（表附録-4「中国人留学生受け入れ大学」を参照）

　留米学生は中国科学社など中国社会に大きな影響を与えた組織を創立したが、これらの組織は決して留日学生のような政治性の高い組織ではなかった。その一方、地元社会への参加が比較的多かった。留日学生は日本社会への関心の少なさ、日本文化への無関心さで度々批判されてきたが、留米学生は地元社会との融合度は高い、留日学生よりも滞在先から受けた影響が大きいと考えられる[14]。

外国での体験、国際視野等

　これは判断しにくい点である。まず、留学生本人が体験し、視野などは自らその目を持たなければ、その知識や視野を狭くすることになる。本来留米学生は欧米諸国を遊学しこの面の知識と教養が豊富であるはずだが、一部の人を除けば、科学研究に集中するあまり、それら政治的社会的な目を自ら閉じることになった。つまり、彼らは近代的人材として革命運動で国作りをするのではなく、教育文化活動で国家建設に目を向けることになるのである。しかし、広義的な留米学生は留日学生に勝るような原型を作りえたこともある。それは彼らが清朝末期に政府が留学生を派遣した時の初志である「適夷之長技以制夷」でいう「夷の長技」である自然科学を学ばせるため派遣時の年齢が若い上、国内では清華学校、教会学校等で米式教育を受けた学生が多いということである。交通の不便などによりアメリカに長時期滞在し、その間はほとんど帰国できなかったことなども、その要因となった。留米学生の自然科学、そして学術への比較的純粋な執着は、彼らの学んだ専門分野、そして学位の取得状況（第2章第3節、表II-7「留米学生の学位取得状況」を参照）からもうかがうことができる。

　以上のような比較により、留日型の学生は留学前にすでに高い自我意識をもっており、積極的、自発的に留学先を利用したと言え、それに対して、留米型の学生は、逆に留学先からも大きな影響を受けたことが言えるであろう。

表附録-4　中国人留学生受け入れ大学（1854－1953年）

順位	大学名	留学生数	順位	大学名	留学生数	順位	大学名	留学生数
1	ミシガン大学	1930	8	ミネソタ大学	612	15	オハイオ州立大学	409
2	コロンビア大学	1622	9	ニューヨーク大学	595	16	スタンフォード大学	309
3	シカゴ大学	1128	10	ワシントン大学	550	17	オベリン大学	286
4	イリノイ大学	963	11	エール大学	535	18	南カリフォルニア大学	254
5	マサチューセッツ工科大学	821	12	カリフォルニア大学	531	19	アイオア農工大学	246
6	ハーバード大学	815	13	ウィスコンシン大学	475	20	ノースウエスタン大学	235
7	ペンシルベニア大学	794	14	コーネル大学	434		その他	7362
合計：20906								

出所：China Institute in America, Survey of Chinese Students in American Universities and Colleges in the Past One Hudred Years 1954, pp.28‐33より作成。（阿部洋編『米中教育交流の軌跡　国際文化協力の歴史的教訓』48頁より抜粋）

4. 1957年の知識人右派：「時代に取り残された者」留米学生

　第4章第2節で述べたように、中国現代政治史上の二大政党、国共両党とも主に留日学生によって作られたものであり、また、中華民国の建国は留日学生が作った基礎の上に成り立ち、中華人民共和国も基本的には日本に加え、ソ連、ヨーロッパへの留学生が作った基礎の上に成り立っていることが言えるであろう。一方、中国現代政治史上の建党建国などの政治活動において留米学生は一貫して脇役であり、しばしば「敵役」にもなった。政治上での活躍、特に政治組織（政党、軍隊等）もほとんどが留日学生で占められており、留米学生の活躍はあまり見られなかった。1920年代後期から、中国共産党は最初の留日学生主導の基本構成が留日学生と留欧ソ学生と共同主導となり、次第に「土着化」されてきた。しかし最後まで留米学生と長期にわたり親密な関係をもつことはなかった。

　問題は、中国は「政治上」の立身出世を人生の成敗の基準としている国で

あるので、大部分の知識人は政府の高官になった同じ世代の知識人を比較の対象とした[15]。そして、政治家のみが最高の利益と名誉を手に入れることができるとされた。それ以外の科学、文学、芸術等は価値観の上で下位に置かれていた。このことは特に共産党政権が成立したばかりの1950年代前期最も際立っていた[16]。

この時代、政治家や軍人と言うより、むしろ革命家というべき人々は、孫文の影響から留日学生によって占められ、学者、実業家は留米学生によって占められていた。そして後の共産党幹部は留日学生と留ソ学生を中心として、大まかな色分けが出来上がりつつあった。政治の分野では留米学生が活躍しようとしても、その場が与えられず、一方、学術、教育界で留日学生が職を得ようとしても阻まれた[17]。

留米学生の側からするこうした傾向に対する批判の代表的なものは羅隆基（民主同盟副主席、留米博士）の「マルクス・レーニン主義の小知識人が小ブルジョアジーの大知識人を指導している」という言葉であろう。ここで言う大知識人というのは、学問を修める留米英学生及び彼らによって成立された民主諸党派の人々であり、小知識人というのは、政治革命に参加した留日留欧学生及び彼らによって成立された共産党の人々である。このように留米学生と留日学生の間には、政治上の利害や学問・思想を背景にしだいに派閥的な区分が形成されていく。

一部の留米学生は常に政治上の不満を持ち、意見をすることを好む人々である。その中には純粋な学者も多くいるが、失意の政客も少なくなかった。彼らは学問の出発点は高いが、留日学生に比べて「政治上」のスタートが遅かったのである。彼らの多くは中国革命に参加しなかった。そして、彼らは、学問を修めるという、中国で政治的意味でいう出世とは無縁な道を選んだのであった。ある意味からいえば、1950年代中期の留米学生という社会階層は高度的に政治化された中国社会の中では、見捨てられた人物の集まりであったと言えよう。

5. 反右派闘争期における留米学生の野党意識と「真の政党」を作る企図

　1949年以降、共産党政権下で、中国は半世紀ぶりに統一された。1957年までは社会が安定に向かっていた時期であった。19世紀以来の中国人の富国強兵の夢も構想から実現の過程に入った。しかし、この時期は国家の力が強まるに比例して共産党の全体主義的同質化政策のもとで中国国民の思想統一が始まり、個人の自由が剥奪されていったのである。一般国民はそれでも国家の発展という名目上、共産党支配を受容していたが、知識人の間には不満が蓄積していった。こうした声を代表しているのが、馬哲民の社会主義中国で「国家には前途があり、個人に前途はない」という言葉であろう。この点において、元留日学生の馬哲民は1957年の右派たちと一致している。この側面から見れば1950年代中期の中国においては、国家の発展と個人の自由には相反するところがあった。いわば共産党政権の成立によって中国人の個人的自由は「少ない」から事実上「ない」状態に陥る。一般大衆はあえて「異議申し立て」をしなかったが、留学生はそれほど従順ではなかった。

　歴史的背景を振り返れば、留日学生と比べ、留米学生は帰国が遅かったことや政治的な革命性が弱かった等の原因によって、中国の1920年代の政党設立の盛んであった時期を逃した。しかし、これは留米学生が政治上なんら努力をしなかったとか、根本的にこの方面の要求を持たなかったことを意味しない。ただ世に出るのがやや遅く、建党方針が戦闘性に欠けたことによって、留日学生が作った政党のようには成功を収めることはできなかったのである。国共両党は先を争って政治の舞台をめざし、中国の政治における二大勢力となったが、議会などの制度的アリーナではなく戦場で「政治決戦」を展開するようになったので、強力な組織力と軍事力を持たない留米学生が政治上の発展をとげる余地は「統一戦線」に乗りかかるか宣伝・啓蒙活動に従事する外はなかった。こうした活動でさえも国共の支持が前提であるし、民主諸党派のエリート主義的な傾向もあって、いずれにしろ広範な社会的基盤を築くことは難しかったであろう。このように留米学生主体の民主諸党派は遅れて成立したため、政治的・社会的資源を有効に集約できず、彼らの政治

上の発展は副次的なものに留まった。

　民主諸党派は内戦後期に共産党の「統一戦線」を受け入れ、「新中国」成立後も共産党のジュニア・パートナーの地位に甘んじていたので、彼らは事実上「野党」意識を失っていたのであるが、完全に骨抜きにされていたわけではなかった。1950年代の国内・国際環境（共産党の一党独裁傾向の強まり、百花斉放・百家争鳴；スターリン批判、ハンガリー事件など）によって民主諸党派の幹部の間でも共産党に「意見」したいという傾向が強まる。新しい歴史的条件の下で、民主諸党派のある人々は連合して共産党に対抗しようとのスローガンを打ち出した。例えば、葉篤義は、「民盟、民建、農工、九三を解散して、一つの知識人党にする」[18]ことを主張し、馬哲民は「中国の階級状況は"両頭大、中間小"であるから、無産階級（プロレタリアート）と資産階級（ブルジュアジー）両方とも勢力が弱く、小資産階級（プチブル）こそが勢力が強い。民盟はその小資産階級を指導する責任を果たすべきだ。その四つの政党を合弁して、一つの"大民盟"を作ってほしい。」[19]と主張した。この叫びは1950年代の後半に皆が沈黙する中で大きく響いた。

どんな政党にも参加しなかった留日学生

　1940年代に入って、国民党に参加した留日学生は近代以来政治的に功成り名を遂げ、多くの政治的要求は実現した。一方、政党に参加しなかった留日学生もいた。しかし、これらの留日学生は政治的意識が薄い上、年齢などの原因によって、政治上の独立した集団としてはもはや存在せず、別に野党を組織して、政権党（国民党及び後の中国共産党）に対抗する意欲は大幅に減退した。多くの留日学生は共産党支配体制に「包摂」されるか、政治的な目的意識を失っていて留米学生のような政治性を失っていた。少なくとも形式的には自分たちを代表する「政党」がなかったため、たとえ彼らがこうした考えを持ったとしても、実際には右派留米学生と同じような行動をとることもできなかった。彼らは「右派」のレッテルを貼られることは比較的少なかったが、政治的に無力化した点では留米学生と同じである。1957年に至り、これらの留日学生は少なくともすでに政治的に共産党に反対し、共産党

政権に脅威を与える可能性はなかった。

　事実上1957年の時点で近代中国における「留学生の時代」が終焉を迎えた。その後20年にわたって留学活動はもちろん、留学生の活動も「冬の時代」が続くことになるのである。

　全体的に言って、留日学生と留米学生の中国近代化への影響と働きは互いに補い合っていた。その中でも、留日学生の中国近代化への影響は全方位的であり、その影響のうち、政治と文化方面が最も顕著である。彼らは、中国近代民族国家形成の過程において重要な宣伝、煽動、動員、組織化の役割を果たした。彼らが持つ様々な特性は中国近代国家の形式、原理に深い刻印を刻んでいる。確かに、中国は現在でもかなり「伝統」の影響が根強い国家であるが、近代以降少なからぬ変化を生じており、そうした変化の多く（とくに革命と政治に関わる問題）は留学生の努力によってもたらされたと言える。他方、留米学生も同様に各方面から中国の近代化の過程に影響を及ぼした。その中でも科学技術と文化学術、高等教育の方面が特に重要である。

　そのほか、中国の政治発展戦略から言えば、留日学生の思想において後発国特有の発展経験が比較的多く現れている。例えば政治的な「権威主義」である。この点はまさに当時の中国の歴史的、構造的な「国情」と比較的適合しており、それゆえ中国の近代化に大きな啓発効果をもたらした。留米学生は「国情」よりは「理想」を重視し、民主政治の推進を主としたが、その主張は中国の実際の状況とは大きな距離があり、国民党と共産党の「政治」の壁にぶつかって実現することはできなかった。ある意味で留日、留米学生とも「挫折」を経験しているのであるが、彼らの歴史的役割を段階的に区分するならば、留日学生は物事を始め、革命と創立を行った、これに対して留米学生は物事を発展させ、建設と改善を行った（あるいはそれを目指した）と言えるだろう。

　影響を発生させた時期から言えば、留米学生の作用と影響は留日学生が果たした時期よりかなり遅れる。そのため、彼らの果たした役割はある意味において留日学生の果たした役割の基礎の上に発揮されたのである。ここにおいて留日学生の影響を受けた可能性は否めない。例えば、留日学生は先に比

較的「統一」された近代中国を作り上げたが、その方法やこの国家が採った政治統治形式は多くの場合「権威主義的」手法に頼ったものであった。これは留日学生が英米的な政党政治に敵意を抱いていたということを意味するのではなく、彼らは国家の発展と近代化をより重視したのである。彼らが「民主」をスローガンとして提起した時も、人民を動員するための手段という傾向が強かった。これに対して後の留米学生を中心に組織した民主諸党派の政治活動は「民主」の獲得を最重要とみなし、それがなければ物質的近代化も十分ではないと考えた。これはもちろん始めから留米学生がこの国家を作っていたら、民主的な国民国家が出来上がっていたことを意味するわけではない。それでも両者は手段と目的の認識をめぐって大きな溝があり、これに派閥的な利害対立が重なって結局有効な「留学生連合」を形成することはできなかった。こうして反右派闘争を通じて、一部の反抗的な元留米学生は打倒、追放され、大部分は支配体制に包摂されてしまうことになるのである。

6. 1920年代の中国の教育モデルの変化：日本式から米国式へ

今世紀始めから中国自身が教育近代化における進歩を遂げたことにより日本の近代教育制度は中国の模倣するモデルとなった。日本の影響は小、中学校の学制改革に表れただけではなく、高等教育においてもある程表れ、特に中国の北方等、西洋の教会大学の勢力がもともと強くない地域では、しだいに「日本モデル」が形成されるようになった。

しかし、高等教育領域においては、第1章で述べたように最初から西洋人に掌握され、中でも教会大学は長い間中国の高等教育領域の上層の地位を占めていた。高等教育の領域では留日学生は始終主要な地位を占められなかった。そこで顕著なのはやはり米国と留米学生の影響である。20年代に行われた「教育権回収」運動の中で教会教育は大きな打撃を受けた。しかし米国の影響力はこれによって弱まることはなかった。むしろ日中関係の悪化により、特に抗日戦争の勃発によって、教会大学の陣地はまた徐々に強固になり、し

かも戦後も継続発展した。これは中国の高等教育領域において「ブルジョア的傾向」が比較的に強い理由の一つである。このように1920年代を軸に、中国教育のモデルは日本式から米国式に変わった。

中国の教育モデルの変化過程における、留日、留米学生の関係やその役割はどうだったのであろうか。留米学生は西洋諸国の駐華教育機構、特に教会大学の大きな支持を得たのは言うまでもない。留米帰国者は大きな教育陣地を留日学生の手から奪い取ったが、もともとの人数が非常に少ないため、それ以上の勢力拡大ができなかった。これに対して留日学生はその影響が、辺鄙な農村地域も含まれる中国の中・下層社会に及んだので、初等教育という陣地を守ることができた。しかし、高等教育の陣地は留米学生が支配するところとなった。

このほか、中国共産党が「解放」後に高等教育の分野における「資本主義勢力」に一貫して不満をもっていたことは、それが反右派闘争や文革の背景となっていることからも明らかであるが、これら「資本主義勢力」はまさに帰国した留米学生によって主導されていた。しかし、大衆化した共産党はもはや留日学生とも大きな距離がある。このため、共産党が留日学生の留米学生に対する伝統的な不満を、どのような意味で、あるいはどの程度継承していたかはより詳しく検討すべき課題である。それでも留米学生と比べて、留日学生が中国の一般大衆とよりちかい関係にあり、彼らと一定の共有認識を持っていたということは言えるであろう。この点からいえば、中国共産党と留日学生の思想や意識における距離は、留米学生に比べればはるかに懸隔が少ないものであったということは事実である。

注
1) 乾精末「支那海外留学生帰朝後の現状」『支那』昭和4年6月　第20巻第6号　75－77頁
2) 滬城学人「反日抗日の黒幕要人」『支那』昭和11年　第27巻第11号　149－152頁。削除された部分が少しあり、筆者が下線部を加筆した。
3) 天児慧著『鄧小平─「富強国家」への模索』岩波書店　1996年　22－23頁

4) 天児慧著『鄧小平—「富強国家」への模索』岩波書店　1996年　22頁
5) 王元「中国現代政治史のアウトライン—さらなる簡単な解を求めて」王元等著『変貌する現代中国』白帝社　2004年　16頁
6) 周恩来の場合は留日の時、河上肇から影響を受け、後に留仏の時さらに固めたと言える。王永祥・高橋強編著『周恩来と日本』白帝社　2002年　264頁
7) 黄凌霜『進化』第三号　1919年3月。林茂生、王維礼、王檜林主編『中国現代政治思想史』　黒龍江人民出版社　1984年
8) 王汎森「戊戌前後思想資源的変化：以日本因素為例」『二十一世紀』1998年2月号　総第45期
9) 同上
10) 葛懋春・李興芝編『胡適哲学思想資料選（下）〈胡適自伝〉』華東師範大学出版社　1981年　40頁
11) 靳明全『20世紀初期中国政界留日学生研究』重慶出版社　1999年　16頁
12) 王元「中国現代政治史のアウトライン—さらなる簡単な解を求めて」王元等著『変貌する現代中国』白帝社　2004年　8頁
13) 葛懋春・李興芝編『胡適哲学思想資料選（下）〈胡適自伝〉』華東師範大学出版社1981年　49－51頁
14) 唐徳剛『胡適口述自伝（胡適的自伝)』華東師範大学出版社　1983年　39－43頁唐徳剛（注4）55－57頁
15) 社会的地位の基準は国家幹部に内在する等級である。
16) 譚璐美『中国人の苦悩』新芸術社　平成元年　109頁
17) 同上　91頁
18) 『人民日報』1957年7月17日
19) 『光明日報』1957年6月23日

南京国民政府成員学歴総表

略号・略称表

略号	略称	説明
①	留日	日本留学（日本軍校留学生を含めず）
②	日軍校	日本の軍事学校留学
③	留米	米国留学
④	留英	英国留学
⑤	留仏	フランス留学
⑥	留独	ドイツ留学
⑦	留ソ・ロ	ソ連、帝政ロシア留学（帝政ロシアへの留学生は極めて少ない）
⑧	その他の欧州国家	その他の欧州国家留学
⑨	教会	教会大学、ミッション系大学
	教会（書院など）	教会（書院など、正式な大学ではないが、高いレベルの教育を施した学校）
⑩	清華	清華大学
⑪	北大	北大大学
❶	北洋	北洋大学
⑫	国内他大	国内の他の大学（表中に記されているもの以外の大学を指す）
⑬	保定	保定陸軍軍官学校
⑭	陸大	陸軍大学
⑮	黄埔	黄埔陸軍軍官学校
⑯	その他の軍校	その他の軍事学校（表中に記されているもの以外の国内の軍事学校を指す）
⑰	行武	行武、緑林
⑱	科挙	科挙試験合格
⑲	旧式学校	旧式学校
⑳	新式学校	新式学校
	港大	香港大学（その人数は極めて少ない）
	専門	専門学校
	特殊教育	王族、活仏（チベット仏教高僧など）等が受ける家庭教育
	滞外	長期にわたり外国に滞在 （例：国民党元老の一人であった張静江はフランスに長期滞在した）
	トルコ	ドルコ留学
	北大教授	北京大学教授
	非留学	留学経験なし
	不詳	学歴状況の記録なし
	資料なし	資料的な制限により、その人物の資料が入手できなかった。但し、人数が極めて少ない場合には、分析結果に大きな影響を与えない限り、「不詳」とする。

国民政府委員会 (1928.10 − 38.1)	
主席	
蔣中正	②
林森	教中
委員	
蔣中正	②
譚延闓	⑱
胡漢民	①
戴傳賢	①
王寵惠	(c)①③
馮玉祥	⑰
孫科	③
陳果夫	⑯
何應欽	②
李宗仁	⑯
楊樹荘	⑯
閻錫山	②②
李済深	⑬⑭
林森	教中
張学良	⑯
趙戴文	①
朱培徳	⑯
唐生智	⑬
于右任	⑨
邵元沖	③
張人傑(静江)	滞仏
丁惟汾	①
張継	①
宋子文	⑨→③
葉楚傖	⑱
邵力子	⑫
陳銘枢	⑬
劉蘆隠	③
韓復榘	⑰
劉峙	①短⑬
何成濬	②②
劉湘	⑯
張作相	⑰
王樹翰	⑱
呉鐵城	①
張景恵	⑯

国民政府委員会 (1938.1 − 47.4)	
主席	
林　森	教会
蔣中正	②
委員	
唐紹儀	③
張人傑(静江)	滞仏
蔡元培	⑱⑥
蕭佛成	泰家教
謝持	⑲
李烈鈞	②②
鄒魯	①
葉楚傖	⑱
宋子文	⑨→③
王伯群	①
王法勤	滞日
熊克武	②
閻錫山	②②
馮玉祥	⑰
劉尚清	⑳
柏文蔚	⑱
經亨頤	①
孔祥熙	③
楊庶堪	⑱
劉守中	⑲
班禪額尓徳尼	蔵活仏
李文范	①
汪兆銘	①
雲端旺楚克	王族
馬良	⑯
章嘉呼圖克圖	蒙活仏
陳果夫	⑯
陳濟棠	⑯
馬麟	⑰
沙克都尓扎布	
宋慶齢	③
胡毅生	⑲①
劉哲	⑪
許崇智	②
樂景涛	不詳
焦易堂	⑫

国民政府委員会 (1947.4 − 48.5)	
主席	
蔣中正	②
副主席	
孫科	③
委員	
蔣中正	②
張群	⑬②②
孫科	③
居正	①
戴傳賢	①
于右任	⑨
陳啓天	⑫
伍憲子	⑲
宋子文	⑨→③
張繼	①
鄒魯	①
翁文灝	③
王寵惠	(c)①③
章嘉呼圖克圖	蒙活仏
邵力子	⑫
蔣梦麟	⑨→③
鈕永建	⑱②⑥
呉忠信	⑯
陳布雷	⑱⑳
曾崎	①⑤
余家菊	⑨④
何魯之	⑤
胡海門	*
戢翼翹	(c)②②
王世傑	(c)④⑤
莫徳惠	⑳
陳輝徳	③
王雲五	独学
鮑尓漢	⑥
常乃悳	⑫
徐傅霖	⑱①
丁惟汾	①
黄紹竑	⑬
顔惠慶	③

総統府 (1948.5 − 49.10)	
総統	
蔣中正	②
委員	
王征	③
彭昭賢	⑦
何浩若	⑩②
王雲五	独学
厖松舟	*
彭昭賢	⑦
王世傑	(c)⑤④⑤
何應欽	②
徐堪	⑳
朱家驊	⑥
謝冠生	⑥⑤
左舜生	⑤
陳啓天	⑫
兪大維	⑨→③⑥
谷正綱	⑥
薛篤弼	⑳
李敬齋	③
周詒春	⑨→③
關吉玉	⑥
孫越崎	③
許世英	⑱
劉維熾	③
厖松舟	*
雷震	①
董顯光	③
林可勝	④
劉静遠	
何浩若	⑩③
(以上 2.22)	
張群	⑬②②
翁文灝	③
張治中	⑬
陳立夫	③
朱家驊	⑥
張厲生	⑤
洪蘭友	⑨
呉鐵城	①

国民政府委員会 (1928.10 − 38.1)		国民政府委員会 (1938.1 − 47.4)		国民政府委員会 (1947.4 − 48.5)		総統府 (1948.5 − 49.10)	
劉尚清	⑳	馮自由	①			徐永昌	⑯⑭
孔祥熙	③	于右任	⑨			梅貽琦	⑨→③
王伯群	①	戴傳賢	①			梅汝璈	⑩→③
王正廷	③	居正	①			鐘天心	*
馬福祥	⑱⑯	孫科	③			呉尚鷹	③
劉瑞恒	③	朱家驊	⑥			白雲梯	⑳
龍雲	⑯	覃振	①			戴愧生	⑲
徐永昌	⑯⑭	鈕永建	⑱②⑥			金宝善	①
陳調元	⑬⑭	張繼	①				
何鍵	⑬	麦斯武徳	トルコ				
施肇基	③	周鐘岳	①				
鈕永建	⑱②⑥	魏懐	不詳				
汪兆銘	①	翁文灝	③				

国民政府委員会 (1928.10 − 38.1)		国民政府委員会 (1938.1 − 47.4)		国民政府委員会 (1947.4 − 48.5)		総統府 (1948.5 − 49.10)	
交通部		交通部		交通部		交通部	
部長		張嘉璈	①	兪大維	⑨→③⑥	兪大維	⑨→③⑥
王伯群	①	曾養甫	③	政務次長		端木愷	③
陳銘枢	⑬	兪飛鵬	⑯	譚伯羽	⑥	政務次長	
黄紹紘	⑬	兪大維	⑨→③⑥	常務次長		譚伯羽	⑥
朱家驊	⑥	政務次長		凌鴻勳	③		
顧孟余	⑥	彭学沛	⑧①	資源委員会			
兪飛鵬	⑯	徐恩曾	③	委員長			
政務次長		沈怡	⑥	錢昌照	④		
李仲公	③	龔学隧	①	副委員長			
兪飛鵬	⑯	譚伯羽	⑥	翁文灝	③		
陳孚木	⑯	常務次長		中国駐日代表團			
兪飛鵬	⑯	盧作孚	⑳	團長			
彭学沛	⑧①	潘宜之	⑬	商震	⑯		
常務次長		凌鴻勳	③	副團長			
韋以黻	⑫③			沈覲鼎	①③		
兪飛鵬	⑯						
張道藩	④⑤						
彭学沛	⑧①						
盧作孚	⑳						

国民政府委員会（1928.10 － 38.1）	
行政院	
院長	
譚延闓	⑱
宋子文	⑨→③
蔣中正	②
陳銘枢	⑬
孫科	③
汪兆銘	①
蔣中正	②
孔祥熙	③
王寵惠	(c)①③
副院長	
馮玉祥	⑰
宋子文	⑨→③
陳銘枢	⑬
宋子文	⑨→③
孔祥熙	③
秘書處秘書長	
呂芯籌	不詳
鄭洪年	⑲
曾仲鳴	⑤
諸民誼	①⑤
翁文灝	③
政務處長	
陳融	⑲
許静芝	⑯
彭学沛	⑧①
蔣廷黻	③
何廉	③

国民政府委員会（1938.1 － 47.4）	
行政院	
院長	
蔣中正	②
王寵惠	(c)①③
孔祥熙	③
蔣中正	②
宋子文	⑨→③
副院長	
孔祥熙	③
張群	⑬②②
孔祥熙	③
翁文灝	③

国民政府委員会（1947.4 － 48.5）	
行政院	
院長	
張　群	⑬②②
副院長	
王雲五	独学
政務委員	
李璜	⑤
谷正倫	②
張厲生	⑤
王世傑	(c)⑤④⑤
白崇禧	⑬
兪鴻鈞	⑨
朱家驊	⑥
兪大維	⑨→③⑥
左舜生	⑤
谷正綱	⑥
薛篤弼	⑳
謝冠生	⑤⑥
李敬齋	③
周詒春	⑨→③
彭学沛	⑧①
雷震	①
常乃悳	⑫
陳啓天	⑫
楊永浚	⑥
鄭振文	⑥
兪飛鵬	⑯
李大明	*

総統府（1948.5 － 49.10）	
行政院	
院長	
翁文灝	③
	孫科 ③
何應欽	②
閻錫山	②②
副院長	
顧孟余	⑥
張厲生	⑤
呉鐵城	①
賈景徳	⑱⑱
朱家驊	⑥
政務委員	
張厲生	⑤
王世傑	(c)⑤④⑤
何應欽	②
王雲五	独学
朱家驊	⑥
謝冠生	⑥⑤
左舜生	⑤
陳啓天	⑫
兪大維	⑨→③⑥
谷正綱	⑥
薛篤弼	⑳
李敬齋	③
周詒春	⑨→③
楊永浚	⑥
鄭振文	⑥
董顯光	③

国民政府委員会（1928.10 － 38.1）	
全国禁烟委員会	
秘書長	
朱家驊	⑥

国民政府委員会（1938.1 － 47.4）	
司法行政部	
部長	
謝冠生	⑥⑤
政務次長	
洪陸東	不詳
常務次長	
夏勤	⑳①
謝贏洲	⑤

国民政府委員会（1947.4 － 48.5）	
司法行政部	
部長	
謝冠生	⑥⑤
政務次長	
洪陸東	不詳
常務次長	
謝毓洲	⑤
汪楫宝	*

総統府（1948.5 － 49.10）	
司法行政部	
部長	
謝冠生	⑥⑤
梅汝璈	⑩→③
趙王琛	①
張知本	⑱→①
政務次長	
洪陸東	不詳

国民政府委員会 (1928.10 − 38.1)	
内政部	
部長	
薛篤弼	⑳
閻錫山	②②
趙戴文	①
楊兆泰	⑫
鈕永建	⑱②⑥
劉尚清	⑳
張我華	①
李文范	①
馮玉祥	⑰
彭学沛	⑧①
黄紹紘	⑬
黄郛	②
甘乃光	⑨→③
陶履謙	⑳
蔣作賓	①②
何鍵	⑬
次長	
趙戴文	①
趙丕廉	⑱⑫
政務次長	
樊象離	不詳
呉鐵城	①
陳群	①
彭学沛	⑧①
甘乃光	⑨→③
陶履謙	⑳
程天固	④③
凌璋	⑬

国民政府委員会 (1938.1 − 47.4)	
内政部	
部長	
何健	⑬
周鐘岳	①
張厲生	⑤
政務次長	
凌璋	⑬
張維翰	①
唐縱	(h)
彭昭賢	⑦
常務次長	
張道藩	④⑤
黄季陸	①→③
雷震	①
李宗黄	⑬
王徳溥	家学
胡次威	不詳

国民政府委員会 (1947.4 − 48.5)	
内政部	
部長	
張厲生	⑤
政務次長	
彭昭賢	⑦
常務次長	
胡次威	不詳

総統府 (1948.5 − 49.10)	
内政部	
部長	
張厲生	⑤
彭昭賢	⑦
洪蘭友	⑨
李漢魂	⑬
政務次長	
彭昭賢	⑦
胡次威	不詳
唐縱	(h)
李新俊	?
常務次長	
胡次威	不詳

国民政府委員会 (1938.1 − 47.4)	
社会部	
部長	
谷正綱	⑥
政務次長	
洪蘭友	⑨
常務次長	
黄伯度	①

国民政府委員会 (1947.4 − 48.5)	
社会部	
部長	
谷正綱	⑥
政務次長	
賀衷寒	⑦①
常務次長	
黄伯度	①

総統府 (1948.5 − 49.10)	
社会部	
部長	
谷正綱	⑥
政務次長	
賀衷寒	⑦①

国民政府委員会 (1928.10 − 38.1)		国民政府委員会 (1938.1 − 47.4)		国民政府委員会 (1947.4 − 48.5)		総統府 (1948.5 − 49.10)	
外交部		外交部		外交部		外交部	
部長		部長		部長		部長	
王正廷	③	王寵惠	(c)①③	王世傑	(c)④⑤	王世傑	(c)④⑤
施肇基	③	郭泰祺	③	政務次長		呉鐵城	①
顧維鈞	③?	宋子文	⑨→③	劉師舜	⑩→③	傅秉常	港大
陳友仁	④	蔣中正	①②	常務次長		葉公超	③⑤
羅文干	④	王世傑	(c)④⑤	劉鍇	*	胡適	⑩③
汪兆銘	①	政務次長		葉公超	③④⑤	葉公超	③④⑤
張群	⑬②③	徐謨	③	参事		政務次長	
王寵惠	(c)①③	傅秉常	港大	陳欽仁	⑩→③	劉師舜	⑩→③
政務次長		呉恒幀	*	葉公超	③⑤	葉公超	③④⑤
朱兆莘	⑱③	甘乃光	⑨→③	朱紹陽	*	董霖	③
李錦綸	③	常務次長		呉其玉	⑨→③	常務次長	
傅秉常	港大	曾養甫	③	亞東司司長		葉公超	③④⑤
郭泰祺	③	錢泰	⑱⑤	楊雲竹	①	董霖	③
徐謨	③	胡世澤	⑤	亞西司司長		胡慶育	⑨
常務次長		劉鍇	*	卜道明	⑦	参事	
唐悦良	⑨→③	参事		美洲司司長		朱紹陽	*
張我華	①	林椿賢	*	董霖	③	陳欽仁	⑩→③
王家幀	①	王啓江	⑥	条約司司長		呉其玉	⑨→③
樊光	①	丁紹伋	①	胡慶育	⑨	亞東司司長	
金問泗	(c)③	林東海	*	情報司司長		黄正銘	⑫→④
甘介侯	⑩③	謝維麟	*	何鳳山	*	亞西司司長	
徐謨	③	馮飛	*	礼賓司司長		卜道明	⑦
劉崇傑	①	關霽	*	李駿	④	美洲司司長	
唐有壬	①	張忠糸	③	凌其翰	*	条約司司長	
陳介	①⑥	朱紹陽	*	總務司司長		礼賓司司長	
参事		許念曾	⑨⑤	陳英競	*	凌其翰	*
李錦綸	③	董霖	③	会計處会計長		瀋昌煥	⑨→③
徐東藩	④	陳欽仁	⑩→③	呉世瑞	*	總務司司長	
諸年昌	*	郭斌佳	⑨→③	人事處處長		陳英競	*
朱敏章	*	葉公超	③⑤	于能模	⑤	会計處会計長	
刁敏謙	⑨→④	張源長	③			呉世瑞	*
陳一麟	*	亞洲司司長				人事處處長	
潘連茹	*	高宗武	①			于能模	⑤
樊光	①	楊雲竹	①				
趙泉	*	亞東司司長					
祝惺元	①	楊雲竹	①				
張歆海	⑩③	亞西司司長					
許仕廉	*	鄒尚友	⑦				
朱鶴翔	⑧	徐淑希	③				

外交部	
林春賢	*
王曾思	*
呉頌皐	⑫⑤
王啓江	⑥
譚紹華	*
丁紹伋	①
總務司司長	
樊光	①
宋子文	⑨→③
應尚徳	③
施肇基	(c)→③
林佑根	*
應尚徳	③
李聖五	⑪①④
陳介	①⑥
徐公肅	*
国際司司長	
稽鏡	①
錢泰	⑱⑤
朱鶴翔	⑧
呉頌皐	⑫⑤
亜洲司司長	
周龍光	①
胡世澤	⑤
沈觀鼎	①③
高宗武	①
欧美司司長	
徐　漠	③
張歆海	⑩③
劉師舜	⑩→③
情報司司長	
張維城	⑪
刁敏謙	⑨→④
張祥麟	⑨→③
張似旭	③
呉南如	(c)→④③
李迪俊	⑩→③

外交部	
卜道明	⑦
欧美司司長	
劉師舜	⑩→③
欧洲司司長	
劉師舜	⑩→③
梁龍	④
呉南如	(c)④③
美洲司司長	
段茂瀾	⑤⑩→③
張謙	⑱③
張忠紱	⑩→③
程希孟	*
情報司司長	
李迪俊	⑩→③
朱世明	*
邵毓麟	①
何鳳山	*
条約司司長	
塗允檀	⑫③
王化成	⑩③
胡慶育	⑨
礼賓司司長	
呉南如	(c)→④③
李駿	④
總務司司長	
徐公肅	*
李維果	*
陳英競	*
会計處会計長	
黄慶華	*
呉世瑞	*

警察總監	
呉鉄城	①

国民政府委員会 (1928.10 − 38.1)		国民政府委員会 (1938.1 − 47.4)		国民政府委員会 (1947.4 − 48.5)		総統府 (1948.5 − 49.10)	
軍政部		軍政部		国防部		国防部	
部長		部長		部長		部長	
馮玉祥	⑰	何應欽	②	白崇禧	⑬	何應欽	②
鹿鐘麟	⑭	陳誠	⑬	次長		徐永昌	⑮⑭
陳儀	②②	政務次長		秦徳純	⑬⑭	何應欽	②
鹿鐘麟	⑭	曹浩森	④⑬	林蔚	⑭	閻錫山	②②
朱綬光	②②	錢大鈞	②②	劉士毅	⑬		
何應欽	②	林蔚	⑭	黄鎮球	②⑬		
政務次長		常務次長		鄭介民	②		
張群	⑬②②	陳誠	⑬	参謀總長			
鹿鐘麟	⑭	張定璠	⑯⑬	陳誠	⑬		
朱綬光	②②	兪大維	③⑥	顧祝同	⑬		
陳儀	②②			總長公室主任			
顧祝同	⑬			錢卓倫	⑯		
曹浩森	④⑬			次長			
常務次長				劉斐	②		
鹿鐘麟	⑭			郭懺	⑬		
陳儀	②②			范漢傑	(h)		
曹浩森	④⑬			郭寄	⑬⑭		
陳誠	⑬			方天	(h)		
賑災委員会				黄鎮球	②⑬		
主席				林蔚	⑭		
許世英	⑱						
常務委員							
唐紹儀	③			国民政府委員会 (1947.4 − 48.5)		総統府 (1948.5 − 49.10)	
許世英	⑱			地政部		地政部	
熊希齢	⑱①			部長		部長	
王震	＊			李敬齋	③	李敬齋	③
朱慶瀾	⑱			政務次長		呉尚鷹	③
嚴荘	③			鄭震宇	⑫	政務次長	
劉治洲	上海理化			湯惠蓀	①⑥	湯惠蓀	①⑥
劉紀文	①			常務次長			
劉之龍	⑯			湯惠蓀	①⑥		
賀耀組	②②			鮑徳澂	⑫港大		
張杜蘭	＊						

国民政府委員会 (1928.10 − 38.1)	
財政部	
部長	
宋子文	⑨→③
黄漢梁	⑩→③
宋子文	⑨→③
孔祥熙	③
政務次長	
張寿鏞	⑱
呉尚鷹	③
林康侯	*
張寿鏞	⑱
鄒琳	⑳
常務次長	
李調生	不詳
林康侯	*
賈士毅	①
李調生	不詳
秦汾	(c)③④⑥
徐堪	⑳
参事	
蔣尉仙	*
郭噘霞	⑳
沈慶圻	*
楊同	不詳
呉鏡予	*
李啓深	⑱
周象賢	③
温毓慶	⑩③
鄧勉仁	*
秦景阜	*
楊秉銓	*
李毓万	*
蔡光輝	*
汪漢韜	*

国民政府委員会 (1938.1 − 47.4)	
財政部長	
部長	
孔祥熙	③
兪鴻鈞	⑨
政務次長	
鄒琳	⑳
徐堪	⑳
兪鴻鈞	⑨
魯佩章	⑫
常務次長	
徐堪	⑳
郭秉文	③
顧翊群	b→③ b→③
李悦	③
中央銀行	
理事会常務理事	
宋子文	⑨→③
葉琢堂	不詳
唐寿民	不詳
陳輝徳	③
孔祥熙	③
張嘉璈	①
陳行	③
徐堪	⑳
陳其采	②
總裁	
孔祥熙	③
兪鴻鈞	⑨
貝祖詒	⑨
張嘉璈	①
副總裁	
陳行	③
張嘉璈	①
劉攻芸	⑨→③④

国民政府委員会 (1947.4 − 48.5)	
財政部	
部長	
兪鴻鈞	⑨
政務次長	
徐柏園	③
常務次長	
楊道樾	*
中央銀行	
理事会常務理事	
宋子文	⑨→③
陳行	③
陳輝徳	③
孔祥熙	③
張嘉璈	①
陳其采	②
徐堪	⑳
(以上均原兼)	
兪鴻鈞	⑨
総裁	
張嘉璈	①
兪鴻鈞	⑨
副総裁	
劉攻芸	⑨→③④

総統府 (1948.5 − 49.10)	
財政部	
部長	
王雲五	独学
徐堪	⑳
劉攻芸	⑨→③④
徐堪	⑳
關吉玉	⑥

国民政府委員会 (1928.10 − 38.1)	
中央銀行	
理事会常務理事	
宋子文	⑨→③
陳行	③
姚泳白	*
王宝崙	*
葉琢堂	不詳
唐寿民	不詳
徐奇盧	*
陳輝徳	③
呉鼎昌	⑱→①
夏鵬	*
孔祥煕	③
張嘉璈	①
徐堪	⑳
総裁	
宋子文	⑨→③
徐奇盧	*
宋子文	⑨→③
孔祥煕	③
副総裁	
陳行	③
徐奇盧	*
陳行	③
張嘉璈	①

国民政府委員会 (1938.1 − 47.4)	
經濟部	
部長	
翁文灝	③
王雲五	独学
政務次長	
秦汾	(c)③④⑥
譚伯羽	⑥
肖錚	⑥
常務次長	
何廉	③
潘宜之	⑬
譚伯羽	⑥
潘序倫	⑨→③

国民政府委員会 (1947.4 − 48.5)	
經濟部	
部長	
李璜	⑤
陳啓天	⑫
政務次長	
蕭錚	⑥
張子柱	⑤
常務次長	
潘序倫	⑨→③
童季齡	*

総統府 (1948.5 − 49.10)	
經濟部	
部長	
孫越崎	③
劉航深	⑪
嚴家淦	⑨
政務次長	
簡貫三	*
政務委員	
張厲生	⑤
何應欽	②
王雲五	独学
朱家驊	⑥
左舜生	⑤
谷正綱	⑥
兪大維	⑨→③⑥
王世傑	(c)④⑤
謝冠生	⑥⑤
劉維熾	③
雷震	①
周詒春	⑨→③
李敬齋	③
陳啓天	⑫
董顯光	③
徐堪	⑳
孫越崎	③
關吉玉	⑥
楊永浚	⑥
薛篤弼	⑳
鄭振文	⑥
許世英	⑱

賑務委員会委員長	
許世英	⑱
張瀾	①
常務委員	
許世英	⑱
劉鎮華	⑱⑲
王震	*
汪守珍	⑱
朱慶瀾	⑱
何紹南	*
唐宗郭	*家教

賑濟委員会	
委員長	
孔祥煕	③
許世英	⑱
副委員長	
屈映光	赤城公学

国民政府委員会 (1928.10 − 38.1)		国民政府委員会 (1938.1 − 47.4)		国民政府委員会 (1947.4 − 48.5)		総統府 (1948.5 − 49.10)	
農礦部		粮食部		粮食部		粮食部	
部長		部長		部長		部長	
易培基	⑲①	徐堪	⑳	谷正倫	②	關吉玉	⑥
政務次長		谷正倫	②	俞飛鵬	⑯	政務次長	
麦煥章	⑤	政務次長		政務次長		陳良	①
蕭瑜	⑤	劉航深	⑪	厐松舟			
常任次長		端木愷	③	端木愷	③		
曾養甫	③	厐松舟	*	關吉玉	⑥		
陳郁	①	常務次長		常務次長			
参事		厐松舟	*	趙龍文	⑳		
陳郁	①			陳良	①		
李毓尭	④						
俞同奎	④						
金問泗	(c)③						
方叔章	*						

国民政府委員会 (1938.1 − 47.4)		国民政府委員会 (1947.4 − 48.5)		総統府 (1948.5 − 49.10)	
農林部		農林部		農林部	
部長		部長		部長	
陳濟棠	⑯	左舜生	⑤	左舜生	⑤
沈鴻烈	②	政務次長		政務次長	
盛世才	①陸大	嚴慎予	不詳	謝澄平	*
谷正綱	⑥	謝澄平	*		
周詒	⑨→③	常務次長			
政務次長		錢天鶴	⑩→③		
林翼中	⑫	周昌芸	⑥		
雷法章	⑨				
彭吉元	①				
郭大鳴	*				
嚴慎予	不詳				
常務次長					
錢天鶴	③				

善后救濟總署38−45	
署長	
蔣廷黻	③
霍宝樹	⑨→③
副署長	
鄭道儒	不詳
李卓敏	*

南京国民政府成員学歴総表

国民政府委員会 (1928.10－38.1)		国民政府委員会 (1938.1－47.4)		国民政府委員会 (1947.4－48.5)		総統府 (1948.5－49.10)	
工商部		實業部				工商部	
部長		部長				部長	
孔祥熙	③	孔祥熙	③			陳啓天	⑫
政務處長		陳公博	⑪→③			劉維熾	③
鄭洪年	⑲	呉鼎昌	⑱→①			政務次長	
常任次長		政務次長				張子柱	⑤
穆湘玥	③	鄭洪年	⑲			簡貫三	＊
参事		郭春涛	⑪⑤				
徐維震	⑫大③	劉維熾	③				
呂咸	⑪	程天固	④③				
汪漢韜	＊	常務次長					
劉奎度	＊	穆湘玥	③				
嚴荘	③	趙錫恩	⑳				
朱懋澄	＊キリスト	許錫清	⑪				
總務司司長		劉維熾	③				
高秉坊	金陵大	谷正綱	⑥				
工業司司長		周詒春	⑨→③				
呉健	⑨→③						
成鱗	＊						
商業司司長							
張軼歐	⑧						
勞工司司長							
朱懋澄	＊キリスト						
嚴荘	③						

国民政府委員会 (1928.10-38.1)		国民政府委員会 (1938.1－47.4)		国民政府委員会 (1947.4－48.5)		総統府 (1948.5－49.10)	
禁烟委員会		全国水利委員会		水利部		水利部	
主席		(41.9－47.4)		部長		部長	
張之江	⑰	主任委員		薛篤弼	⑳	薛篤弼	⑳
委員長		薛篤弼	⑳	政務次長		鐘天心	＊
張之江	⑰	副主任委員		沈百先	③	政務次長	
劉瑞恒	③	沈百先	③	常務次長		沈百先	③
副委員長				馬兆驤	＊	主計長	
劉之龍	⑯					徐堪	⑳
鈕永建	⑱②⑥					厖松舟	＊
鄧哲熙	⑫①						

国民政府委員会 (1928.10 — 38.1)		国民政府委員会 (1938.1 — 47.4)		国民政府委員会 (1947.4 — 48.5)		総統府 (1948.5 — 49.10)	
教育部		教育部		教育部		教育部	
部長		部長		部長		部長	
蔣梦麟	⑨→③	陳立夫	③	朱家驊	⑥	朱家驊	⑥
高魯	⑧	朱家驊	⑥	政務次長		梅貽琦	⑨→③
蔣中正	②	政務次長		杭立武	⑨→③④	陳雪屏	⑪→③
李書華	⑤	顧毓秀	③	常務次長		杭立武	⑨→③④
朱家驊	⑥	朱經農	④③	田培林	⑥	政務次長	
段錫朋	①③④⑤⑥	杭立武	⑨→③④	参事		杭立武	⑨→③④
翁文灝	③	常務次長		但蔭孫	*	陳雪屏	⑪→③
王世傑	(c)④⑤	張道藩	④⑤	王伯琦	*	呉俊升	⑤
政務次長		余井塘	⑧	劉英士	③	常務次長	
馬叙倫	⑲短期日	頼璉	⑨→③	陳石珍	*	田培林	⑥
劉大白	①	杭立武	⑨→③④	黄龍先	③④	参事	
李書華	⑤	田培林	⑥	楊菊潭	①	但蔭孫	*
陳布雷	⑱⑳	参事		高等教育司		王伯琦	*
段錫朋	⑪③④⑤⑥	孟寿椿	③	司長		劉英士	③
常務次長		陳礼江	③	周鴻經	④	中等教育司司長	
呉震中	*	盧峻	*	中等教育司司長		呉兆棠	①⑥
劉大白	①	楊菊潭	①	曹芻		国民教育司司長	
黄建中	④	楊兆龍	⑨→③⑥	呉兆棠	①⑥	呉研因	*
朱經農	①③	陳蠷藻	*	国民教育司司長		社会教育司司長	
陳布雷	⑱⑳	王汝昌	*	顧樹森	④	莫千里	*
錢昌照	④	沈俊升	*	呉研因	*	邊疆教育司司長	
参事		趙太侔	*	社会教育司司長		凌純声	⑨⑤
朱葆勤	*	但蔭孫	*	黄如今	*	總務司司長	
楊芳	*	王伯鏗	*	莫千里	*	賀師俊	*
孟寿椿	③	高等教育司司長		邊疆教育司司長		会計處会計長	
黄建中	④	黄建中	④	凌純声	⑨⑤	廖国麻	*
陳石珍	*	呉俊升	⑤	總務司司長		邊疆文化教育館館長	
趙迺傳	⑪③	趙太侔	*	賀師俊	*	凌純声	⑨⑤
姜紹謨	⑪	周鴻經	④	国際文化教育事業處處長		国立編訳館館長	
張忠道		普通教育司司長		湯吉禾	③	趙士卿	⑥
伍俶	*	顧樹森	④	会計處会計長			
陳澧藻	*	中等教育司司長		廖国麻	*		
總務司司長		章益	⑫→③	人事處處長			
余文燦	①	常道直	*	万紹章	*		
姜紹謨	⑪	曹芻	*	統計處統計長			
張修楠	*	国民教育司司長		王萬鐘	*		
雷震	①	顧樹森	④				
高等教育司司長		社会教育司司長					
黄建中	④	陳礼江	③				

国民政府委員会 (1928.10 − 38.1)		国民政府委員会 (1938.1 − 47.4)	
孫本文	⑪③	王星舟	⑫
郭心崧	①	劉季洪	③
沈鵬飛	⑪③	楊宙康	*
黄建中	④	黄如今	*
普通教育司司長		總務司司長	
朱經農	①③	雷震	①
顧樹森	④	章益	⑫→③
社会教育司司長		蔣志澄	⑫⑥
陳劍修	⑪④	賀師俊	*
楊廉	③	蒙藏教育司司長	
李蒸	⑫③	張廷休	⑨
張炯	⑪	駱美矣	*
陳礼江	③	彭百川	*
蒙藏教育司司長		凌純声	⑨⑤
陳劍修	⑪④	会計處会計長	
顧樹森	④	呉世瑞	*
国立編譯館館長		廖国麻	*
辛樹幟	①⑥	統計處統計長	
陳可忠	*	王万鐘	*
		人事處處長	
		章紹烈	⑫
		万紹章	*
		總務司司長	
		雷震	①
		章益	*
		蔣志澄	*
		賀師俊	*
		中央圖書館	
		館長	
		蔣俊瑰	*
		国立編譯館	
		館長	
		陳可忠	*

国民政府委員会 (1928.10 – 38.1)	
鐵道部	
部長	
孫科	③
薩福均	⑩③
会計處会計長	
張競立	①

国民政府委員会 (1938.1 – 47.4)	
鐵道部	
部長	
孫科	③
連声海	①
葉恭綽	⑨→③
汪兆銘	①
顧孟余	⑥
張嘉璈	①
政務次長	
連声海	①
錢宗澤	⑬⑭
曾仲鳴	⑤
曾養甫	③
常務次長	
王征	③
黎照寰	③
黄漢梁	⑩→③
劉展超	①
劉維熾	③
陳耀祖	不詳
曾仲鳴	⑤
呂芯籌	不詳
曾養甫	③

国民政府委員会 (1928.10 － 38.1)	
衛生部	
部長	
薛篤弼	⑳
劉瑞恒	③
政務次長	
胡毓威	不詳
胡若愚	⑯
常任次長	
劉瑞恒	③
参事	
孟広澎	不詳
曹寿隧	不詳
劉武	*
姜文熙	*
黄子芳	*

国民政府委員会 (1938.1 － 47.4)	
衛生部	
部長	
薛篤弼	⑳
劉瑞恒	③
政務次長	
胡毓威	不詳
胡若愚	⑯
常務次長	
劉瑞恒	③
全国粮食管理局	
局長	
盧作孚	⑳

国民政府委員会 (1947.4 － 48.5)	
衛生部	
部長	
周詒春	⑨→③
政務次長	
金宝善	①
常務次長	
嚴慎予	不詳

総統府 (1948.5 － 49.10)	
衛生部	
部長	
周詒春	⑨→③
林可勝	④
朱章庚	*
金宝善	①
常務次長	
金宝善	①
袁貽瑾	xh ③
朱章庚	*
常務次長	
嚴慎予	不詳
王祖祥	⑪③

国民政府委員会 (1928.10 － 38.1)	
僑務委員会	
委員長	
林森	教会
呉鐵城	①
陳樹人	①
副委員長	
周啓剛	僑不詳

国民政府委員会 (1938.1 － 47.4)	
僑務委員会	
委員長	
陳樹人	①
副委員長	
周啓剛	僑不詳

国民政府委員会 (1947.4 － 48.5)	
僑務委員会	
委員長	
劉維熾	③
副委員長	
周啓剛	僑不詳
周雍能	⑫
林慶年	*

総統府 (1948.5 － 49.10)	
僑務委員会	
委員長	
劉維熾	③
戴愧生	⑲
副委員長	
林慶年	
周雍能	⑫
章渊若	⑫⑤
陳耀垣	米僑
黄天爵	⑫

国民政府委員会 (1928.10 － 38.1)	
建設委員会	
委員長	
張人傑（静江）	滞仏
副委員長	
曾養甫	③

国民政府委員会 (1928.10 – 38.1)		国民政府委員会 (1938.1 – 47.4)		国民政府委員会 (1947.4 – 48.5)		総統府 (1948.5 – 49.10)	
蒙藏委員会		蒙藏委員会		蒙藏委員会		蒙藏委員会	
委員長		委員長		委員長		委員長	
閻錫山	②②	呉忠信	⑯	許世英	⑱	許世英	⑱
馬福祥	⑱⑯	羅良鑒	＊	副委員長		白雲梯	⑳
石青陽	⑱①	副委員長		趙丕廉	⑱⑫	關吉玉	⑥
黄慕松	②②	趙丕廉	⑱⑫	白雲梯	⑳	周昆田	＊
林雲陔	③			喜饒嘉錯	⑳	副委員長	
呉忠信	⑯					白雲梯	⑳
副委員長						喜饒嘉錯	⑳
趙戴文	①					周昆田	＊
馬福祥	⑱⑯						
王之覺	不詳						
趙丕廉	⑱⑫						

国民政府委員会 (1928.10 – 38.1)		国民政府委員会 (1938.1 – 47.4)		国民政府委員会 (1947.4 – 48.5)		総統府 (1948.5 – 49.10)	
衛生署		衛生署		善后事業委員会		中国駐日代表團	
署長		署長		王雲五	独学	團長	
劉瑞恒	③	金宝善	①	全国經濟委員会		商震	⑯
海港檢驗處處長		副署長		委員長		朱世明	＊
伍連徳	④③	沈克非	⑨→③	宋子文	⑨→③	副團長	
		方頤積	協和→④③	張群	⑬②②	沈覲鼎	①③
		地政署		翁文灝	③		
		署長		新聞局			
		鄭震宇	北師大	局長			
		副署長		董顯光	③		
		祝平	⑥	副局長			
		湯惠蓀	①⑥	曾虛白	③		
		圖書雜志審査会		鄧友徳	＊		
		主任委員					
		潘公展	⑨				
		印維廉	＊				
		委員長					
		呉忠信	⑯				
		羅良鑒	＊				
		副委員長					
		趙丕廉	⑱⑫				

国民政府委員会 (1928.10 − 38.1)		国民政府委員会 (1938.1 − 47.4)		国民政府委員会 (1947.4 − 48.5)		総統府 (1948.5 − 49.10)	
立法院		立法院		立法院		立法院	
院長		院長		院長		院長	
胡漢民	①	孫科	②	孫科	②	孫科	②
林森	教中	副院長		副院長		童冠賢	①②⑥④
邵元沖	②	葉楚傖	⑱	呉鐵城	①	副院長	
張継	①	魏道明	⑤	陳立夫	②	陳立夫	②
孫科	②					劉建群	⑳
副院長							
林森	教中						
邵元沖	②						
覃振	①						
邵元沖	②						
葉楚傖	⑱						

国民政府委員会 (1928.10 − 38.1)		国民政府委員会 (1938.1 − 47.4)		国民政府委員会 (1947.4 − 48.5)		総統府 (1948.5 − 49.10)	
司法院		司法院		司法院		司法院	
院長		院長		院長		院長	
王寵惠	(c)①②	居正	①	居正	①	王寵惠	(c)①②
伍朝枢	②	副院長		副院長		副院長	
居正	①	覃振	①	覃振	①	石志泉	①
副院長						最高法院	
張継	①					夏勤	⑳①
居正	①					謝瀛洲	⑤
覃振	①						
行政司法部							
部長							
魏道明	⑤						
朱履和	④						
羅文干	④						
居正	①						
王用賓	①						
謝冠生	⑥⑤						
最高法院							
徐元誥	①						
林翔	⑱①						
居正	①						
焦易堂	⑳						

国民政府委員会 (1928.10 – 38.1)		国民政府委員会 (1938.1 – 47.4)		国民政府委員会 (1947.4 – 48.5)		総統府 (1948.5 – 49.10)	
考試院		考試院		考試院		考試院	
院長		院長		院長		院長	
戴傳賢	①	戴傳賢	①	戴傳賢	①	張伯苓	②不長
鈕永建	⑱②⑥	副院長		副院長		副院長	
戴傳賢	①	鈕永建	⑱②⑥	周鐘岳	①	賈景徳	⑱
副院長		朱家驊	⑥	考試院銓叙部		鈕永建	⑱②⑥
孫科	③	周鐘岳	①	部長		考試院考選部	
劉蘆隠	③	考試院考選委員会		賈景徳	⑱	部長	
鈕永建	⑱②⑥	委員長		政務次長		田炯錦	⑪②
考試院考選委員会長		陳大齊	①	王子壮	⑪	政務次長	
戴傳賢	①	副委員長		常務次長		沈士遠	*北大教授
邵元冲	③	沈士遠	北大教授	馬洪煥	①	常務次長	
王用賓	①	考試院銓叙部				馬国琳	*
陳大齊	①	部長				考試院銓叙部	
副委員長		石瑛	④海軍			部長	
邵元冲	③	鈕永建	⑱②⑥			沈鴻烈	②
王用賓	①	李培基	⑰			政務次長	
陳大齊	①	賈景徳	⑱			皮作瓊	⑤
許崇智	②	政務次長				常務次長	
沈士遠	北大教授	王子壮	⑪			馬洪煥	①
		常務次長					
		馬洪煥	①				

国民政府委員会 (1928.10 − 38.1)		国民政府委員会 (1938.1 − 47.4)		国民政府委員会 (1947.4 − 48.5)		総統府 (1948.5 − 49.10)	
監察院		監察院		監察院		監察院	
院長		院長		院長		院長	
蔡元培	⑱⑥	于右任	⑨	于右任	⑨	于右任	⑨
趙戴文	①	副院長		副院長		副院長	
于右任	⑨	許崇智	②	黄紹竑	⑬	劉哲	⑪
副院長		劉尚清	⑳	劉　哲	⑪	監察院審計部	
陳果夫	⑯	監察院審計部		監察院審計部		審計長	
丁惟汾	①	部長		部長		林雲陔	③
許崇智	②	林雲陔	③	林雲陔	③	劉紀文	①
監察院審計部		政務次長				張承樵	①
部長		劉紀文	①			副審計長	
茹欲立	①	常務次長				陳元瑱	*
李元鼎	①	王藉田	*			蔡屏藩	①
陳之碩	不詳	李崇實	*			司法院最高法院	
林雲陔	③	蔡屏藩	①			院長	
副部長						居正	①
李元鼎	①					行政法院	
						院長	
						張知本	

参考文献

(一) 一次資料、文献
1. 近代教育史、制度、統計、年鑑
1) 郭卿友主編『中華民国期軍政職官誌』甘粛人民出版社　1990年
2) 『第一次中国教育年鑑』(丙編教育概況)　民国23年
3) 舒新城編『中国近代教育史資料』(上・中・下冊)　人民教育出版社　1985年　第2版
4) 房兆楹輯『清末民初洋学学生題名録初輯』中央研究院近代史研究所史料叢刊　1962年
5) 学部総務司『第一次教育統計図表(光緒三十三年)』中国出版社　1973年
6) 劉真主編『留学教育‐中国留学教育史料』台湾国立編訳館　1980年
7) 教育部教育年鑑編纂委員会『中国教育年鑑』(第2次)　上海、商務印書館　1948年
8) 中国教育年鑑編輯部編『中国教育年鑑』(1949−1958)　中国大百科全書出版社　1988年
9) 教育部教育年鑑編纂委員会『中國教育年鑑』(第3次)　世界書局　1952年2月
10) 教育部統計室『全国高等教育統計』商務印書館　1936年
11) 朱有瓛主編『中国近代学制史料』華東師範大学出版社　1983年
12) 『清末各省官自費、留日学生姓名表』文海出版社　影印版
内容：各省官費自費畢業学生姓名表(自光緒三十四年九月起至宣統三年七月止)、東京国大学遊学生姓名籍貫入学年分学科成績表、宣統元年考入大学、高等専門学校学生姓名表、宣統元年考入五校学生姓名表、各校各生履歴清冊
13) 陳学恂、田正平編『中国近代教育史資料編』第六巻「留学教育」上海教育出版社　1991年
14) 李楚材編『帝国主義侵華教育史資料：教会教育』北京、教育科学出版社　1987年

15) 秘書処『教育統計・山西省統計年鑑』秘書処　1943年
16) 秘書処統計室『教育・湖北省年鑑』武昌統計室　1937年
17) 多賀秋五郎『近代中国教育史資料：清末編、民国編』日本学術振興会　1972－76年

２．近代教育史（日本語）
18) 文部省調査普及局調査課『現代中国の教育事情』東興書院　1949年
19) 大村欣一『在支外人設立学校外観』東亜同文書院研究部　1921年
20) 満鉄調査課「北京に於ける欧米人経営の学校及病院」『満蒙の文化』1920年10月
21) 滬城学人「反日抗日の黒幕要人」『支那』昭和11年　第27巻第11号
22) 外務省文化事業部「支那ニ於ケル中国医育機関」『興亜院調査月報』1941年7月
23) 伏見猛爾「支那の教育宗旨 ── 思想、教育、宗教、教育、学術に関する調査報告速記録」政務部　1940年
24) 丸山幸一郎、丸山昏迷『北京大学の歴史と現状』警察堂　1922年1月

３．個々の大学校史
北京の大学
25) 公時「北京大学之成立及其沿革」『東方雑誌』　1919年
26) 蕭超然『北京大学与五四運動』北京大学出版社　1986年
27) 静観「国立北京大學之内容」『東方雑誌』　1919年3月
28) 陳初編「民国七年国立北京大学職員履歴表」『京師訳学館校友録』文海出版社　1931年
29) 蕭超然等著『北京大学校史：1898－1949』〔増訂本〕北京大学出版社1988年
30) 清華大学中共党史教研組編『赴法勤工倹学運動史料』（第１－３冊）北京出版社　1979－81年
31) 清華大学校史編写組編『清華大学校史稿』北京　中華書局　1981年
32) 清華学校編『遊美同学録』北京　1917年
33) 蘇雲峰『従清華学堂到清華大学（1911－29）』中央研究院近代史研究所専刊（79）民国85年

34) 北京師範大学校史年写組編『北京師範大学校史：1902年－1982年』北京師範大学出版社　1982年
35) 〔本書〕編輯組『学府叢刊：北京師範大学校友会友録（第1輯）北京師範大学出版社　1985年
36) 中国協和医科大学編『中国協和医科大学校史：1917－1987』北京科学技術出版社　1987年
37) 中国人民政治協商会議北京市委員会文史資料研究委員会編『話説老協和』北京、中国文史出版社　1987年
38) 羅家倫、毛子水「国立北京大學」『中華民国大學誌』中国新聞出版公司　1953年
39) *Addresses and Papers, Dedication Ceremonies and Medical Conference, Peking Union Medical College, September* 15-22.1921, Concord, N, H.: Rumford Press, 1922.
40) W. S. Carter, *The First Five Years of the Peking Union Medical College,* The China Medical Journal 40 （1926）
41) Raymond Fosdick, *The Story of the Rockefeller Foundation,* New York: Harper & Brother, 1952.
42) Mary E. Ferguson, *China Medical Board and Peking Union Medical College,* New York: China Medical Board of New York, Inc., 1970.
43) Laurence A. Schneider, *The Rockefeller Foundation, the China Foundation, and the Development of Modern Science in China,* Social Science and Medicine, 16 （1982）
44) John Z. Bowers, *Western Medicine in a Chinese Palace: Peking Union Medical College,* 1917-1951, New York: The Josiah Macy Jr. Foundation, 1972.
45) Mary B. Bullock, *An American Transplant: The Rockefeller Foundation and Peking Union Medical College.*

上海の大学

46) 黄美真、石源華、張雲編『上海大学史科』復旦大学出版社　1984年
47) 中共上海市委員会党史資料編集委員会編『上海大学：1922－1927年』上海社会科学出版社、1986年
48) 復旦大学校史編写組編『復旦大学志』（第1巻）復旦大学出版社　1985年

49)〔本書〕編写組編『交通大学校史：1896－1949』上海教育出版社　1986 年
50)〔本書〕撰写組編『交通大学校史資料選編』（第1・2巻）西安交通大学出版社　1986 年
51) 翁智遠主編『同済大学史』（第1巻）上海同済大学出版社　1987 年

教会大学（ミッション系大学）

52) 中華基督教教育会「基督教中學學生人数統計」『教育期刊』1934 年
53) 黄溥「最近十年之基督教学校」『教育期刊』1936 年 3 月
54) 福建基督教教育会「福建基督教教育会調査統計」『教育期刊』1934 年
55) 嶺南大學「抗戦以來的嶺南大學」、『教育雑誌』、1941 年 1 月
56) 繆秋笙、畢範宇「基督教中学校宗教教育的研究」『中華基督教教育季刊』1930 年
57) 繆秋笙「基督教中學校最近概況」『教育期刊』1933 年 9 月
(58) 繆秋笙「基督教大學最近概況」『教育期刊』1933 年 9 月
59) 檀仁海「基督教育調査的報告」『教育期刊』1933 年 9 月
60) 胡適「今日教会教育的難関」『独立評論』1930 年『胡適文存三集』
61) 紀暁「全国接受外国津貼的高等学校的概況」『人民教育』1951 年 3 月号
62) 陸定一「在処理接受美国津貼的高等学校会議上的講話」『人民教育』1951 年 3 月号
63)「中央教育部召開『処理接受外国津貼的高等学校会議』」『新華月報』1951 年 2 月
64) 馬叙倫「処理接受外国津貼的高等学校会議的開幕詞」『人民教育』1951 年 2 月号
65) 植田捷雄「支那に於けるミッションスクールの法的地位」『外交時報』1941 年 6 月
66) 徐以驊、韓信昌『聖約翰大学』河北出版社　2003 年
67) 呉梓明『基督教大学的華人校長研究』福建教育出版社　2001 年
68) 嶺南大學秘書処『二十五年來之嶺南大學』1927 年 6 月
69) 燕京大学学生自治会『燕大三年』燕京大学学生自治会　1948 年
70) 輔仁大学校友会編委会〔本書〕編輯組編『風雲録』北京師範大学出版社　1985 年
71) Dwight Edwards, *Yenching University,* New York: United Board for Christian

Higher Education, 1959.
72) Mary Lamberton, *St. John's University,* 1955.
73) J. W. Dyson, *The Science College,* W. B. Nance (ed.) *Soochow University,* New York, 1956.
74) Jessie Lutz, *China and the Christian College 1850-1950,* 1971
75) William Fenn, *Christian Higher Education in Changing China 1880-1950,* 1976.
76) Lawrence Thurston & Ruth M. Chester, ed. *United Board for Christian Colleges in China,* 1955.

その他の大学

77) 西南聯合大学北京校友会編『国立西南聯合大学五十周年紀念文集』中国文史出版社　1988年
78) 西北大学校史編写組編『西北大学校史稿』（解放前部分）西北大学出版社　1987年
79) 南京大学高教研究所編『南京大学大事記：1902－1988』南京大学出版社　1989年
80) 中共南京大学委員会宣伝部編『南京大学新聞集錦』（1978－1987）南京大学出版社　1988年
81) 中国著名高等院校概況叢書『廈門大学』北京知識出版社　1985年
82) 〔本書〕編写組編『湖南第一師範校史：1903－1949』上海教育出版社　1983年
83) 四川大学校史編写組編『四川大学史稿』成都、四川大学出版社　1985年
84) 『広州大学第二十一届畢業同学録』広州大学　1947年
85) 武継忠、賀秦華、劉桂香『延安抗大』文物出版社　1985年
86) 黄福慶編『近代中国高等教育研究：国立中山大学』（1924－1937）台北中央研究院近代史研究所　1988年
87) 梁山、李堅、張克謨『中山大学校史：1924－1949』上海教育出版社　1983年
88) 南開大学校長弁公室編『張伯苓紀念文集』天津南開大学出版社　1986年
89) 山根幸夫「「満州」建国大学の一考察」『社会科学討究』32－3　1987年4月
90) 王振乾、丘琴、姜克夫編著『東北大学史稿』長春、東北師範大学出版社

1988 年
91) 周漢光『張之洞与広雅書院』台北、中国文化大学出版部　1983 年
92) 新民学院『国立新民学院要覧』北京　1939 年
93) 同済大学校友会『国立同済大学』(上、下) 台北　1985 年
94) 西南聯合大学北京校友会校史編輯委員会編『国立西南聯合大学校史資料』北京大学出版社　1986 年
95) 西南聯合大学北京校友会校史編輯委員会編『回憶西南聯大』雲南人民出版社　1986 年
96) 『国立政治大学法学院民族社会学系概況』政治大学民族社会学系　1977 年
97) Charles H. Corbett, *Lingnan University,* New York: Trustees of Lingnan University, 1963.
98) H. H. Love, *The Cornell-Nanking Story,* Ithaca: Cornell University Press, 1963.

4．その他

99) 中共武漢市宣伝宣伝部理論宣伝処『反撃右派闘争通俗講話』湖北人民出版社　1957 年
100) 東北工学院馬克思列寧主義教研室編『右派言論集』社会主義教育系列参考資料　Vol. 2　1957 年
101) 易重光編『批判中共"党天下"言論集』香港、自由出版社　1958 年
102) 潘光旦「讀二十七年度統一招生報告」『自由之路』商務印書館　1946 年
103) 潘公展「上海市教育概況」『教育雑誌』1936 年 7 月
104) 潘公展「淞滬日中戦争與上海的教育」『新中華』1933 年 1 月
105) 蔡尚思主編『中国近代思想史資料』(全 5 巻) 浙江人民出版社　1982－1983 年

(二) 回想録、年譜、伝記（個人）、日記

1) 梁実秋『清華八年』台北、重光文芸出版社　1962 年
2) 左森主編『回憶北洋大学』天津大学出版社　1988 年
3) 孫思白『北京大学一二九運動回憶録』北京大学出版社　1988 年
4) 葉恭綽『交通大學之回顧』台北　1968 年
5) 天児慧『鄧小平—「富強国家」への模索』岩波書店　1996 年
6) 王永祥、高橋強編著『周恩来と日本』白帝社　2002 年

7）胡適『胡適的一個夢想』台北、胡適紀念館　1966年
8）容閎『西学東漸記』岳麓書社　1985年
9）王美真編『汪精衛伝』台北国際文化　1988年
10）段彩華『民初第一位法学家：王寵恵伝』近代中国出版社　1982年
11）閻伯川先生記念会編『民国閻伯川先生錫山年譜長編始稿』台北　商務印書館　1988年
12）実藤恵秀、佐藤三郎訳『清国人日本留学日記』東方書店　1986年
13）武継平『郭沫若－日本留学の時代』九州大学出版会　2002年
14）唐徳剛『胡適口述自伝（胡適的自伝）』葛懋春、李興芝編『胡適哲学思想資料選（下）華東師範大学出版社　1983年
15）許紀霖『無窮的困惑-近代中国両個知識者的歴史旅程』三聯書店　1988年
16）李劫「作為唐・吉訶徳的魯迅和作為哈姆雷特的周作人」『中国研究』1996年　第18期
17）李書田「北洋大学五十年之回顧與前瞻」『東方雑誌』1945年
18）胡適「従私立學校談到燕京大學」『胡適選集：雜文』上海　1966年
19）温秉忠「一個留美幼童的回憶」台湾『伝記文学』第37巻第3期
20）安藤彦太郎「日本留学時代の李大釗」『社会科学討究』36－2　1990年
21）木下英司「李大釗の社会学」『社会科学討究』39－2　1993年12月
22）冨田昇「李大釗日本留学時代の事跡と背景」『集刊東洋学』42号　1979年
23）小川博「柏原史太郎と中島裁之－中国留学生史の一齣」39－1『社会科学討究』1989年8月
24）Jerome Grieder, *Hu Shih and the Chinese Renaissance,* Cambridge, Ma.: Harvard University Press, 1970.
25）Liu Mei Ching, *Forerunners of Chinese Feminism in Japan: Students Fighting for Freedom in China,* Leiden, The Netherlands, 1988.
26）蔣作賓『蔣作賓回憶録』台北　1967年

（三）人名録、人名辞書、人物伝記（多人数）

1）徐友春編『民国人物大辞典』河北人民出版社　1991年
2）山東科学技術出版社『中国科学家辞典』（全五冊）1982－86年
3）武漢人民出版社『新中国留学帰国学人大事典』1993年7月
4）四平師範学院〔本書〕編委会『中国教育家伝略』（第1巻）1981年

5）本書編委会『中国現代教育家伝』(第4－6巻)長沙、湖南教育出版社　1987年
6）陳景磐編『中国近現代教育家伝』北京師範大学出版社　1987年
7）姚杉爾『在歴史的旋渦中 —— 中国百名大右派』朝華出版社　1993年
8）劉継増、張葆華編『中国民主諸党派名人録』湖北人民出版社　1991年
9）劉継増主編『中国国民党名人録』湖北人民出版社　1989年
10）武漢人民出版社『新中国留学帰国学人大事典』1993年7月
11）鄭福林主編『中共党史知識手冊』北京出版社　1987年
12）鄭福林主編『中国革命和建設歴史時期人物辞典(一)』吉林出版社　1988年
13）大陸雑誌社『中国近代学人象伝初輯』中華民国60年
14）蔡開松、于信鳳主編『二十世紀中国名人辞典』遼寧人民出版社　1991年
15）周棉主編『中国留学生大辞典』南京大学出版社　1999年
16）蒋景源主編『中国民主諸党派人物録』華東師範大学出版社　1993年
17）『歴届中共中央委員会人名辞典1921～1987』中共党史出版社　1992年
18）郭営生校補『日本陸軍士官学校中華民国留学生名簿』沈雲龍主編　近代中国近代史記史料叢刊續編第37　文海出版社有限公司印行
19）王成斌主編『民国高級将列伝』(第1・2・3集)開放軍出版社　1988-89年
20）王俯民著『民国軍人志』広播電視出版社　1992年10月第一版
21）劉国銘著『中国国民党二百上将伝』蘭州大学出版社　1994年
22）王暁鐘編『1955年授銜的元帥、大将、上将』北京三連書店　1984年
23）星火燎原編輯部編『中国人民解放軍将帥名録』解放軍出版社　1986年
24）東北師範大学出版社『中華留学名人辞典』1992年
25）陳玉堂編著『中国近現代人物名号大辞典』浙江古籍出版社　1993年
26）上海辞書出版社『中国人名大詞典』（当代人物巻）1992年
27）李盛平主編『中国近現代人名大辞典』中国国際広播出版社　1989年
28）国立政治大学国際間系研究中心『中共人名録』中華民国72年
29）タイムス出版社編集部『中華民国・満州帝国人名地名便覧』昭和14年
30）樊蔭南『当代中国四千人名録』波文書局　1978年
31）何東、楊先材、王順生主編『中国革命史人物辞典』北京出版社　1991年
32）藤田正典『現代中国人物別称総覧』汲古書院　1986年
33）山田辰雄『近代中国人名辞典』霞山会　1995年

（四）論文、研究書

1．近代中国留学史、帰国留学生（一般）

1) 靳明全『20世紀初期中国政界留日学生研究』重慶出版社　1999年
2) 靳明全『20世紀初期中国軍界留日学生研究』重慶出版社　2001年
3) 李喜所『近代留学生と中外文化』天津人民出版社　1992年
4) 李喜所『中国近代的留学』北京人民出版社　1987年
5) 瞿立鶴『清末留学教育』三民書局　1973年
6) 穎之『中国近代留学簡史』上海教育出版社　1980年（日本語訳あり）
7) 劉真主編『留学教育－中国留学教育史』台湾国立編訳館　1980年
8) 李喜所『近代中国的留学生』北京人民出版社　1987年（祖国叢書）
9) 黄福慶『清末留日学生』中央研究院近代史研究所　1975年
10) 舒新城『近代中国留学史』上海、中華書局　1927年（上海文化出版社からの影印版がある。1989年）
11) 王奇生『中国留学的歴史軌跡（1872～1949）』湖北教育出版社　1992年
12) 留学生叢書編委会編『中国留学史萃』中国友誼出版社　1992年
13) 黄新憲『中国留学教育的歴史反思』四川教育出版社　1990年
14) 林子岡『中国留学教育史』台湾　華岡出版　1976年
15) 巌安生『日本留学精神史』岩波書店　1991年
16) 張海鵬「中国留日学生と祖国の命運」『東瀛求索』第八号　1996年
17) 李喜所「甲午戦争後50年間留日学生の日本観及其影響」『東瀛求索』1996年
18) 鄧文「共進会の原起及其若干制度」『近代史資料』1956年第3期
19) 石錦「早期中国留日学生的活動与組織」『思与言』第6巻第1期　1968年
20) 桑兵「癸卯元旦留日学生排満演説史実考辨」郭漢民主編『中国近代史実正誤』湖南人民出版社　1989年
21) 李力「中華留学生会与抗日帰国運動」吉林社会科学院編『学術研究叢刊』1992年第3期
22) Maurice Meisner, Li Ta-chao and the Origins of Chinese Marxism, Harvard University Press, 1967.

2．近代中国留学史（留日）

23) 実藤恵秀『中国人留学日本史』三聯書店　1982年

24) 実藤恵秀『増補版・中国人日本留学史』くろしお出版　1981年
25) 実藤恵秀『中国人日本留学史稿』日華学会　1939年
26) 実藤恵秀『日中非友好の歴史』朝日新聞社　1973年
27) 実藤恵秀『中国留学生史談』第一書房　1981年
28) 実藤恵秀『日中友好百花』東方書店　1985年
29) 黄福慶『清末留日学生』台北、中央研究院近代史研究所　1975年
30) 小島淑男『留日学生の辛亥革命』青木書店　1989年
31) 陳瓊瑩『清季留学生政策初探』台北文史哲出版社　1989年
32) 汪向栄『中国留日教育問題』1942年
33) 郭栄生『清末山西留学生』台北、山西文献社　1983年（山西文献叢書10）
34) 松本亀次郎『中華留学生教育小史』1928年
35) 黄福慶「清末における留日学生派遣政策の成立とその展開」『史学雑誌』第81巻7号　1972年
36) 細野浩二「近代中国留学史の起点とその周辺」『史滴』第12号　1991年
37) 臧励和等編『中国人名大辞典』上海書店　1980年
38) 崔之清主編『当代台湾人物辞典』河南人民出版社　1994年
39) 中華人民共和国人事部主編『新中国留学帰国学人大辞典』湖北教育出版社　1993年
40) 京声、渓泉編『新中国名人録』江西人民出版社　1987年

3．近代中国留学史（留米）

41) 欧美同学会編『志在振興中華：紀念欧美同学会成立七十週年』北京　朝華出版社　1984年
42) 高宗魯『中国幼童留美史』華欣文化事業出版中心　1982年
43) 銭寧『留学美国』江蘇人民出版社　1996年
44) Art Yun, China, *Biggest Customer of American Ph.D. Degree*, China Weekly Review, No. 57, June, 1915.
45) Yung Wing, *My Life in China and America*, New York, Henry Holt and Company, 1909.
46) Ernest Young, *Chen Tien-hua（1875－1905）: A Chinese Nationalist*, Papers of China, 13（1959）.

47) China Institute in America, *A Survey of Chinese Students in American Universities and Colleges in the Past One Hundred Years*, 1954.

4．近代中国留学史（留欧・ソ、その他）
48) 張洪祥、王永祥『留法勤工倹学運動簡史』黒竜江人民出版社　1982年
49) 森時彦著、史会来・尚信訳『留法勤工倹学運動小史』河南人民出版社　1985年
50) 中国共産主義青年団中央青運史研究室編『留法勤工倹学運動与旅欧共青団的創建専題論文集』（中国青運史研究叢書之三）1986年
51) 陳三井『勤工倹学的発展』台北　東大図書　1988年
52) 張允侯等編『留法勤工倹学運動』（1・2）上海人民出版社　1980年
53) 陳三井編『勤工倹学運動』台北正中書局1981年（中国現代史史料選輯第2輯）
54) 黄利群編『留法勤工倹学簡史』北京　教育科学出版社　1982年
55) 曹仲彬、戴茂林『莫斯科中山大学与王明』　黒竜江人民出版社　1988年
56) 李緒武「清末自強運動與留欧教育」『中華文化復興月報』1970年12月
57) 中華民国留俄同学会編『六十年来中国留俄学生之風霜踔厲』台北　中華文化基金会　1988年
58) Ka-che Yip, *The Anti-Christian Movement in China, 1922-1927*, 1970.

5．文化交流、中国人の日本観
59) 小島晋治、伊東昭雄『中国人の日本人観100年史』自由民国社　1974年
60) 舒新城『中国の近代教育論』明治図書　1972年
61) 阿部洋編『日中関係と文化摩擦』巌南堂書店　1982年
62) 阿部洋『中国の近代学校研究史』福村出版　1993年
63) 阿部洋編『アジアにおける教育交流－アジア人日本留学の歴史と現状－』『国立教育研究所紀要』第94集　1978年
64) 阿部洋編『日中国教育文化交流と摩擦』第一書房　1983年
65) 阿部洋編『米中教育交流の軌跡』霞山会　1986年
66) 阿部洋『中国の近代教育と明治日本』福村出版　1990年
67) 王暁秋『現代日中啓示録』北京出版社　1987年
68) 平野正『中国の知識人と民主主義思想』研文出版　1989年

69) 平野正『中国革命の知識人』日中出版　1973年
70) 譚璐美『中国人の苦悩』新芸術社　平成元年
71) 汪婉『清末中国対日教育視察の研究』東京大学博士論文（地域文化研究専攻）1995年
72) 汪向栄『日本教習』三聯書店　1988年（日本語版もある。）
73) 汪向栄『中国的近代化与日本』湖南人民出版社　1987年
74) 顧長聲『伝教士与近代中国』上海人民出版社　1981年
75) 山口一郎『近代中国対日観の研究』アジア経済研究所　1970年
76) 富田仁『外国人から見た日本』日外アソシェーツ　1992年
77) 石暁軍『中日両国相互認識的変遷』台湾商務印書館　1992年
78) 玉嶋信義編訳『中国人の日本観』弘文堂新社　1967年
79) 武安隆、熊連雲『中国人の日本研究史』六興出版　1989年
80) 信濃憂人編訳『支那人の見た日本人』青年書房　1937年
81) 新堀通也『知日家の誕生』東信堂　1986年
82) Douglas R. Reynolds, *A Golden Decade Forgotten: Japan-China Relations, 1898－1907*, The Transactions of the Asiatic Society of Japan, 4th series, vol.2, 1987.

6．教育政策、教育制度

83) 黄建中「十年來的中国高等教育」『十年来的中国』商務印書館　1937年
84) 阿部洋『中国の近代学校研究史』福村出版　1993年
85) 陳啓天『近代中國教育史』世界書局　1969年
86) 陳青之『中国教育史』商務印書館　1936年
87) 陳寶泉『中国近代学制変遷史』文化学社　1927年
88) 阿部宗光『近代化中国の教育政策、歴史教育』1965年12月
89) 平塚益徳『近代支那教育分文化史：第三国対支那教育活動を中心として』目黒書店　1942年
90) 樂嗣炳『近代中国教育実況』世界書局　1935年　附録一：『燕京大學社會學及社會服務學系1932－1933年報告』、附録二：「燕京大學社會學面面觀」『社会学界』1933年
91) 陳青之『半封建時代後期的教育』商務印書館　1963年
92) 胡慶鈞『清華大學社會學系的改造・旧人物的改造・費孝通』広州　1950年

93）舒新城『中国新教育概況』中華書局　1928年
94）河合慎吾『民族主義的傾向を中心として観たる旧中国国民党の教育政策の輪郭』1940年12月
95）傅斯年「教育崩潰之原因」『傅孟眞先生集』傅孟眞先生遺著編輯委員会　1952年
96）沢村幸夫「国民党政府の外人迫害」『外交時報』1927年5月
97）田内高次「支那教育一大転換期」『支那教育学史』冨山房　1942年
98）舒新城「中国之道爾頓制」『舒新城教育叢稿』世界書局　1925年
99）渋谷剛「抗日教育の実際及び抗日運動史観」『外交』1931年12月
100）三枝茂智「排外教育を論ず」『支那』1932年1月
101）汪少倫「戦後安徽教育」『教育雑誌』1947年
102）蔡若水「安徽省収復区教育観感」『教育通訊』1946年6月
103）傅斯年「中國學校制度之批評」『大陸雑誌』1950年12月
104）出石誠彦「近代支那文化史：阿片戦争以後の外国教育制度採用を中心として」東洋近世史研究『近代支那文化』1943年3月
105）王鳳増「近代學制之演進」『中国教育史』台北　1959年
106）呉家鎮、高時良「現段階中国公民訓練之鳥瞰及其改進」『教育雑誌』1936年3月
107）Huang Shiqi, *"Contemporary Educational Relations with the Industrialized World: A Chinese View"*, in Ruth Hayhoe and Marianne, eds. *China's Education and the Industrialized World,* New York, 1987.
108）Ka-che Yip, *Chinese Education under Communism,* Teachers College Press, 1974.

（五）その他

1）朱建華、宋春主編『中国近現代政党史』黒龍江人民出版社　1987年
2）章開沅、林増平主編『辛亥革命史』（中冊）人民出版社　1980年
3）岩村三千夫『中国現代史入門』至誠堂　1966年
4）鐘叔河『走向世界‐近代知識分子考察西方的歴史』中華書局　1985年
5）林炯如『中華民国政治政度史』華東師範大学出版社　1993年
6）王邦佐『中国共産党統一戦線史』上海人民出版社　1991年
7）上海辞書出版社『辞海』1980年
8）新村出編『広辞苑』岩波書店　1995年

9）小島晋治、並木頼寿『近代中国研究案内』岩波書店　1993年
10）辛亥革命研究会『中国近代史研究入門』汲古書院　1992年
11）野沢豊『日本の中華民国研究』汲古書院　1995年
12）今井駿等『中国現代史』山川出版社　1986年
13）小島晋治、丸山松幸『中国近現代史』岩波書店　1986年
14）横山宏章『中華民国史』三一出版社　1996年
15）　中島嶺雄『中国現代史』有斐閣　1996年
16）堀松武一編『日本教育史』国土社　1985年2月
17）小井土有治編『外国人労働者政策と課題』税務経理協会　1992年改訂版
18）森岡清美、塩原勉、本間康平編『新社会学辞典』有斐閣　1993年
19）伊藤光利『ポリティかレ・サイエンス事始め〔新版〕』有斐閣　2003年
20）小川一夫『改訂新版社会心理学用語辞典』北大路書房　1995年
21）林茂生、王維礼、王檜林主編『中国現代政治思想史』黒龍江人民出版社　1984年
22）永井算巳『中国近代政治史論叢』汲古書院　1983年
23）唐亜明『ビートルズを知らなかった紅衛兵―中国革命のなかの一家』岩波書店　1990年
24）黄遵憲『日本国記・学術志』上海図書集成印書局　1899年
25）陶希聖「潮流與点滴」台北『伝記文学』1964年
26）杜恂誠『日本在中国的投資』上海社会科学院出版社　1986年
27）章玉良「中国近代史記教育的興起」載徐泰来主編『中国近代史記』（中）（教育志）
28）乾精末「支那海外留学生帰朝後の現状」『支那』昭和4年6月　第20巻第6号
29）王汎森「戊戌前後思想資源的変化：以日本因素為例」『二十一世紀』1998年2月号（総第45期）
30）胡適「今日教会教育的難関」『胡適文存三集』『独立評論』1930年
31）『人民日報』1957年7・8・9月
32）『光明日報』1957年7・8・9月
33）M. Jansen, *Chinese Students in Japan, in J.K.Fairbank, ed., The Cambridge History of China, Vol.10, Late Ching,* 1800－1911, Cambridge University Press,1978. Chapter VI, *"Japanese And Chinese Revolution of 1911"*.

34) Marius Jansen, *The Japanese and Sun Yat-sen*, Harvard University Press、1954.
35) Marius Jansen, *Japan and China: from War to Peace, 1894 —1972*. Rand McNally, 1975.
36) J. K. Fairbank, *The Missionary Enterprise in China and America*, Harvard Press, 1974.
37) Raymond Fosdick, *The Story of the Rockefeller Foundation*, New York: Harper & Brother, 1952.
38) Laurence A. Schneider, *"The Rockefeller Foundation, the China Foundation, and the Development of Modern Science in China"*, Social Science and Medicine, 16 (1982)
39) *Addresses and Papers, Dedication Ceremonies and Medical Conference*, Peking Union Medical College, September 15～22.1921, Concord, N, H.: Rumford Press, 1922.
40) W. S. Carter, *"The First Five Years of the Peking Union Medical College"*, The China Medical Journal 40 (1926)
41) Mary E. Ferguson, *China Medical Board and Peking Union Medical College*, New York: China Medical Board of New York,Inc., 1970.
42) John Z. Bowers, *Western Medicine in a Chinese Palace: Peking Union Medical College, 1917 — 1951*, New York: The Josiah Macy Jr. Foundation, 1972.
43) Michael Gasster, *Chinese Intellectuals and the Revolution of 1911: the Birth of Modern Chinese Radicalism*,University of Washington Press,1969.
44) Gilbert Rozman, ed., *The Modernization of China*, Free Press, 1982.
45) China Institute in America, *Survey of Chinese Students in American Universities and Colleges in the Past One Hundred Years*, 1954.
46) Edmund S.K. Fung, *The Military Dimension of the Chinese Revolution*,University of British Columbia Press, 1980.
47) R.MacFarquhar, *Mao Zedong and CCP's 'Zheng Feng Movement'*, World Today, 1957, No 8.
48) R. MacFarquhar, *The Origins of Great Cultural Revolution, Vol.1, Contradictions among the People 1956-1957*, Oriental Press. 1973.
49) T.H.E.Chen, *Thought Reform of the Chinese Intellectuals*, Hong Kong University Press. 1960.

50) James C. Thomson Jr., *While China Faced West: American Reformers in Nationalist China, 1928-1937,* Cambridge: Harvard University Press, 1969.
51) Robert Clopton and Tsuin chen Ou, *John Dewey: Lectures in China, 1919-1920,* Honolulu: University of Hawaii Press, 1973.
52) Barry Keenan, *The Dewey Experiment in China: Educational Reform and Political Power in the Early Republic,* Cambridge, Ma. Council on East Asian Studies, Harvard University. 1977.
53) Chow Tse-tsung, *The May Fourth Movement,* Cambridge, Ma.: Harvard University Press, 1960.
54) Wang, Y.C., *Chinese Intellectuals and the West 1872-1949,* The University of North Carolina Press, 1966.
55) Arth W. Hummel, *Eminent Chinese of the Ch'ing Period （1644-1912）*, Ch'en-Wen Publishing Company, 1967.
56) Wolfgang Bartke, *Who's Who in People's Republic of China,* K. G. Saur, 1991.
57) Howard L. Boorman, *Biographical Dictionary of Republican China,* Columbia University Press, 1967.

図・表一覧

第2章
表Ⅱ-1　留日学生の在籍教育機関（1902－39年）　54
表Ⅱ-2　清朝政府留日試験に合格した学生（専攻分野別、1906－21年）　55
表Ⅱ-3　ミッション系大学と中国の高等教育（1923年）　57
表Ⅱ-4　欧米系大学の在籍者数　58
表Ⅱ-5　米国留学の推移（1850－1953年）　63
表Ⅱ-6　米国高等教育機関に在籍する中国人留学生（専攻分野別、1854－1953年）　66
表Ⅱ-7　留米学生の学位取得状況（1854－1953年）　66
表Ⅱ-8　清華留学帰国者の社会的活動（1925年）　67
表Ⅱ-9　各国・地域への留学の概況（－1940年代末）　72
図Ⅱ-1　民国初期の風刺画　74

第3章
表Ⅲ-1　国民党政権（1927年以前）メンバーの学歴　90
図Ⅲ-1　中華民国国家政体構想の構造　95
図Ⅲ-2　国民党「訓政」期の党政関係　96
図Ⅲ-3　国民政府行政系統（1928年10月－38年1月）　104
図Ⅲ-4　日中戦争前の国民政府地方行政機構系統　106
表Ⅲ-2　南京国民政府（1928－49年）メンバーの学歴（詳細表）　107
表Ⅲ-3　留学生と非留学生の比率　120
表Ⅲ-4　南京国民政府（1928－49年）メンバーの学歴（主な出身　その一）　122
表Ⅲ-5　南京国民政府（1928－49年）メンバーの学歴（主な出身　その二）　124
表Ⅲ-6　各集団メンバーの国民政府組織の上・中・下層への分布（詳細表）　131
図Ⅲ-5　国民政府権力構造内における留日学生と留米学生の勢力（略図）　134
表Ⅲ-7　五院首脳の南京政府における主要兼任状況（集団と主な人物）　137
表Ⅲ-8　権力構造から見る各集団メンバーの南京政府各部への分布（内政、国防、外交、教育と五院を中心として）　140-141
表Ⅲ-9　各集団メンバーの南京政府外交部、教育部の最下層への分布　150
表Ⅲ-10　国民党南京政府期政府内閣メンバーの学歴（1928－49年）　152-153

第4章
表Ⅳ-1　民国期における「上将」の肩書きの授与　173
表Ⅳ-2　台湾国民党軍上将の学歴（1949－92年）　179
表Ⅳ-3　中国共産党軍上将以上の将校の学歴（1955年）　180

表Ⅳ-4	国民党前6回党大会の中央執行委員会、1950年改造委員会メンバーの学歴　188
表Ⅳ-5	中国国民党第6回中央常務委員会（1945年）メンバーの学歴　191
表Ⅳ-6	中国共産党歴代中央委員会メンバーの学歴　194
表Ⅳ-7	『中国民主諸党派人物録』による民主同盟の主な人物の学歴　203
図Ⅳ-1	民主諸党派の幹部の留学歴（留学先と学位）　204
表Ⅳ-8	『中国民主諸党派人物録』による農工民主党の主な人物の学歴　206
表Ⅳ-9	民主同盟と農工民主党の指導者の職歴　207
表Ⅳ-10	民主諸党派幹部の学歴（留学経験者）　207
表Ⅳ-11	民主諸党派幹部の学歴（国内）　208
表Ⅳ-12	民主同盟と農工民主党の指導者の学歴と職歴　208
表Ⅳ-13	民国期大学学長などの「学長級指導者」の学歴　215
表Ⅳ-14	第1回国立中央研究院院士の学歴　218
表Ⅳ-15	『中国科学家辞典』による留学経験のある科学者の留学先と人数　221
表Ⅳ-16	科学者の留学の年代と年齢（－1950年）　222
表Ⅳ-17	中国科学院学部委員　224
表Ⅳ-18	第3章と第4章の総合統計（人数）　228
表Ⅳ-19	第3章と第4章の総合統計（百分率）　228
図Ⅳ-2	中華民国における留日学生と留米学生の政治傾向　228

第5章

表Ⅴ-1	中国共産党第8回全国大会中央政治局委員の学歴と年齢　255
表Ⅴ-2	民主同盟の「右派」幹部の年齢（1957年）　256
表Ⅴ-3	民主諸党派指導者（主席、主任委員）の年齢（1957年）　257

附　録

表附録-1	国別帰国留学生総数：「外務省報告」、『支那年鑑』　276
表附録-2	国別帰国留学生総数：「外務省報告」＋『支那年鑑』　277
表附録-3	中華民国政治家が反日になる主要な原因　283
表附録-4	中国人留学生受け入れ大学（1854－1953年）　291

南京国民政府成員学歴総表　299

索　引

人名索引

あ行

アイセンク（H.J. Eysenck）　21, 22
青柳篤恒　78
アドルノ（T.W. Adorno）　22
阿部精二　27
阿部洋　26, 27, 54, 57, 58, 63, 66, 67, 74, 83, 84, 265, 266, 291, 329, 330, あとがき
天児慧　39, 83, 84, 283, 287, 288, 289, 298, 324
晏陽初　216
安藤彦大郎　325
易重光　266
石原享一　39, 83, 84
伊藤博文　192
今井駿　16, 39, 332
于右任　282
穎之　29, 40, 327
易培基　119
閻錫山　176, 186, 279
袁世凱　86-89, 154, 162, 163, 164, 167, 168, 230
遠藤誉　27
汪婉　27, 81, 330
王奇生　26, 39, 40, 83, 84, 235, 265, 266, 327
汪向栄　25, 39, 44, 47, 54, 80, 81, 265, 328, 330
王世傑　117
王造時　36
王祖祥　117
王寵惠　101, 117, 325
汪兆銘　14-16, 23, 85, 91, 186, 214, 216, 246, 260, 287, あとがき

王明（陳紹禹）　285, 329
翁文灝　101, 235
大塚豊　29, 83, 84
小川一夫　39, 40, 332
荻田セキ子　27

か行

何応欽　176, 186
何香凝　257
何廉　92
賀衷寒　99, 114, 118, 155
賀龍　255
郭翹然　256
郭卿友　42, 90, 155, 156, 215, 232, 234, 235, 318
郭泰祺　85
蔭山雅博　27
ガスター（Michael Gasster）　29
韓信昌　82
乾精末　275, 276, 298, 332
韓兆鍔　256
韓復榘　118
居正　186
許徳珩　257
許瓏　26, 265
靳明全　9, 30, 31, 32, 39, 42, 298, 327
区聲白　285
区芳　285
瞿秋白　285
瞿立鶴　25, 40, 327
グッドナウ（F. Goodnow）　95, 154
グラボー（A. W. Grabau）　235
厳鶴齢　82
厳復　13, 89, 284
胡瑛　89

337

胡漢民　85, 91, 99, 186
胡毅生　119
呉玉章　191
伍憲子　119
呉鼎昌　101
顧順章　195
胡昌度（Hu Chang-tu）　28
胡宗南　232
呉稚暉　67, 75, 83, 285
呉忠信　118
胡適　29, 36, 37, 116, 209, 229, 259, 265, 286, 289, 298, 322, 324, 325, 332
呉鉄城　60
黄炎培　257
黄漢梁　116
黄琪翔　256
黄興　53, 183
黄遵憲　49, 80, 160, 332
黄紹竑　101
黄新憲　26, 42, 82, 83, 84, 212, 231, 234, 235, 266, 327
黄鎮球　173
黄美真　26, 321
黄郛　101
黄福慶　25, 28, 40, 55, 81, 323, 327, 328
黄薬眠　256
孔子　19, 282
孔祥熙　60, 281
康沢　99
康有為　160, 183, 184, 216
谷正綱　99
谷鳳翔　188
小島晋治　16, 39, 329, 332
小島淑男　29, 328
滬城学人　279, 283, 298, 320
小林正明　29

さ行

坂本竜馬　192
左舜生　286
サーストン（L.L. Thurstone）　22
蔡元培　67, 184, 217
蔡廷鍇　282
蔡和森　68, 192
薩福均　116
薩鎮氷　174
佐藤尚子　27
実藤恵秀　26, 27, 28, 36, 37, 39, 40, 42, 52, 53, 54, 55, 80, 81, 167, 185, 233, 287, 325, 327, 328
施肇基　117
ジェームズ（Edmund J. James）　246
塩原勉　40
師復（劉紹彬）　285
謝冠生　100
謝希徳　80
謝紅雪　254, 257
謝持　91, 119
ジャンセン（Marius Jansen）　28, 53
朱建栄　39, 83
朱徳　166, 180, 192, 284
朱培徳　118
朱紹良　176
周恩来　68, 191, 192, 195, 284, 298, 324
周策縦（Chow Tse-tsung）　28
周詒春　82
周馥　169
周仏海　191, 284
祝文儀　99
徐以驊　82, 322
徐永昌　118, 173
徐友春　42, 215, 325
舒新城　25, 318, 327, 329, 331

焦易堂	119
蔣介石	6, 14, 23, 69, 72, 79, 99, 102, 155, 158, 171, 172, 174, 176, 177, 186, 229, 232, 247, 253, 258, 280, 281, 282, 283
蔣景源	203-208, 234, 326
蔣光鼐	282
蔣作賓	164, 186, 230, 325
蔣百里（蔣方震）	144, 175, 230, 240
鐘叔河	26, 321
蕭錚	100
章炳麟（太炎）	183, 184
章伯鈞	205, 252, 256
章士釗	184
章鴻釗	235
ジョルダン (John. W. Jordan 約翰・朱爾典)	165, 231
沈懷玉	152
沈鈞儒	257
沈志遠	256
沈鵬飛	116
薛君度 (Hsueh Chun-tu)	28
薛篤弼	119
錢偉長	80
錢学森	80
錢三強	80
錢端昇	256
錢大鈞	128
詹天佑	13
蘇步青	219
曹雲祥	82
曾埼	286
曾昭掄	256
宋教仁	28, 32, 183, 184, 186
宋慶齡	281
宋子文	281, 282
宋美齡	281
孫毓筠	89
孫科	60, 281
孫文	69, 71, 85, 86, 87, 91, 92, 93, 95, 96, 103-4, 154, 158, 171, 174, 185, 186, 192, 217, 230, 252, 258, 265, 281-283, 286, 291
孫本論	117

た行

戴季陶	100
戴笠	99, 128
田中宏	27
段錫朋	110
段祺瑞	87
段躍中	27
端方	168-169
譚璐美	41, 82, 298, 330
張海鵬	50, 53-54, 80-83, 88-90
張学良	101, 118, 171
張嘉璈	101
張玉法	28, 32-33, 42, 102, 155
張群	101
張繼	183, 186, 285
張灝 (Chang Hao)	28, 233
張作相	118, 174
張之江	118
張之洞	52, 75, 163, 168, 192, 233, 324
張東蓀	286
張文成	48
張朋園	152
張瀾	257
趙国材	82
陳雲	68
陳亦謀	285
陳学恂	63, 83, 84, 318
陳果夫	118, 282
陳其美	282
陳毅	255

陳公博　117, 192
陳濟棠　118
陳叔通　257
陳紹寛　173
陳仁炳　256
陳雪屏　117
陳天華　183
陳独秀　53, 69, 191, 192, 240, 284, 285
陳布雷　119, 188
陳望道　191, 284
陳銘枢　250
陳融　119
陳立夫　100, 128, 282
辻康吾　39, 83
丁惟汾　100
丁文江　235
鄭彦芬　100
鄭洗秀蘭（Cheng Shelly Hsien）　28
程其保　63, 67-68, 83, 84
程天放　100
程潜　176
田炯錦　117
田正平　63, 83, 84, 318
陶希聖　84, 154, 265, 332
唐縦　118
唐紹儀　13, 89
鄧小平　68, 192, 283-284, 295, 298, 323
鄧元忠　92, 101, 102, 154, 155, 332
陶成章　184
唐德剛　28, 265, 298, 325
董必武　191

　　　な行

永井算巳　26, 28, 40, 332
中島嶺雄　16, 39, 332
中村敬宇　48

並木頼寿　39, 332

　　　は行

馬叙倫　257, 322
馬哲民　36, 250, 256, 293-294, あとがき
馬良　118
梅貽琦　63, 67, 68, 83, 84
梅汝璈　116
パイ（Lucian W. Pye）　123
白崇禧　280
莫徳惠　119
莫邦富　27
範漢傑　118
潘光旦　256
潘大逵　256
ハンチントン（S. P. Huntington）　123
費孝通　80, 256, 330
菱田雅晴　39, 83
ヒューム（D. Hume）　24
傅斯年　259, 330, 331
馮玉祥　87, 118, 123, 279
馮兆基　165
フェアバンク（John K. Fairbank）　29, 154, 155, 230, 233
深田博己　27
二見剛史　27, 30, 31
フンゲ（Edmund S. K. Fung、馮兆基）　165
彭公達　195
彭真　255
彭徳懐　255
彭昭賢　99
彭述之　285
彭文応　256
彭孟緝　178
細野浩二　39, 48, 80, 328
本間康平　40

ま行

丸山松幸　16, 39, 332
村田雄二郎　39, 83
メイスナー（Maurice Meisner）　28
毛沢東　192, 193, 240, 265, 284
森岡清美　39, 332

や行

ヤング（Ernest Young）　28
熊式輝　101
熊達雲　27
余家菊　286
容閎　11, 29, 62, 75, 325
楊樹荘　118
楊度　89
葉篤義　256, 294
横山宏章　16, 39
姚杉爾　266

ら行

羅榮桓　255
羅宗洛　219
羅家倫　79, 259, 321
羅隆基　252, 256, 292
ラデック（Karl Radek）　78
ラムソン（Herbert. D. Lamson）　57
李漢俊　191
李喜所　26, 39, 40, 83, 233, 265, 327
李鴻章　11, 48, 159
李璜　286
李済深　257
李四光　219, 235
李燮和　89
李石曾　67, 285
李先念　67
李書華　219
李宗仁　118, 280

李大釗　36, 68, 191, 195, 240, 259, 284, 325
李達　191, 284
李佩珊　220, 221, 222, 223, 224, 235, 236
李伯球　256
李富春　255
李立三　68, 192
劉健群　99, 119, 155
劉航深　117
劉志強　26, 54, 181, 233
劉師舜　116
劉師培　89, 184, 285
劉守中　119
劉少奇　255
劉胤　295
劉尚清　119
劉真　84, 318, 327
劉仁静　288
劉静庵　184
劉哲　117
劉伯承　255
梁干橋　285
梁啓超　161, 286
梁漱溟　252
梁耀漢　184
寥仲愷　186
林蔚　128
林炯如　95, 96, 104, 106, 154, 155, 331
林子岡　25, 40, 327
林伯渠　192
林森　91
林彪　255
ルーズヴェルト（F. D. Roosevelt）　246
魯迅　52, 53, 192, 259, 266, 325
呂大森　184
ロキーチ（M. Rokeach）　22

事項索引

あ行

CC系　92, 97, 100, 101
阿片戦争　11, 12, 16, 46, 48, 55, 159-160, 331
安徽派（皖系）　86
燕京大学　56, 58, 82, 321, 324, 330
一斉帰国　51, 242
院系調整　45, 57, 156
雲南新軍　163
雲南派　87, 163, 166, 167, 171, 180
雲南陸軍講武堂　225

か行

改革開放　13, 16, 26, 44, 230, 268
海外帰国派　45
海亀　80
海帰　80
海軍部　105, 155
外交部　85, 116, 122, 139-151
科学救国　249
科学補修所　184
科挙制　2, 5, 50, 51, 59, 80, 111, 119, 122, 144, 153, 154, 163, 287
華興会　184
華西協合大学　58, 82
華中大学　58, 82
華美協進会　26
還学生　18
漢奸　246, 260
皖系（安徽派）　86
九三学社（九三）　200-202, 294
『教育期刊』　36, 322
教育権回収運動　213, 259, 296
『教育雑誌』　36, 62, 321, 323, 331
教育部　63-65, 116, 117, 120, 128, 139-151, 156

教会大学（ミッション系大学）　5, 20, 56-60, 111, 115-116, 126, 137, 208
義和団賠償金　28, 29, 60-62, 260
義和団事件　19, 47, 50, 78, 161, 162, 184, 269
勤工倹学　71, 72, 83, 84, 114, 240, 283, 287, 320, 329
金陵大学　58, 82
軍事委員会調査統計局（軍統）　99, 100, 128, 155, 156
軍政部　105, 139-149, 155
訓政　93, 94, 96-97, 229
広西派（桂系）　171, 280
経済留学　44, 79
研究生　18, 217
『現代中華民国満洲国人名鑑』　186
遣唐使　18
江漢中学校（漢口同文書院）　84
庚款留米　28, 60-62, 287
広州国民政府　87
広西派（桂系）　171, 280
郷村建設学院　216, 235
興中会　183, 185
交通大学　288, 321, 323
工読主義　68
光復会　184
黄埔軍官学校（黄埔軍校）　99, 164, 172, 176-178
黄埔系　92, 97, 99, 101, 118, 172, 176-178, 202, 232, 271
コーネル大学　289
国防部　139-149
五院　88, 94-6, 103-5, 108, 121, 129, 137-148, 186
五権憲法　95, 96, 104, 147
五五憲草　93
五四運動　12, 29, 40, 68, 71, 79, 124, 136, 209, 259, 264, 320

342

滬江大学　　57, 58, 82, 321
護国軍政府　　87
護法軍政府　　87
国家的組織　　5, 8-9
コロンビア大学　　28, 204, 289

さ行

財政部　　113, 116, 139-149
三権
三権分立　　94-96, 146
「三序」(軍政，訓政，憲政)　　93
三民主義　　95, 155, 202, 234, 286
士官系　　164-165
之江大学　　58, 82
実業部　　117
実用主義（プラグマチズム）　　286, 289
『支那』　　36, 78, 248, 265, 275, 283, 298, 320, 322, 330, 331
『支那研究』　　36
司法部　　100
上海事変　　182
就学生　　18
準留学生　　まえがき, 5, 20, 211
辛亥革命　　11, 16, 28-30, 42, 71, 86, 164, 184-185, 192, 225, 231, 265, 271, 286-287, 328, 331, 332
新建陸軍（新軍）　　161-6, 181, 182, 185, 225, 247
新青年　　192
新文化運動　　209, 259
震旦大学（オーロラ大学）　　58, 82
『人民教育』　　36, 321
清華学堂　　60, 320
清華大学　　56, 57, 60-61, 77, 82, 126-127, 156, 206, 208-209, 212, 219, 265, 270, 288, 320, 330
青年党　　197, 234, 286

政学系　　97, 100, 101
政治意識　　まえがき, 1, 8, 10, 21, 23, 39, 40, 93-94, 253, 264
政治感情　　1, 2, 21, 23
政治傾向　　まえがき, 1, 2, 5, 9, 10, 20-22, 30, 38, 45, 146, 147, 157, 220, 225, 228, 237, 263, 267, 269, 270, 272
政治態度　　3, 21, 22, 40, 78
政治無関心　　22
政治留学　　11, 44, 79, 241
斉魯大学　　58, 82
聖約翰大学 (St.John's University)　　56-61, 82, 234, 322

た行

対華21ヶ条要求　　51
大元帥府大本営　　87, 88, 90
台湾民主自治同盟（台盟）　　200-202, 210, 254
滇系　　171
中央研究院　　まえがき, 33, 40, 41, 55, 81, 105, 152, 153, 211, 216-222, 227-235, 318, 320, 327
『中華基督教教育季刊』　　36, 322
中華復興社　　99, 101, 155
『中華教育雑誌』　　36
『中華民国期軍政職官誌』　　35, 42, 90, 155, 156, 173, 232, 318
『中国民主諸党派人物録』　　90, 188, 191, 203-204, 206-208, 215, 218, 234, 326
中国民権保障同盟　　198
中国科学院　　80, 217-220, 223, 224, 236
中国科学社　　212, 289
中国共産党　　13, 14, 45, 68-69, 72, 171, 179-181, 191-197, 209-210,

226, 234, 240-241, 251-253, 254, 255, 261, 285, 287-288, 294
中国国民党　31-33, 89-104, 173, 179, 186-191, 197, 200, 209-210, 226, 251-253, 287
中国国民党中央執行委員　89, 97, 186
中国国民党革命委員会（民革）　199, 200-201, 202, 210
『中国人日本留学史』　27, 40, 54, 81
中国致公党（致公）　183, 200
中国同盟会　183, 185-186, 226, 294
中国農工民主党（農工）　198-202, 209
中国民主建国会（民建）　200, 202, 294
中国民主促進会（民促）　200, 202
中国民主同盟（民盟）　198, 200, 202-209, 226, 253-254, 256-257, 294
中山大学（モスクワ）　69, 72, 180, 285, 329
直隷派（直系）　87
直系（直隷派）　87
天津中日学院（天津同文書院）　84
天津大学　127, 324
東亜同文書院　77, 84, 320
『東亜』　36
東呉大学　58, 82
東方労働者共産主義大学　69, 180
『東方雑誌』　36, 320, 325
トロツキー主義　285
党天下　92-94, 98, 103, 229, 256, 266, 324

な行

内政部　92, 114, 118, 125, 139-144, 148-149
内務部　115

南京国民政府　85-154
南京国民政府組織の上・中・下層　127, 131, 151
南京臨時政府　86-88, 90
二権（分立）　95-97, 154
日清戦争　iii, 1, 11, 46-50, 62, 70, 160-162, 166-167, 216, 233, 286
日知会　183
日中戦争　58, 71, 106, 113, 122, 123, 138, 158, 174, 186-187, 189, 196, 199, 225, 232-233, 246, 251, 256, 259, 262, 264, 280, 324
日本教習　40, 80, 81, 231, 330
日本モデル　259, 296
寧漢合作　16

は行

哈爾浜学院　84
反右派闘争（1957年）　13, 45, 110, 197, 200, 201, 223, 249-250, 261, 268, 292, 296-297, あとがき
汎米主義（汎アメリカ主義，Pan-Americanism）　55
百花斉放・百家争鳴　294
武衛軍　162
武漢国民政府　16, 87-89
武昌蜂起　185, 230
復旦大学　57, 80, 320, あとがき
輔仁大学　322
富国強兵　43, 50, 244, 292
米華協進会　28
米国博士号の最大の顧客　64
「米中教育交流協会」（US-China Education Clearinghouse）　28
奉系（奉天派）　87
奉天派（奉系）　87
北京軍政府（張作霖）　87
北京政府（北洋政府）　23, 86-89

北京大学　4, 5, 110, 126, 190, 193, 196, 209, 212, 240, 270, 320, 321, 324
北洋軍閥　87, 89, 172, 232, 287
北洋系　164-165
北洋新軍　164, 182
北洋政府　14, 23, 86-89
北洋大学　117, 121, 126-127, 132, 135-136, 144-146, 270, 320, 324, 325
戊戌変法　47, 286
保定軍官学校（保定軍校）　89, 172, 177-178, 271
保定陸軍速成学堂　165

ま行

マクロ的政治分析　10
マクロ的要素（要因）　10, 237-239
満洲建国大学　84
満州国　15, 16, 23, 36, 54, 214, 216, あとがき
ミクロ的要素（要因）　10, 237-239
ミッション系大学（教会大学）　5, 20, 56-60, 115, 126
『民国人物大辞典』　35, 42, 215, 325, あとがき
民社党　197
モンロー主義（Monroe Doctrine）　55

や行

遊学生　19, 318
遊米肆業館　60
遊洋生　19
遊歴生　19

又紅又専　289
洋学生　19
洋翰林　45
洋務運動　46, 70, 73, 127, 159, 161-162, 166

ら行

藍衣社　92, 99, 101-102, 154-155
（日本）陸軍士官学校　167-169, 231, 326
陸軍大学　162, 172-173, 178, 240
陸軍部　163, 165, 168, 170
立憲運動　184
留学生　18-20, 42-45, 239
留学生叢書　25, 26, 39, 81-82, 83, 233, 235, 265, 327
留日学生　25, 27, 30, 48-55, 71, 74, 112-113, 125, 134, 167-170, 181-192, 219, 225-226, 240-254, 257-262, 275-279, 287-290, 294-295, 296
留日ブーム　49-51, 62, 68, 71, 192
留米学生　26-28, 55-67, 72, 74, 113-115, 125, 134, 197-209, 219, 221-224, 227, 241-254, 257-262, 275-279, 287-294, 296
留米幼童　62, 127, 287
旅欧中国少年共産党　68
嶺南大学　56, 58, 80, 82, 322
六君子　89
早稲田大学　まえがき, 35, 36, 37, 78, 155, あとがき

あとがき

　筆者が本研究に関心を持ったのは、1995年頃、上智大学大学院でリンダ・グローブ（Linda Grove）先生の下で、1957年の反右派運動に関する研究を始めた頃からである。当時、筆者が、1280人の「大右派」とされた人の資料を分析した時、留米学生が300人弱に上るのに対し、留日学生は馬哲民等17人にとどまったことが判明した。当時の留日学生の人数や政治的影響力を考慮すれば、留学生全体の中で「大右派」とされた留日学生の人数は、「意外に少ない」と言える結果が出たのである。

　1950年代中期の中国においては、留日学生の人数は留米学生の6倍以上にも達していたものと推測される。にもかかわらず、反右派闘争の中で、「右派」となった留日学生が少なかったのはなぜであろうか。そして、多くの学生が日本から留学を終えて帰国し、活躍していたが、反右派闘争の際、彼らはどこへ行ってしまったのであろうか。さらには、1957年当時、彼らはどこで何をしていたのか、反右派闘争に対してどのような考えを持っていたのか。この素朴な疑念から、筆者は近代中国の留米学生と留日学生が性格的に大きく違うことに気付いたのである。

　折しも、中国から日本への留学が始まって100年目の1996年、六本木国際文化会館で行われた、私が幹事を務める中国社会科学研究会（国分良成氏らが創設者で、蔡建国氏が代表）で、1957年の右派とされた人のうち、留米・留日学生を中心に分析し発表を行うことができた。その後、筆者の研究の方向づけに当たって決定的な意味をもったのは、依田憙家先生の推薦で、1996早稲田大学の国際会議「アジア諸国の経済発展と社会変容」において中国近代化における留米・留日学生の役割について発表したことである。この2つの発表で筆者の研究テーマが反右派闘争研究から帰国留学生研究へと変わっていった。

まず、1957年の「右派」帰国留学生を中心に1500人のデータベースを作成した。しかし、この人数では足りなかったので、中間発表後、大きく拡大して4500人分を追加した。様々な資料を依拠として、彼ら留学生たちの留学先、学歴、学習内容、留学期間、帰国後の地位について詳細にまとめた。結果として6000人以上、66万字のデータベースを構築した。

　留学生の状況、特に彼らの帰国後の状況は、これまで全面的な整理がなされていない状況であったため、このデータベースの作成には特に時間をかけた。6000人は単純に数字的に見ても、留日学生の20分の1、留欧米学生の10分の1をカバーしている。本研究で、このデータベースが帰国留学生の全貌を反映しているものであると確信できるのは、統計学上の大規模な人材群の特徴に対して、統計的な叙述を行うという要求を満たすことができるためである。そしてこれを基礎として、本研究で最も重要な第3章、南京国民政府についての統計分析を行い、統計分析上可能な分析の深さと精度を尽くした。

　筆者に本研究を指導してくださったのは、K・ラドケ（Kurt Radtke）教授と林華生教授である。ラドケ先生が退職された後、林華生教授が論文審査委員長の任をお引き受けくださった。両先生からは厳しくて温かいご指導とご助言をいただいた。博士論文は指導教授との共同作業でできるものと思うと、先生方に感謝せずにはいられないのである。

　中間発表の時、小林英夫教授から、満州国と汪兆銘南京政府を本研究から分離するようとのご教示をいただいた。このようなご教示がなかったならば、この論文をまとめるのはさらに時間がかかったであろう。また、山岡道男教授に、特に謝意を表したいと思う。山岡先生には、お忙しい中、日本語の添削をしていただいた。外国人の筆者にとって、このようなご助力はなくてはならないものである。二代の研究科長から、このような

貴重な助力をいただいた筆者は幸せ者である。

　本研究をまとめるにあたって、筆者は助力をいただいた多くの方々の絶大なる恩恵に対し、感謝の意を表したい。それは忘れることができないほど有益なものであった。武澎東教授から、『民国人物大辞典』を長年お借りし、この辞典がボロボロになるまで利用させていただいた。先輩学者の阿部洋氏、土持ゲーリー法一氏らの諸先生にも敬意を表したい。先生方の著書からは、論文の書き方についてもたいへん勉強させていただいた。

　本書の公刊は白帝社の佐藤康夫社長と小原恵子専務のご決断によるものであり、深く感謝申し上げたい。そして編集の労を取ってくださった杉野美和氏に心からお礼を述べたい。

　これまでの過程を振り返って、常に感謝の念をもって思い出すのは、復旦大学時代以来、ご指導を賜った二人の王先生のご恩情である。学部時代からの恩師王滬寧と院生時代の恩師王邦佐の両先生のことである。筆者は来日まで11年間、両先生の下で勉強、研究してきた。両先生から、数えきれないほど多くのご恩恵を賜った。来日後、長い間、研究成果を出さずにいたが、これでようやく両王先生が蒔いた種が芽を出したところか。この書を、学問の道に導いてくださった両王先生に捧げたい。

　これでひとまず、本研究は筆者の手から離れることになる。研究結果をできる限り確実なものにしたい気持ちで、統計分析の方法を用いたが、研究が終わってから、この方法に対して疑問を感じるようになった。現在の筆者は寂しさすら感じるようになっている。学者にはこのような学問に関する「基本的困惑」があるのかもしれない。探索は止境のないものであることを、この研究を通じて、いくらか分かったような気がする。

　　　2010年1月元旦

　　　　　　　　　　　　　　　　　　　　王　　元

王　元（おう・げん）

中国、復旦大学国際政治学部政治学科卒業、復旦大学大学院政治学研究科政治学専攻修了。上智大学大学院外国語研究科比較文化専攻修士課程、早稲田大学大学院アジア太平洋研究科国際関係学博士後期課程修了。学術博士。復旦大学国際政治学部専任講師を経て、現在、早稲田大学アジア太平洋研究センター特別研究員・理工学術院兼任講師、復旦大学日本研究センター客員研究員。専門は現代中国政治、国際関係学。

編著書：　『日本大都市的総合管理』遠東出版社（中国、上海）
　　　　　『中国の文化と近代化』（編著）白帝社
　　　　　『東北アジア研究論叢Ⅰ』、『同Ⅱ』（共編著）白帝社
　　　　　『日中関係の歴史と現在Ⅰ』、『同Ⅱ』（共編著）白帝社
　　　　　『現代中国の軌跡』（編著）白帝社
訳　書：　F. J. Goodnow『政治と行政』華夏出版社（中国、北京）

中華民国の権力構造における帰国留学生の位置づけ
——南京政府（1928 − 1949年）を中心として

2010 年 2 月 24 日　初版発行

著　者　王　　元
発行者　佐藤康夫
発行所　白　帝　社
〒 171-0014　東京都豊島区池袋 2-65-1
電話 03-3986-3271　FAX 03-3986-3272
info@hakuteisha.co.jp
http://www.hakuteisha.co.jp/

組版　柳葉コーポレーション　　印刷　（株）大藤社　　製本　カナメブックス

Ⓒ Y・Wang 2010　Printed in Japan　6914　ISBN 978-4-89174-978-1
造本には十分注意しておりますが落丁乱丁の際はおとりかえいたします。